호르바트의 민중극

Ödön von Horváth

저자 | 정지창(鄭址昶)

1946년 충북 보은 출생
서울대 사대 독어과 및 동 대학원 독어독문학과 졸업(문학박사)
합동통신 외신부 · 사회부 기자, 『실천문학』 편집위원,
민예총 대구지회장, 예술마당 '솔' 대표 역임.
현재 영남대 독문과 교수. 문예미학회 회장.
저서 : 『서사극 · 마당극 · 민족극』
편저 : 『영남의 민족극』, 『민중문화론』
역서 : 『상어가 사람이라면』(브레히트 단편선)
『악어클럽』(막스 폰 데어 그륀)
논문 : 「Ö. v. Horváth의 민중극 연구」(박사학위논문) 등.

호르바트(Ödön von Horváth)의 민중극

초판 인쇄 2012년 5월 25일 | **초판 발행** 2012년 6월 5일

지은이 정지창 | **펴낸이** 이효수 | **펴낸곳** 영남대학교출판부

출판등록 1975년 9월 5일 경산 제16-1호 | **주소** 경북 경산시 대동 214-1
전화 053) 810-1801~3 | **FAX** 053) 810-4722 | **홈페이지** book.yu.ac.kr

ISBN 978-89-7581-426-6 93850

• 값은 표지 뒷면에 있습니다.
• 잘못 만들어진 책은 바꾸어 드립니다.

천마총서 03

호르바트의 민중극

Ödön von Horváth

정지창 지음

영남대학교출판부

[머리말]

이성 간의 애정과 마찬가지로 학문적 열정에도 밀물과 썰물이 있는 것 같다. 돌이켜보면 1970년대에는 브레히트에 매혹되어 거의 일방적으로 짝사랑을 했다. 유신시대의 암울한 현실에서 무력감에 빠져 있던 나에게 브레히트는 유일한 탈출구처럼 보였다. 무엇보다도 현실의 모순과 불합리를 통렬하게 폭로하고 고발하는 그의 필치는 그야말로 촌철살인의 무기처럼 날카롭고 통쾌했다. 지금까지 당연하다고 믿어왔던 고정관념과 도덕적 가치들이 실은 지배계층의 이해관계를 대변하고 합리화하기 위한 교묘한 도구임을 브레히트처럼 대담하게 꿰뚫어보고 뒤집어엎는 작가를 나는 처음으로 만났다.

신동엽 시인이 「누가 하늘을 보았다 하는가」에서 표현했듯이 지금까지 먹구름과 쇠항아리를 하늘로 알고 살던 나에게 어느 순간 그 틈새로 얼핏 푸른 하늘을 그는 열어준 것 같았다. 그러나 당시 브레히트는 금단의 작가였기 때문에 그의 작품을 공연하거나 번역, 출판하는 것은 물론, 그에 관한 일체의 자료를 입수하는 것조차 허용되지 않았다. 그러니 제대로 된 논문을 쓰는 것은 애당초 불가능한 일이었는데도, 무턱대고 브레히트의 드라마를 주제로 석사학위 논문을 쓰려고 덤벼들었다. 논문제출 시한에 쫓겨 맹목적인 애정과 만용으로 「억척어멈과 그 자식들」을 분석한 어설픈 논문을 써냈다. 이때가 1975년이었다.

이 무렵부터 유신체제가 더욱 강화되고 언론 표현의 자유가 극도로 축소되면서, 나는 당시 근무하던 통신사 외신부의 자유주의적 분위기에 감염되어 점점 공부에서 멀어져갔고, 오히려 자유언론운동과 마당극운동 쪽으로 관심이 쏠리게 되었다. 특히 우연히 만나게 된 마당극 공연은 그야말로 문화적인 충격이었다. 지하 공간에서 펼쳐진 게릴라식 공연은 일종의 비의적(秘儀的) 종교의식처럼 나의 의식과 감성에 깊은 인상을 남겼다. 이후 나는 브레히트의 서사극보다는 우리의 마당극이 더욱 현실적이고 매혹적인 대안이라는 확신으로 기울게 되었고, 마당극의 열성적인 팬이 되었다.

대학으로 자리를 옮긴 1980년대에 나는 브레히트의 서사극과 마당극 사이를 오가며 서툰 솜씨로 몇 편의 글을 발표했다. 그리고 뒤늦게 입학한 대학원 박사과정에서 우연히 호르바트라는 작가를 알게 되었다. 알고 보니 독일어권에서는 호르바트가 브레히트 못지않은 현대의 고전작가로 대접받고 있었다. 그때까지 나는 막연하게 브레히트의 서사극과 마당극을 아우르는 논문을 써보겠다는 생각을 가지고 있었는데, 호르바트의 드라마 몇 편을 읽고 나니, 너도나도 써내는 브레히트 논문을 하나 보태는 것보다 알려지지 않은 이 작가를 국내에 소개하는 것이 더 보람있는 일이라는 생각이 들었다.

이렇게 된 데에는 당시 지식인사회를 휩쓸던 NL, PD, CA, 사회구성체, 신식민지국가독점자본론, 신식민지반자본주의론 따위의 공허한 이론의 성찬에 멀미가 난데다가, 문화운동 쪽에서도 너도나도 브레히트를 들먹이며 현실과 동떨어진 관념적 혁명론에 들떠 있는 데 대한 반발

심도 작용한 듯하다. 내가 보기에 문제는 물질적 토대에 따라 자동적으로 의식이 결정되지 않는다는 사실, 즉 경제적 조건과 계급의식이 어긋나고, 밑바닥 서민대중이 오히려 군부독재나 보수우익정당을 지지한다는 사실인 것 같았다. 이런 명백한 사실을 외면하고서는 아무리 그럴듯한 논리와 수사법으로 치장한 이론도 허위의식에 불과하다는 믿음을 나는 가지고 있었다.

1987년의 민주화 투쟁과 3김의 분열과 패배, 1988년의 서울 올림픽과 브레히트의 해금 등으로 숨가쁜 나날을 보내면서 나는 뒤늦게 호르바트의 민중극을 주제로 박사학위논문을 쓰게 되었다. 아직 컴퓨터가 보급되기 전이라 원고지에 쓴 원고를 르모 II라는 워드 프로세서로 쳐서 가까스로 마감시한 직전에 뽑아들고 서울로 달려가곤 하였는데, 그런 귀찮은 타자 작업을 기꺼이 맡아주신 성삼경 교수와, 초고 수준의 원고를 읽고 일일이 논평과 교정을 해주신 지도교수 송동준 교수님의 노고에 새삼 머리 숙여 감사를 드린다. 사실 이런 헌사는 1990년에 나온 학위논문의 서두에 붙이는 것이 마땅한데, 당시의 논문 형식에는 이런 관행이 허락되지 않아 이제서야 뒤늦게 감사의 말씀을 올린다. 학위논문을 책으로 펴내야 한다는 일종의 의무감과 주변의 권유에도 불구하고 지금까지 미뤄온 것은 필자의 게으름 탓이 제일 크다. 그리고 나로서는 대학에 몸담고 있으면서도 논문이라는 격식이 왠지 몸에 맞지 않는 옷처럼 불편하게 여겨졌기 때문이다.

마음 같아서는 격식에 구애받지 않고 에세이 식으로 호르바트의 작품과 그 주변의 이야기들을 써보고 싶었지만, 애초의 논문 형식을 완전히 해체하여 재조립하기가 어려워, 번잡한 논문형식을 걷어내는 것으로 만족해야 했다. 아울러 관심있는 독자의 길안내 삼아, 말미에 호르바트의 장편소설 『영원한 속물』을 소개하고 분석하는 글을 덧붙였다. 그리고 호르바트의 드라마가 아직도 국내에 제대로 소개되지 않은 사정을 감안하여 「이탈리아의 밤」과 「믿음 사랑 소망」 두 편의 드라마를 번역하여 부록으로 소개하였다. 지면 사정으로 포기한 나머지 작품들도 기회가 되면 번역하여 소개하고 싶다. 아울러 이를 계기로 국내 무대에서도 호르바트의 드라마들이 활발하게 공연되기를 바란다.

이 책을 내는 데는 영남대학교 출판부 이종백 씨의 도움이 컸다. 그는 대학시절 마당극 동아리를 이끌던 광대 출신으로서 당시 동아리 지도교수였던 필자와 각별한 인연이 있다. 이 책이 우리 두 사람뿐만 아니라 영남대 마당극패에서 질풍노도의 청년시대를 보낸 모든 이들에게도 조그만 징표가 되었으면 좋겠다.

2012년 5월
필자 씀

[목차]

1

왜 호르바트의 민중극인가?

호르바트(Ödön von Horváth, 1901~1938)는 국내 독문학계와 연극계에 거의 알려지지 않은 작가이다. 1970년대 초반의 이른바 호르바트 르네상스 물결을 타고 독일어권에서는 그의 작품이 5번째로 많이 무대에 올려지고[1] 브레히트(B. Brecht)와 비견되는 현대의 고전작가로 일컬어지고 있으나[2] 우리 국내무대에서는 아직까지 호르바트의 희곡작품은 공연된 적이 없다. 국내 독문학계에서는 그의 희곡 2편과 소설 2편이 번역 · 소개되었을 뿐이다.[3]

이처럼 국내의 연극계와 독문학계가 호르바트를 외면하고 있는 것은 아마도 그의 희곡 작품들이 치밀하게 계산된 언어적 기교를 바탕으로 하고 있기 때문에 어감이 다른 우리말로 옮겨 놓기가 힘들고, 설사 번역을 한다 해도 그 본래의 뉘앙스와 효과를 살려내기가 거의 불가능하기 때문일 것이다. 실제로, 같은 서구어권에서도 호르바트는 거의 번역이 불가능한 작가로 꼽히고 있을 정도이다. 또 다른 이유로는 호르바트의 대표적 드라마들이 작가 자신에 의해 이른바 '민중극'(Volksstück)이라는 장르로 분류되어 있는데, 이러한 민중극은 독일어권 일부 도시에서 발생한 전통적인 연극양식으로서 독특한 연극술과 역사를 가지고 있어서 우리로서는 쉽게 접근할 수 없다. 우리의 전통연희인 탈춤이나 인형극, 또는 판소리가 외국어로 번역하기 까다롭고, 외국인에게는 이해되기 힘들다는 것을 생각하면 이 점은 쉽게 납득이 갈 것이다.

그러나 이러한 이유 때문에 우리가 호르바트를 언제까지나 외면할 수는 없다. 그것은 호르바트가 독일문학사의 고전적 작가이기 때문만은 아니다. 호르바트가 고전적 작가로 인정받는 것은 다 그럴만한 까닭이 있는 것이지만, 그보다는 그가 표방한 '민중극의 쇄신' 이라는 목표가 오늘날 우리 현실에서도 일정한 설득력을 지니고 있는 시대적 요청이기 때문이다. 간단히 말해 1970~80년대에 대학가를 중심으로 활기차게 전개된 '마당극운동' 은 바로 전통 민속극의 현대적 재창조 운동이라고 규정할 수도 있는데, 탈춤과 인형극 등 전통극의 형식에다 현대적 내용을 담은 마당극은 기본정신에서 호르바트의 '새로운 민중극' 과 일맥상통한다. 물론 여기서 섣불리 호르바트의 민중극과 우리의 마당극을 같은 차원에서 비교한다는 것은 무모한 일이지만, 호르바트가 민중극을 통해 추구하고 성취했던 바를 검토하는 것은 독문학도 뿐만 아니라 전통극의 현대적 계승이나 재창조에 관심이 있는 마당극운동가들이나 우리 연극인에게도 어떤 참고나 자극이 될 것으로 기대된다.

그런데 독일에서도 호르바트가 '발견' 된 것은 1960년대 이후의 일이다. 호르바트는 1920년대의 독일 연극계에 촉망받는 신인으로 등장하여 1931년에는 권위있는 클라이스트상을 받아[4] 본격적인 창작활동을 하던 중 히틀러의 집권으로 유럽 각국을 떠돌며 망명생활을 하다가 불의의 사고로 37세의 젊은 나이에 요절했기 때문에 독일무대와 독일문학사에서 그의 이름은 오랫동안 '실종자' 로 남아 있었다. 그러다가 60년대 중반 이후 이른바 68혁명의 영향으로 그의 '민중극' 이 지닌 현실성이 되살아나면서 활발하게 그의 작품이 공연되고 뒤늦게 그의 전집이 발간되는가 하면[5] 수많은 연구논문들이 쏟아져 나왔다. 이른바 호르바트 르네상스가 찾아온 것이다.

지금까지의 연구는 크게 보아 호르바트의 '새로운 민중극'에 관한 연구와 민중극 이외의 다른 작품에 관한 연구로 나눌 수 있으나 대체로 '민중극'이라고 분류된 「케이블 카」(Die Bergbahn, 1927)와 「이탈리아의 밤」(Italienishe Nacht, 1930), 「비엔나 숲속의 이야기」(Geschichichen aus dem Wiener Wald, 1930), 「카지미르와 카롤리네」(Kasimir und Karoline, 1931), 「믿음 사랑 소망」(Glaube Liebe Hoffnung, 1932) 등 5편의 희곡이 연구자들의 주목을 집중적으로 받아왔다. 물론 '호르바트 붐'이 일어난 70년대 이후에는 호르바트의 나머지 희곡들과 산문작품에 대한 연구도 활성화 되었지만 호르바트 연구의 중심은 여전히 민중극이라고 할 수 있다.

호르바트의 민중극에 관한 지금까지의 연구는 대체로 ① 독일 민중연극의 전통 속에서 호르바트의 민중극이 어떤 위치를 차지하고 있는가를 그의 민중연극론과 관련하여 고찰하는 경향과 ② 민중극에 나타난 시대비판적 요소를 당대의 시대상황과 관련하여 살펴보는 경향 ③ 민중극의 핵심요소인 언어에 주목하면서 작품을 분석하는 경향으로 삼분된다. ①의 경우에는 뮐러(G. Müller)의 『라이문트에서 크뢰츠까지의 민중극』(Das Volksstück von Raimund bis Kroetz)이 가장 돋보이는 업적으로 간주되며 ②의 경우에는 프리츠(A. Fritz)의 『자기 시대의 비판자로서의 외된 폰 호르바트, 작품 및 정치, 사회, 뮤화적인 당대 상황에 대한 그의 태도에 관한 연구』(Ödön von Horváth als Kritiker seiner Zeit. Studien zum Werk und seinem Verhalten zum politischen, sozialen und kulturellen Zeitgeschehen)가 아직도 권위를 인정받고 있다. ③의 분야에서는 가장 많은 연구업적들이 나와 있으나 놀팅(W. Nolting)의 『총체적 은어』(Der Totale Jargon)와 발더(M. Walder)의 『의식의 허위성. 외된 폰 호르바트의 연극술』(Die Uneigentlichkeit des Bewußtseins. Zur Dramaturgie Ödön von Horváths)을 뛰어 넘을 만한 성과는 찾아볼 수 없다. 그리고 이러한 세가지 분야를 종합적으로 고찰한 연구로는 쿠르첸베르거(H. Kurzenberger)의 『호르바트의 민중극』(Horváths Volksstücke)이 있다.

호르바트 연구에서 쟁점의 하나로 남아 있는 문제는 1933년 이전의 초기작품과 1933년 이후 망명시대의 후기작품에 대한 평가이다. 지금까지 대부분의 연구자들은 시대비판의 예리함과 정교한 언어형상력이라는 측면에서 초기작품들을 높이 평가하는 반면, 몽환적 · 종교적 분위기가 지배하는 후기작품들은 현실비판의식의 후퇴로 보아 아예 무시하거나 상대적으로 낮게 평가해 왔다. 망명 전에는 적극적인 반나치적 태도를 보이던 작가가 망명 후에는 어정쩡한 자세로 돌아선 것도[6] 이러한 평가와 무관하지 않다. 그러나 호르바트의 후기작품들은 망명생활이라는 달라진 창작 여건 속에서 종전과는 다른 문학적 표현기법으로 당대 사회와 파시즘을 비판하고 있다는 점에서 초기작품에 못지않게 중요하고 가치있다는 반론도 제기되고 있다. 즉 호르바트는 검열을 피하고 망명생활의 경제적 궁핍을 벗어나기 위해 동화나 목가 형식의 포장을 했을 뿐 근본적인 시대비판의식은 여전히 깨어 있다는 것이다.[7]

이와 함께 호르바트는 체계적인 글쓰기 방식과 예술적인 자기통제의 능력은 없지만 천부적 재능을 가진 딜레땅뜨이므로 그의 사회비판도 본질적으로 감정적이고 직관적일 수밖에 없고 이러한 특징은 그의 전 작품에 일관되게 드러나고 있다는 주장도 있다. 라이히 라니츠키(M. Reich-Ranicki) 같은 평론가는 이런 각도에서 호르바트의 망명시절에 나타나는 기독교적 신비화의 경향은 애초부터 작가에게 내재했던 경향이 드러난 것일 뿐이라며 호르바트를 "단순하고 근본적으로 비정치적인 작가"[8]라고 규정한다. 이런 주장에 따르면 호르바트가 사회비판 작가냐 관념론자냐 하는 질문은 잘못된 것이고 오히려 그가 정치현실에 일정한 거리를 유지했기 때문에 보다 정확한 관찰과 인식을 할 수 있었다는 것이다. 그래서 호르바트는 브레히트가 때때로 시야에서 놓치고 있는, 개인과 사회의 갈등이나 정치적인 것의 주변부에 위치한 중요한 시대적 현상들을 날카롭게 포착함으로써 브레히트와는 다른 의미에서 현대 고전작가의 반열에 끼게 되었다고 라이히 라니츠키는 말한다.[9]

그러나 이러한 주장들은 다같이 호르바트의 초기작품, 특히 민중극이 높은 평가를 받고 호르바트가 고전작가의 반열에 오른 다음에, 그의 후기작품을 문학적으로 재평가하여 거기서 초기작품 못지않은 대가다운 솜씨를 확인하려는 시도에서 비롯된 것이라고 볼 수 있다. 달리 말하자면 초기의 주요작품에 대해서는 이미 충분한 연구가 이루어졌으므로 새로운 연구 분야로 그의 후기작품에 눈을 돌리게 되고 그러다보니 후기작품들도 연구할만한 문학적 가치가 있다는 것을 사후증명할 필요성을 느꼈는지도 모른다. 그리고 이럴 경우에도, 기준은 민중극에 두고 민중극과 다른 작품들과의 차이점과 공통점을 따져보는 식으로 연구가 이루어지고 있다.[10] 아무튼 호르바트의 후기작품은 그의 초기작품이 없었더라면 재평가의 기회를 가지지 못했을 것이며 결국 호르바트 문학의 핵심은 민중극에 있고 그의 대표작은 민중극이라고 보는 것이 지금까지의 연구 성과에서 확인할 수 있는 일치된 견해이다. 이런 점에서 예니(U. Jenny)가 호르바트의 대표작으로 1930년에서 1932년까지의 바이마르공화국 말기에 씌어진 「이탈리아의 밤」과 「비엔나 숲속의 이야기」, 「카지미르와 카롤리네」, 「믿음 사랑 소망」 등 민중극 4편과 소설 『영원한 속물』(Der ewige Spießer, 1930)을 꼽고 있는 것은 충분히 납득할

만한 일이다.[11)]

이러한 사실을 감안하여 필자는 호르바트의 민중극을 중심으로 그의 초기 작품들을 살펴봄으로써 호르바트 문학의 본질을 이해하는 데 기여하려고 한다. 물론 논의의 중심은 민중극에 두되 필요할 경우 다른 작품들까지 참고할 것이다. 그리고 새로운 관점이나 새로운 연구 분야를 제시하기보다는 기존의 연구 성과를 가급적 충실하게 종합하려고 한다. 그러나 방대한 기존의 연구 성과들을 이것저것 나열한다고 해서 호르바트 민중극의 본질을 잡아낼 수는 없을 터이므로, 호르바트 민중극을 관통하고 있는 일관된 주제, 즉 당대 독일 소시민의 허위의식의 폭로와 비판이라는 관점에 초점을 맞춰 논의를 진행할 것이다. 뒤에 상세하게 설명하겠지만, 호르바트는 민중극을 비롯한 희곡뿐만 아니라 소설에서도 바이마르공화국 시대의 대표적인 인간형으로 소시민을 제시하고 소시민의식을 가혹할 만큼 철저하게 파헤치는 데 그의 작가적 역량을 집중시키고 있다. 이런 점에서 호르바트의 작품세계는 흔히 "소시민 악마론"(Dämonologie des Kleinbürgertums)[12)]이라고 불리며 그의 작품세계를 관통하고 있는 일관된 주제는 바로 소시민의식이라 할 수 있다.

그런데 호르바트가 소시민의식이라는 주제에 거의 편집광(偏執狂)적인 집착을 보인 것은 특별한 개인적 취향 때문이 아니라, 당대 현실에서 가장 핵심적인 문제가 바로 소시민의식이라고 보았기 때문이다. 알려져 있듯이 그가 살았던 바이마르시대는 정치적으로 사회주의적 혁명세력과 극우보수적 파시즘 세력간의 대립이 첨예화되고, 경제적으로 대량실업과 인플레로 민중의 생존기반이 파괴되는 한편, 문화적으로는 전통적인 미학적 가치가 붕괴되고 의식산업이 대중의 의식을 조작하고 지배하던 시대였다. 호르바트는 이러한 시대적 토양에서 파시즘이 급속히 대중의 의식에 침투하여 정치적으로 무대 전면에 등장하는 과정을 지켜보면서 파시즘의 정신적 토대가 소시민의식이라고 진단하였고 이러한 소시민의식을 파헤치고 폭로하기 위해 민중극의 내용과 형식을 독창적으로 쇄신하였던 것이다.

그렇다면 호르바트의 민중극에 접근하기 위해서는 먼저 독일 민중극의 개념과 역사를 살펴보고, 호르바트가 추구했던 민중극의 '쇄신' 이 어떤 역사적 맥락에서 제기된 문학적 강령이었는지를 따져보아야 할 것이다. 이를 위해서는 호르바트 자신의 이론적 진술들을 분석 · 검토하여 작품 이해의 참고자료로 삼는 것이 합당할 것으로 여겨진다. 그리고 호르바트의 민중극이 어떻게 그 내용과 형식면에서 쇄신을 이룩했는가를 민중극 5편을 통해 살펴보되, 그의 작품들이 국내에 거의 알려지지 않은 사정을 감안하여 가급적 작품의 소재나 내용에 관한 소개도 곁들이기로 한다.

민중극의 가장 중요한 연극적 요소인 그의 언어, 즉 '교양은어' 에 대해서는 별도의 검토가 필요할 것이다. 호르바트 민중극의 가장 두드러진 특징은 전통 민중극의 투박한 민중언어 대신 바이마르공화국 당대의 민중언어인 소시민언어, 즉 '교양은어' 를 무대언어로 정교하게 구사한다는 점이다. 아울러 뭔가를 얼버무리려고 하거나 말문이 막힐 때 나타나는 '침묵' 과 전통민중극에서 흔히 흥겨운 분위기를 띄우려고 즐겨 삽입되는 음악과 노래까지도 치밀하게 계산된 연극적 장치로 활용하고 있다.

호르바트 민중극은 브레히트의 서사극과는 전혀 다른 방식으로 관객이 무대에 몰입하는 것을 방해하고, 친숙한 일상과 사회 통념을 낯설게 만들어 소시민적 질서의 이면에 감추어진 진실을 드러내는 데 주력한다. 그러면서도 브레히트처럼 관객을 의식화시켜 사회변혁에 나서도록 하는 대신, 소시민의 허위의식과 소시민적 질서가 완강하게 버티면서

지속될 것을 암시한다. 그래서 종종 그의 민중극은 이런저런 파란곡절에도 불구하고 처음 극이 시작될 때의 상황으로 되돌아가는 순환구조를 지니고 있다.

호르바트는 이러한 '새로운 민중극'을 통해 당시 독일 국민의 대다수가 소시민의식에 사로잡혀 있음을 드러내고 이를 비판한다. 그는 소시민의 특징인 '키치' 감정에 대한 탐닉를 신랄하게 비판하고, 가부장적 남성중심주의와 이에 따른 여성의 희생과 차별을 고발한다. 그리고 이런 모든 소시민의 허위의식이 정치적으로 나치즘의 토양이 되고 있음을 어떤 사회학자보다 날카롭게 무대에서 형상화한다. 결국 호르바트의 민중극은 바이마르 공화국 시절의 독일사회 뿐만 아니라 현대산업사회 전반의 문제를 소시민의식이라는 프리즘을 통해 날카롭고 정교하게 형상화하고 있는 것이다.

이러한 민중극의 형식상의 특징과 사회비판적 성격을 분석한 다음에는 결론을 대신하여 호르바트 민중극의 수용과정을 통해 그 성과와 한계를 찾아보고자 한다. 여기서는 앞서 언급한 한국의 마당극운동이나 민중문화운동과도 연관지어 논의의 지평을 확대할 것이다.

미리 말해둘 것은 필자가 실제 호르바트의 민중극들이 공연된 무대를 접하지 못한 채 희곡만을 바탕으로 논의를 전개하기 때문에 무대공연상의 문제점들을 충분히 다루지 못하리라는 점이다. 이것은 이 책의 어쩔 수 없는 한계일 터인데 앞으로 국내무대에서도 호르바트의 드라마들이 활발하게 공연되면 이러한 한계도 다소나마 극복될 수 있을 것이다.

지명 'Wien'은 '비인'으로, 작품명 〈Geschichten aus dem Wiener Wald〉는 「비엔나 숲속의 이야기」로 표기한다. 이 제목은 요한 슈트라우스의 왈츠곡 제목을 빌려온 것인데 우리나라에서는 「비엔나 숲속의 이야기」로 널리 알려져 있기 때문이다. 그리고 호르바트의 작품을 인용할 경우에는 1978년판 전집의 권수와 페이지만을 괄호 속에 표시하기로 한다.

2

독일 민중극의 개념과 역사

독문학에서 민중극(Volkstheater, Volksstück)의 개념은 모호하고 아직 뚜렷이 확정되어 있지 않다. 그 이유는 우선 '민중'(Volk)과 '민중성'(Volkstümlichkeit)의 개념이 시대에 따라 달라지고 있기 때문이다. 또한 19세기 초부터 민중극의 과제와 목적에 대해 다양한 관점들이 표명되었기 때문에 딱 부러지게 한마디로 이것이 민중극이라고 규정하기는 거의 불가능하다.[1] 게다가 지금까지도 Volksstück과 Volkstheater라는 두 개의 용어가 뚜렷한 구분없이 사용되고 있어 개념상의 혼란은 가중된다.

그러나 일차적으로 민중극은 '민중에 관한, 민중을 위한 연극'이라고 규정할 수 있다.[2] 여기서 '민중에 관한 연극'이란 무대 위에서 민중에 관한 얘기들이 공연된다는 뜻이다. 그리고 '민중을 위한 연극'이란 왕족이나 귀족 등 특권계층이 아닌 일반 대중을 위해 공연되는 연극이라는 의미를 지닌다. 요컨대 민중극이란 일반 대중을 관객으로 하여 일반 대중의 생활상을 보여주는 연극을 말한다. 그렇다면 민중극이라는 개념에는 민중 자신에 의해 공연되는 연극이라는 공연주체의 문제는 포함돼 있지 않은 셈이다. 공연의 내용과 관객, 공연주체가 모두 민중인 연극은 '민간극'이라고 번역되는 Volksschauspiel이다.[3] 민간극은 어떤 공동체의 토착적 전통과 결부되어 배우와 관객이 다같이 공동체 구성원들로 이루어지는 공동체연극이라 할 수 있다. 반면에 민중극은 대체로 특정 지역과 결부돼 있지만, 어떤 공동체와 연결돼 있지는 않다. 그리고 '민중'도 어떤 공동체 구성원으로 제한돼 있지 않고 보다 폭넓은 일반 관중을 뜻한다.[4]

앞서 우리는 Volkstheater와 Volksstück이 거의 구별 없이 사용되고 있다고 말했는데, 아른첸(H. Arntzen)은 두 개념의 차이를 '제도로서의 민중극'(Volkstheater als Institution)과 '의도로서의 민중극'(Volkstheater als Intention)이라는 개념을 빌어 설명하고 있다.[5] 즉 '제도로서의 민중극'은 연극의 생산과 공연, 관객의 수용과 관련된 개념으로서 지배계층이 아닌 일반 대중을 위해 공연의 주제와 소재, 등장인물 등을 민중의 일상생활에서 선택하고 배역은 대개 직업배우가 맡지만, 때로는 아마추어가 맡기도 한다. 이러한 '제도로서의 민중극'은 극단의 연기력(공연능력)과 관객의 필요, 민중의 어떤 부분을 주요 관객층으로 보느냐에 따라 극의 제작조건과 수용조건은 달라진다. 그리고 농촌(지방)민중극과 도시(교외)민중극이 나누어진다.

'의도로서의 민중극'은 민중생활을 무대에서 표현하되 어떤 내용을 어떤 방식으로, 어떤 극작술(Dramaturgie)로 묘사할 것이냐, 하는 작품창작의 문제와 관련된 개념이다. 이때는 민중성 또는 민중과의 연대를 어떻게 해석하느냐에 따라 민중을 신성시하기도 하고 비판하기도 한다. 민중을 지고지순의 신성한 존재로 보면 오락극이 탄생하고, 민중을 비판하고 개선시켜야 할 대상으로 보면 계몽극이 만들어진다. 민중의 범위와 민중의 관심사가 변함에 따라 의도로서의 민중극은 다양한 공연

형식으로 전개된다. 아른첸에 따르면 이처럼 창작상의 의도 내지 목적을 강조한 민중극이 바로 Volksstück이라는 것이다.

쉽게 말해 '제도로서의 민중극' 은 비인(Wien)의 민중연극처럼 민중극 전용극장에서 행해지던 대중적인 공연을 가리키며, 이러한 대중적인 연극이 쇠퇴기에 접어든 1850년 이후 문학형식으로서의 민중극이 고유의 생명을 지니고 발전했는바, 이것이 바로 '의도로서의 민중극', 즉 Volksstück이라고 밤(Chr. B. Balme)은 풀어 설명하고 있다.[6] 이렇게 본다면, 우리가 여기서 문제 삼고 있는 호르바트의 민중극은 '의도로서의 민중극' 에 해당하며 호르바트도 자신의 연극을 말할 때 Volkstheater 보다는 Volksstück이라는 용어를 주로 사용하고 있다.[7]

한편 문학용어 사전들은 민중극이 비인의 대중적인 연극전통과 연관되어 있는 것으로 보고 비인의 민중극을 설명함으로써 민중극의 개념 규정을 시도하고 있다. 빌퍼르트(G. v. Wilpert)는 민중극을 이렇게 설명한다.

> 농민의 민간극과 마을희극(Dorfkömodie)에 대립되는, 도시의 민중극장과 교외무대를 위한 연극작품들의 장르. 민중의 생활로부터 취한 줄거리를 민중적으로 소박하고 쉽게 이해될 수 있는 형식 속에 담고 있으며 음악, 노래, 무용의 삽입과 각종 효과와 감상(感傷) 및 이와 비슷한 저속한 요소의 사용에 의해 대도시 관객의 취향에 영합하지만 때로 진지하고 부분적으로 비극적인 바탕색을 잃지 않고 있다. 함부르크와 베를린, 그리고 특히 비인에서 가장 풍성하게 전개되었으며 대부분 지방극(Lokalstück)으로 넘어갔다. 슈트라니츠키(Stranizky)의 비인 민중극은 바로크 드라마의 유산에서 나왔고 희극적인 즉흥극으로서 여전히 코메디아 델라르테(commedia dell'arte)

> 의 영향을 받고 있다. 프레하우저(Prehauser)의 광대익살극(Burleske)을 거쳐 18세기에는 하프너(Ph. Hafner)를 통해 문학적으로 정착된 다음 라이문트(Raimund)의 정감있는 희비극(Tragikomik)과 마술극(Zauberstück)에 이르고 수많은 중간단계를 거쳐 네스트로이(Nestroy)의 날카로운 풍자(Satire)와 민중적 파로디(Parodie) 및 트라베스티(Travestie)[8]로 전개된다. […] 안첸그루버(Anzengruber)의 사실주의적 민중극은 종전에 라이문트가 그런 것처럼 농민적 환경 속으로 들어가는 동시에 사회적 문제를 다룬다. 그리고 이러한 사회적 문제는 하벨(Hawel)이 진전시킨다. 바이에른 지방의 민중극(Thoma)이 농민적인 상황의 낭만화로 기우는 반면, 알프스지방의 심리적 농민극(Schönherr)은 넓은 의미에서만 민중극으로 부를 수 있다.[9]

여기서 빌퍼르트는 민중극의 기준을 라이문트와 네스트로이의 비인 민중극으로 설정하고 이러한 기준에서 토마와 쇤헤어는 독일민중극의 전통에서 벗어난 작가로 보고 있다.

이처럼 비인의 민중극을 독일 민중극의 원형으로 보는 시각은 자이들러(H. Seidler)도 마찬가지다. 그는 『문학소사전』(Kleines Literarisches Lexikon)에서 민중극을 특히 함부르크와 비인에서 풍성하게 전개되고, 음악과 춤이 곁들인, 민중극장을 위한 연극으로 규정하면서 그 절정은 라이문트의 희극(Lustspiel)과 네스트로이의 코미디라고 말한다.[10]

브로크하우스 백과사전(Brockhaus Konversationslexikon)에서도 민중극을 "농민적 기원을 가진 민중적 연극과 구분되는, 도시 관객을 대상으로 한 연극. 대개는 감정이 풍부하고 소탈 · 명랑하여 때로는 지방극에 접근한다"[11]고 정의하면서 특히 뮌헨과 비인에서 발전했는데 슈트라니츠키에서 시작되어 라이문트와 네스트로이, 안첸그루버까지 전개되었다고 설명하고 있다.

이상의 사전적 정의에 따르면 민중극은 주로 대도시 관객의 취향에 맞게 음악과 무용을 곁들이고 감상적이고 저속한 기법으로 값싼 오락이나 교훈을 제공하는 연극으로서, 비인이라는 지역적 한계를 벗어나지 못하고 있다고 볼 수 있다. 그러나 이러한 정의는 민중극의 몇 가지 특징과 발전과정에 대한 피상적인 이해에 머물고 있을 뿐만 아니라 비인의 민중극만을 기준으로 삼고 있기 때문에, 1920년대와 1960년대의 새로운 민중극 쇄신운동까지를 포함한 민중극의 개념과 역사를 포괄하는 데는 크게 미흡하다.

이러한 결함을 보완 · 극복하고 독일 민중극을 유동적인 역사적 개념을 설명하고 있는 것은 뮐러(G. Müller)의 『라이문트에서 크뢰츠까지의 민중극』이다. 이 책을 참고삼아 독일 민중극의 발전과정을 살펴보는 것이 호르바트의 민중극을 이해하는 데 도움이 될 것이다. 민중극은 비인 민중극이라는 이미 완성된 불변의 추상적 모범이 아니고 역사적 상황에 따라 끊임없이 변해온 연극행위, 즉 역사적 개념이므로 호르바트가 설정했던 민중극의 쇄신이라는 목표와 그가 내놓은 '새로운 민중극'의 본질을 파악하기 위해서도 민중극을 역사적이고 유동적 개념으로 보는 것은 필수적인 전제조건이 된다.

그런데 독일 민중극의 역사는 그 후기의 일부만이 단편적으로 남아 있을 뿐이다. 그 이유는 민중극의 대본들이 전체의 5분의 1도 보존돼 있지 않고 대부분의 대본들이 문예학과 연극학의 무관심 속에 유실돼 버렸기 때문이다.[12] 그 결과 문학사나 연극사에 기술된 민중극의 전개과정도 대체로 안첸그루버 이후의 민중극을 중심으로 한 것이다.

독일 근대 민중극은 시민극(das bürgerliche Theater)과 마찬가지로 18세기에 봉건적인 상류계층의 연극인 궁정극장의 바로크식 영웅비극

(Heldentragödie)에 대한 대안과 반동으로 태어났다. 시민비극(bürgerliches Trauerspiel)과 희극(Lustspiel)이 귀족들의 무대를 차지하여 지배적인 연극 형식으로 정착된 반면, 민중극은 일반 대중 또는 민중의 대안적 연극(Alternativtheater) 내지 대항연극(Gegentheater), 대응연극(Reagenztheater), 재야연극(Oppositionstheater)[13]으로서 전개되었는데 사회적인 대립관계에 바탕을 둔 민중극의 이러한 성격은 오늘날까지 유지되고 있다.

민중극이 일반 관객들의 인기를 얻은 것은 현실 문제를 민첩하게 연극 속에 도입하여 비판하고 풍자하는 즉흥연기에 부분적으로 힘입은 것이었다. 그러나 오스트리아 정부 당국은 1751년 검열국을 설치하고 1752년에는 즉흥연기금지령을 선포했다. 이때 민중극에 대한 검열과 통제를 주도한 조넨펠스(J. v. Sonnenfels)는 민중극의 현실비판 내지 변혁의 에너지를 통제하여 현실순응과 불만해소의 '통풍구 기능' 을 담당하도록 하려고 시도했다. 그는 '정통 오락극' 을 정착시킨다는 명분으로 자유롭게 공개적으로 현실 문제를 토론할 수 있는 '해방극' (Emanzipationstheater)의 기능을 약화시키고 유희적으로 불만을 해소하는 '오락극' (Unterhaltungstheater)의 성격을 강화하여 민중극을 체제수호의 교육제도로 삼으려 했다. 제도로서의 비인 민중극은 이렇게 해서 성립되었다. 18세기 후반에 설립된 3개의 민중극장(Leopoldstadt, 1781; Wien, 1787/1801; Josefstadt, 1788)을 중심으로 펼쳐진 비인 민중극은 문학사가 괴데케(K. Goedeke)의 말을 빌면 '이념적 요구가 없는 무대' 이자 실용극(Gebrauchstheater)이었으며 문학적 잣대로 잴 수도 없고 생산조건과 수용조건이 공연대본에 결정적으로 작용하는 연극이었다.[14]

민중극을 길들여 교육적 기능을 가진 오락극으로 만들려고 했던 조넨펠스의 뜻에 부합하는 민중극 양식은 마술극과 교화극(Bessserungsstück)이다. 마술극이란 절대주의 체제의 유지를 위한 전형적인 목적극으로, 사회질서에 반기를 든 반항적 인물이 마법과 요정들의 힘에 굴복하여 얌전한 체제순응적 인물로 바뀌는 과정을 보여준다. 이러한 마술극의 대표작은 쉬칸더(E. Schikander)의 「마술 피리」(Zauberflöte)이다. 모차르트의 가극으로도 잘 알려진 이 작품에는 현실문제에 대한 토론의 자유를 빼앗긴 채 환상세계와 동화세계로 도피하고자 하는 당대 관객의 소망과 현실긍정적 경향이 그대로 드러나 있다.

교화극은 마술극보다는 사실주의적이지만 근본적으로는 현실순응적인 성격을 지니고 있는데 1804년에서 1835년 사이에만 빈에서 교화극이 3만회 이상 공영될 정도로 굉장한 인기를 누렸다. 교화극은 자신과 사회에 불만을 품은 주인공이 정령과 요정의 도움으로 소망을 성취함으로써 자신의 오만불손함을 깨닫고 결국 기존질서에 편입되는 해피엔드로 끝난다. 이러한 '학습과정' 을 통해 관객은 현존체제와 질서가 가장 합리적인 최선의 상태임을 교육받게 된다. 따라서 교화극은 기존의 사회체제나 구조적 모순은 건드리지 않고 일시적이고 표면적인 사회적 모순만을 문제삼는다. 그리고 인간의 필요에 따라 현실을 변화시키는 것이 아니라 현실의 필요에 인간이 일치하고 적응하는(개과천선하는) 모습을 보여준다.

1830년대에는 민중극이 현존하는 삶의 방식과 사회 질서를 무비판적으로 수용하고 확인하는, 이른바 확인극(Bestätigunstheater)으로 퇴화한다. 확인극은 19세기 후반의 오페레타와, 호르바트가 민중극을 썼던 1930년대의 헐리우드 영화처럼, 멋지고 정교한 무대장치를 배경으로 현실도피적인 대중의 자기기만을 확인해주는 '꿈의 제조공장' 으로 기능했다. 점차 가혹해지는 메테르니히 정부의 검열과 상업화의 경향이 이같은 민중극의 퇴화를 부채질한 요인으로 지적된다.

한편 비인은 19세기 초에 인구 23만 명인 유럽 3위의 도시였으므로

(1850년에는 45만 명으로 인구가 늘어났다.) 일차적으로 민중극은 대도시적 현상임이 분명하다. 그러나 민중극의 발전과정에서 비인이 중요한 역할을 한 이유는 비인의 대도시적인 크기나 인구 때문만이 아니라 열심히 토론하고 연극을 수용하는 관객이 비인에만 존재했기 때문이다. 따라서 비인은 점차 민중극의 중심지로 확고한 위치를 굳힌 반면, 함부르크나 다름슈타트, 베를린 등 민중극의 전통을 가진 다른 도시에서는 관객층의 약화에 따라 민중극이 점점 위축되었다. 다만 19세기 후반부터는 남독 바이에른 지방의 대도시 뮌헨이 민중극의 중심지로 부상하였다.

비인의 민중극이 절정에 이른 것은 라이문트(1790~1836)와 네스트로이(1801~1862)의 두 거장에 의해서이다. 이들은 특히 익살극(Posse)이라는 민중극 형식을 개발하여 모든 신분적 차이를 넘어서 폭넓은 관객을 끌어들이는 '민중성' 을 획득했다. 익살극이란 대체로 저속한 희극형식으로서 거칠고 예술적 깊이가 없으며 문제의식이 결여된 오락극으로 평가된다. 이와 함께 즉흥익살극(미무스)전통, 음악의 삽입, 지역 · 사회 · 관객의 취향에 대한 영합, 환상의 파괴 등이 특징으로 지적된다. 익살극이 미학적으로 저급한 연극으로 치부된 것은 이러한 개방성과 부분적인 풍자적 공격성 때문이었다. 익살극은 부르주아의 생활을 긍정적으로 반영하고 부르주아의 이상을 주입시키는 교육적 기능을 포기한 채 부르주아적 이상을 분해하고 파괴하고 더럽힌다는 이유로 교양시민층의 배척을 받았다.

반면 켈러(G. Keller)와 헤트너(H. Hettner)는 비인의 이살극에서 새로운 독일희극의 싹이 엿보인다고 긍정적으로 평가했다. 이들은 흔히 검열을 피하기 위해 가공의 줄거리를 따르면서도 희극적 주인공이 내뱉는 풍자적 · 사회비판적 논평의 현실성에 주목하고 교양시민층의 연극에서 사라져버린, 시대와 현실에 대한 연관을 익살극에서 발견했던 것이다. 그러나 아카데믹한 문학사와 학교교육에서 라이문트와 네스트로이는 푸대접을 받았고 교양시민층도 그들을 진지한 논의대상으로 삼지 않았다. 익살극은 진지함과 코믹을 교묘하게 혼합하여 부르주아적 삶을 긍정적으로 묘사하려 했으나 민중극의 문학화 과정에서 소시민적 · 감상적인 자기미화의 형식주의로 굳어졌고 이것이 그후 '새로운 민중극'을 표방한 1920년대 민중극작가들의 비판대상이 되었다.

호르바트와 관련하여 주목할 만한 민중극작가는 안첸그루버(1839~1889)이다. 그는 이전의 민중극 작가들이 주로 오락적 기능에 중점을 두었던 데 비해 그 나름으로 사회 · 정치적인 현실 문제를 다룬 새로운 '진지한' 민중극을 통해 일종의 민중계몽가 역할을 떠맡으려 했다. 안첸그루버의 민중극은 도시적인 비인 민중극 형식과는 다른 일종의 농촌민중극이다. 그러나 사투리와 시골사람들을 통해 목가적인 농민생활을 묘사하지 않고 사회적 문제들(주로 재산문제, 상속문제, 교황에 의한 속박문제 등)을 폭로 · 비판하였다. 그는 한편으로 민중극의 문학적 수준을 끌어올리려고 했다. 그러나 교육과 오락이라는 민중극의 두 가지 기능을 결합시키려는 노력에도 불구하고 안첸그루버의 민중극은 후대에 감상적이고 무비판적이며 심지어는 국수주의적인 요소를 지닌 연극으로 오해되었다. 그는 비인의 '독일 민중극장'(Deutsches Volkstheater)을 창설하고(1889), "민중으로부터, 민중의 언어로, 사회적 양심에 호소하고 인류에 대해 문학적으로 헌신한다"[15]는 목표를 내걸었으나 실제로는 지나치게 희곡의 문학성만을 강조하고 풍자적 요소를 포기함으로써 결과적으로 폭넓은 일반 민중이 아닌 소수의 중산시민층을 위한 연극을 내놓았다. 어쨌든 안첸그루버의 등장과 함께 제도로서의 민중극이 해체되고 독자적 문학 장르로서의 민중극이 시작된 것은 독일 민중극의 역사에서 뜻깊은 전환점으로 기록된다.

1920년대에는 브레히트와 호르바트, 추크마이어(C. Zuckmayer), 플라이서(M. Fleißer) 등의 작가들이 민중극의 활력과 프롤레타리아적 요소의 쇄신을 위해 노력했다. 이들은 공통의 목적과 강령을 내걸고 집단적인 연극운동을 전개한 것은 아니었으나 거의 비슷한 시기에 민중극의 쇄신에 관심을 쏟았다. 아마도 민중에 대한 관심이 고조되었던 바이마르 공화국 시대의 문단 분위기가 작용한 때문일 것이다.

브레히트는 표현주의 연극과 골계극(Schwank) 형식을 결합한 「소시민의 결혼」(Die Kleinbürgerhochzeit, 1926)과 「한밤중의 북소리」(Trommeln in der Nacht, 1919)에 이어 '민중극' 이라고 이름붙인 「푼틸라 나리와 하인 마티」(Herr Puntila und sein Knecht Matti, 1940)와 논문 '민중성과 리얼리즘' (Volkstümlichkeit und Realismus, 1938) 및 '민중극에 대한 주석' (Anmerkungen zum Volksstück, 1940)에서 새로운 민중극에 관심을 표명했다. 그는 외면적인 줄거리를 단순화시키는 것이 민중극의 특징이라고 생각했기 때문에 「푼틸라 나리와 하인 마티」도 농촌상황에서 절대권력을 휘두르는 주인과 꼼짝 못하고 주인에게 복종하는 하인이라는 도식화된 단순구도 속에 배치시켰다. 민중극에 대한 브레히트의 이해는 이런 점에서 매우 도식적이다. 그는 전통 민중극을 이렇게 평가한다.

> 민중극은 보통 거칠고 아무 요구도 없는 연극으로서 학문적인 미학에서는 전혀 언급되지 않거나 경멸적인 대접을 받았다 [⋯] 여기에는 투박한 익살이 감상과 뒤섞여 있고 조잡한 도덕과 값싼 섹스가 있다. 악한 사람은 벌을 받고 착한 사람은 결혼하며 부지런한 사람은 유산을 상속받고 게으른 사람은 헛수고를 한다. 민중극 작가들의 기법은 어느 나라에서나 거의 마찬가지며 좀처럼 변

하지 않는다.[16]

브레히트는 전통 민중극의 "낭만주의와 자연주의의 혼합"[17]을 개탄하면서 민중극의 유용한 요소인 서사적 묘사방식과 민중적 분위기 및 리얼리즘 원칙에 충실한 언어적 묘사방식을 받아들여 민중극을 쇄신해야 한다고 주장했다. 결국 브레히트는 민중극을 자연주의적인 현상묘사로부터 사회구조의 파악과 묘사를 위해 기능전환시킬 것을 목표로 했고, 구체적인 당대 현실로부터 이야기 줄거리와 등장인물을 택하는 고전적 민중극과는 달리, 일시적 · 현상적인 것을 양식화(樣式化)하고 추상화하는 데서 민중극의 진정한 민중성을 찾으려 했다.[18]

추크마이어는 문제작 「즐거운 포도원」(Der fröhliche Weinberg, 1925)에서 향토익살극의 특징인 민중적 활력을 되살렸다. 그것은 극중에서 먹고, 마시고, 돼지를 잡고, 머리카락을 쥐어뜯으며 싸우고, 아가씨를 건초더미에 집어던지는 식으로 표현된다. 전통 민중극에서와 마찬가지로 청년이 고난을 물리치고 애인과 결혼함으로써 결국 정의가 승리한다는 식의 해피엔드를 지닌 그의 민중극은 오락적인 희극양식으로 민중극을 이해하고 있는 관객들의 기대와 맞아떨어져 굉장한 인기를 누릴 수 있었다. 호르바트가 추크마이어로부터 많은 자극과 영향을 받았다는 것은 잘 알려진 사실이다.

플라이서는 「잉골슈타트의 도깨비불」(Fegefeuer in Ingolstadt, 1926)과 「잉골슈타트의 공병들」(Pioniere in Ingolstadt, 1929)에서 어눌하고 상투적인 사투리 대사를 통해, 자기 의사를 제대로 표현할 줄 모르는 답답한 시골사람들과 시골생활을 그려냈다. 플라이서의 극중 인물들은 부정적인 특징을 드러내면서 관객의 동정을 자아내지만 극중 상황은 개인적인 상황이 아니라 바로 당대의 사회상황을 드러내고 있다. 이런 점에서 그녀의 '거꾸로 된 민중극'(umgekehrte Volksstück)19)의 언어는 호르바트의 민중극에서 나타나는 '교양은어'와 비슷한 기능을 하고 있다. 다만 플라이서의 언어는 시골 소도시 주민들의 의식상태를 드러내고 있는 반면 호르바트의 언어는 주로 대도시 소시민층의 의식을 폭로하고 있다는 점이 다를 뿐이다. 호르바트는 특히 플라이서의 민중극에서 사용된 언어의 기능에 주목하고 자기 나름의 독특한 '교양은어'를 새로운 민중극의 핵심요소로 정착시켰는데 이에 대해서는 5.1에서 다루기로 하자.

바이마르 공화국의 민중극 전통을 되살린 것은 60년대에 등장한 뮐(K. O. Mühl, 1923~)과 바우어(W. Bauer, 1946~), 하이니쉬(R. M. Heinisch, 1943~), 크뢰츠(F. X. Kroetz, 1946~), 파스빈더(R. M. Fassbinder, 1946~1982), 좀머(H. Sommer, 1935~), 슈페르(M. Sperr, 1944~), 투리니(P. Turrini, 1944~) 등의 젊은 작가들이다. 이들은 브레히트 대신 호르바트와 플라이서를 모범으로 내세우면서 사투리와 시골환경과 시골사람들을 통해 가혹하고 답답한 현실을 표현한다. 작품 속에서 등장인물들은 떠듬거리는 말과 침묵으로 그러한 현실을 드러낸다. 이들의 민중극에는 음악과 노래 등 전통 민중극의 오락적인 요소들이나 골계극의 희극적 요소들이 빠진 대신, 주로 언어를 수단으로 사회적 상황을 비판한다. 특히 크뢰츠는 다른 작가들과는 달리 1975년 이후 동일시와 감정이입을 노리는 '긍정적' 인물들을 제시, 이들이 자기 의사를 분명하고 충분하게 표현하고 주변세계를 변화시키는 긍정적 결말을 제시함으로써 비판적 민중극의 새로운 유형을 창출했다.

2차대전 종전후 동독에서는 민중극이 대립연극이 아닌 정통 제도권 연극으로 자리잡아 일종의 '사회주의적 민중극'(sozialistisches Volksstück)20)을 확립시켰다. 학스(P. Hacks, 1928~)와 슈트리트마터(E.

Strittmatter, 1921~), 바이얼(H. Baierl, 1926~) 등의 작가들은 사회주의적 사실주의의 기치 아래 전통 민중극의 교육적 · 도덕적 양식을 빌어 해피엔드 속에 모든 모순들을 해소시킨다.

이밖에 서구권에서는 아동극과 청소년극, 시민운동(Bürgerinitiative)의 가두극, 통속희극(Boulevardtheater)이 민중극의 가능성을 지니고 있다. 그러나 사실 오늘날에는 폭넓은 일반대중에게 접근한다는 점에서 텔레비전 드라마가 점차 민중극의 자리를 차지해 가고 있다고 볼 수도 있다.

이러한 독일 민중극의 전개과정을 '전통적 민중극' (traditionales Volksstück)과 '사회비판적 민중극' (sozialkritisches Volksstück), '사회주의적 민중극' (sozialistisches Volksstück)으로 파악하는 것은 지나친 단순화라는 지적도 있지만[21] 시대구분의 어려움에도 불구하고 민중극의 커다란 흐름을 파악하는 데는 일정한 도움을 준다. 이러한 구분법에 따르면 1920년대 이전의 민중극은 모두 '전통적 민중극' 에 포함되고, 브레히트와 호르바트, 플라이서 이후의 민중극은 '사회비판적 민중극' 으로, 동독의 민중극은 '사회주의적 민중극' 으로 분류될 것이다. 그러나 앞서 보았듯이 전통적 민중극 작가 가운데도 안첸그루버나 쇤헤어, 토마 등은 사회비판적 성격이 강하므로 호르바트와 브레히트, 슈페르, 크뢰츠, 바우어 등의 작가들과 동렬에 놓을 수도 있으며, 1920년대 이후 오늘날에 이르기까지 '민중극' 을 표방하는 작품 가운데 사회비판적 · 교육적 의도와는 전혀 무관하게 순전히 저속한 오락적 기능에만 치중하는 통속극들이 상업화 · 기업화되어 공연되는 경우가 많다.[22] 어찌 보면 텔레비전 드라마의 대부분은 바로 이러한 상업화된 통속민중극에 해당된다.

어쨌든 안첸그루버 이후의 민중극 작가들은 '민중을 위한, 민중에 관한' 연극을 목표로 삼았다는 점에서 공통점을 지닌다. 그러나 이들이

'민중'을 무엇으로 이해했든(안첸그루버와 쇤헤어, 토마, 브레히트에게는 '민중'이 농촌의 공동체 구성원이었고, 호르바트와 크뢰츠, 바우어에게는 도시의 소시민이었다.)[23] 실제 공연조건상 이들의 민중극이 모두 민중 앞에서 공연되었던 것은 아니다. 안첸그루버와 쇤헤어는 비인의 부르주아극장들(Theater an der Wien, Theater in der Josefsadt, Burgtheater)에서 초연을 가졌고, 호르바트도 당시의 지식인 연출가들의 지원을 받아 공연을 할 수 있었다. 즉 「이탈리아의 밤」과 「카지미르와 카롤리네」는 아우프리히트(E. J. Aufricht)에 의해, 「비엔나 숲속의 이야기」는 라인하르트(M. Reinhardt)의 도움으로 대도시의 중산층 관객 앞에서 초연되었다.[24] 결국 '민중을 위한, 민중에 관한' 연극을 목표로 했음에도 불구하고 이들의 민중극은 민중 앞에서 공연되어 민중에 의해 수용된 것이 아니라 일부 진보적인 지식인 관객이나 부르주아 관객들에 의해서만 환영받고 수용되었다. 이러한 사정은 브레히트나 1960년대 이후의 독일 민중극작가들의 경우도 마찬가지다. 이러한 민중극의 수용에 관한 문제는 이 논문의 마지막 장에서 보다 상세히 논의하기로 하고, 여기서는 다만 교육과 오락, 사실과 환상, 현실비판과 현실순응, 통속적 희극성과 문학적 진지함, 민중의 현실도피적 욕구와 작가의 계몽적 의도 사이의 영원한 이원적 대립이 또한 민중극의 역사를 이끌어 온 추진력이었음을 지적하는 데 그치고자 한다.

3

호르바트의 민중극론

3.1 민중극의 쇄신

호르바트는 민중극에 대한 자기 견해나 이론을 체계적으로 제시한 적이 없다. 현재 남아 있는 그의 이론적 진술은 1932년 3월 6일자 바이에른 방송의 빌리 크로나우어(Willi Cronauer) 기자와의 회견과 「카지미르와 카롤리네」의 '사용지침' (Gebrauchsanweisung), 「믿음 사랑 소망」의 '주석' (Anmerkung) 등에 단편적으로 포함돼 있을 뿐이다. 이러한 이론적 진술들은 그 양도 얼마 되지 않을 뿐만 아니라 그 내용도 상호모순되고 비약이 심한데다 일관된 논리성도 부족하다. 게다가 브레히트의 연극론처럼 깊이있는 통찰을 담고 있는 것도 아니다. 그러나 여기에는 호르바트가 자기 나름대로 구상한 민중극의 핵심적인 개념들이 제시돼 있기 때문에 호르바트의 민중극을 이해하는 데 유용한 참고자료가 된다. 호르바트의 이론적 진술이 지닌 한계나 오류들을 감안할 경우에만 그것이 작품이해의 길잡이가 될 것임은 물론이다.

호르바트는 오늘날의 연극이 사실상 '계급예술' (Klassenkunst)로서 자본주의의 시장 메카니즘에 의해 연극관람이 상층계급의 특권이 되어버렸다고 본다. '계급예술' 이란 "충분한 사전 교육이 있는 사람만이 이해할 수 있는"(IV, 673) 예술이다. "알다시피 교육에는 특별한 열정이 없는 한, 돈이 든다. 그런데 그런 열정이나 돈을 가진 사람은 얼마나 되는가?"(IV, 673) 그래서 호르바트는 "민중의 문제들을 가능한 한 민중적 방식으로 다루고 민중의 단순한 관심사를 민중의 눈으로 보는"(IV, 662) 연극을 요구한다. 이러한 민중극은 '토착적' (bodenständig)이어야 한다고 호르바트는 말하는데, 여기서 말하는 토착성이란 지역적인 정착이나 뿌리내림을 뜻하는 것이 아니라 사회 · 역사적으로 민중에 토대를 둔다는 뜻이다.[1)]

호르바트는 크로나우어와의 회견에서 '민중극' 이라는 명칭을 사용하게 된 이유를 이렇게 설명한다.

> 나는 '민중극' 이라는 명칭을 멋대로 사용한 것은 아닙니다. 즉 나의 작품들이 다소간에 바이에른이나 오스트리아식 억양을 가진 방언극이기 때문이 아니라, 옛날 민중극의 계승이랄까, 뭐 이런 것을 염두에 두었기 때문입니다. 우리 젊은 사람들에게는 다소간에 역사적 가치만을 의미하고 있는 옛날 민중극들 말입니다. 왜냐하면 이러한 민중극들의 등장인물들, 즉 이야기를 끌고가는 인물들은 지난 20년 동안에 전혀 믿을 수 없도록 변해버렸기 때문입니다. — 당신은 아마도 이렇게 반박하겠지요. 정다운 옛날 민중극의 이른바 영원히 인간적인 문제들이 오늘날에도 여전히 사람들을 감동시킨다고 말입니다. — 물론 감동을 시키죠. 그러나 전과는 다릅니다. 우리 할아버지들은 그걸 보고 울었지만, 우리는 웃어버리는, 영원히 인간적인 문제들이 수없이 많습니다. 또는 그 반대인 경우도 수

> 없이 많습니다. 따라서 오늘날 민중극을 계승하려면, 당연히 민중 가운데 오늘날의 인간을, 그것도 결정적인, 우리 시대의 특징적인 민중계층의 인간을 무대에 세워야 합니다. 다시 말해, 오늘날의 민중극에는 오늘날의 인간이 등장해야 합니다.(Ⅰ, 11)

호르바트는 1차대전으로 19세기적인 상황이 완전히 바뀐 1920년대의 현실에서는 당연히 '옛날' 민중극의 '영원히 인간적인 문제들'을 그대로 답습할 것이 아니라 새로운 시대의 새로운 문제들을 다룸으로써 민중극의 전통을 계승·발전시켜야 한다고 본다. 그러기 위해서는 우선 민중극의 등장인물부터 바이마르공화국 시대의 대표적인 민중계층으로 바꿔어야 한다는 것이다. 여기에는 그 동안의 사회변동으로 '민중'의 계급구성이 달라졌다는 작가 나름의 사회학적인 통찰이 밑바닥에 깔려 있다. 그리고 이러한 통찰은 이른바 '사용지침'에서 보다 구체적으로 제시된다.

> 오늘날 독일은 다른 유럽 국가들과 마찬가지로 90%가 완전하거나 불완전한 소시민으로, 어쨌든 소시민으로 구성돼 있다. 따라서 민중을 묘사하려고 할 경우, 나는 당연히 10%만을 묘사해서는 안되고 우리 시대의 충실한 연대기 기술자(記述者)로서 대다수 민중을 묘사해야 한다.(Ⅳ, 662)

호르바트는 이러한 소시민을 바이마르시대의 대표적 민중으로 보고 이들의 문제들을 가능한 한 민중적인 방식으로 다루고 형상화하는 것을 목표로 삼는다. 호르바트가 정치적으로 의식화된 프롤레타리아가 아니라 1차대전 이후의 경제위기에 의해 프롤레타리아로 전락할 위기에 처한 중간층(Mittelstufe) 소시민을 대표적인 민중으로 본 것은 자못 흥미롭다.

당시 사회학의 특별한 관심대상이었던 이러한 중간층, 또는 중산층(Mittelstand)은 영락한 수공업자와 하급공무원, 소상인, 사무원 등으로 구성된 소시민들이 대다수를 차지하고 있었다. 호르바트가 이들에 관심을 가진 것은 브레히트처럼 연극을 통해 이들의 의식을 깨우쳐 사회변혁에 나서도록 만들기 위해서는 아니었다. 그는 관객의 의식화를 통한 행동화라는 브레히트식 교육극(Lehrstück)의 목표와는 전혀 다른 각도에서 문제에 접근한다. 그는 앞서의 회견에서 달라진 오늘날의 인간을 묘사하기 위해서는 그들의 달라진 언어에 주목해야 한다고 말한다. "작가로서 진정하게 형상화하려고 한다면, 교양은어에 의한 방언의 완전한 파괴를 고려해야 합니다."(Ⅰ, 11) 그는 이어 이렇게 덧붙인다.

> 그러므로 오늘날의 인간을 사실적으로 묘사할 수 있으려면 그에 따라 (즉, 달라진 언어와 열정과 세계관에 따라 : 역자) 말하도록 하지 않으면 안 됩니다. 지금 나는 나의 작중인물들은 물론이고 모든 행위가 고착되지 않고 100% 사회적 존재로 변화 · 발전할 가능성에 대해 결코 긍정적인 생각을 가지고 있지 않고 오히려 회의적인 생각을 가지고 있습니다. 이것은 진지함과 이로니의 종합을 제시함으로써 가장 잘 적중시킬 것으로 생각합니다. 이러한 인식을 바탕으로 나는 결론을 내렸습니다. 완전히 의도적으로 나는 과거의 민중극을 그 형식과 유리면에서 파괴했고 — 연대기 기술자인 극작가로서 민중극의 새로운 형태를 찾아내려고 시도했습니다.(Ⅰ, 11~12)

호르바트는 현대인, 즉 소시민이 새로운 의식을 가진 깨인 인간으로 발전하기보다는 낡아빠진 구시대의 사고방식과 의식의 틀을 벗어나지 못하고 앞으로도 계속해서 지금 상태로 '고착' 돼 있을 것으로 본다. 그리고 새로운 민중극은 이러한 고정불변의 소시민의식을 소시민의 달라진 언어, 즉 '교양은어' 를 통해 묘사해야 한다고 말한다. 이 때 호르바트가 사용하는 극작술은 '진지함과 이로니의 종합' 인데 이것은 뒤에 설명하겠지만 일종의 희비극적 효과를 자아내는 '새로운' 민중극의 형식과 기법을 말한다. 결국 호르바트가 뜻하는 바 민중극의 쇄신이란 소시민의 결핍된 의식이나 결함있는 의식을 그들의 언어를 통해 폭로하는, 민중극의 새로운 형식을 창출한다는 뜻이다.

그러나 이러한 호르바트의 관점은 프로이트식의 정신분석학과 연결되면서 애매모호한 논리로 빠져든다. 그는 '사용지침' 에서 이렇게 말한다.

> 이러한 연극들은 다른 어떤 예술보다도 많이 관객으로부터 환상을 빼앗아 간다. — 따라서 연극은 관객을 대신하여 환상을 하는 동시에 관객으로 하여금 이러한 환상의 산물을 체험하도록 만든다. 환상이란 알려져 있듯이 소망의 배출구이다. — 보다 자세히 관찰하면 그것은 반사회적 충동일 가능성도 있으며 게다가 대개는 가장 원시적인 충동일 수도 있다. 따라서 연극 속에서 관객은 자신의 비사회적 충동의 만족(체험을 통한 만족이다) 및 배출구를 찾게 된다.(IV, 660~661)

연극은 관객의 잠재의식 속에 내재된 반사회적 충동을 대신 형상화하여 보여줌으로써 관객의 그러한 충동을 해소시켜 보다 나은 존재로 개선시킨다는 주장이다. 그리고 이것이야말로 연극의 '고귀한 과제'

(IV, 661)라는 것이다. 여기서 우리는 조넨펠스가 주장했던 민중극의 '통풍구 기능'과 함께 아리스토텔레스의 '카타르시스 작용'을 떠올리게 된다. 관객이 연극관람을 통해 신성한 기분에 빠지고 윤리적으로 고양되어 반사회적 충동이 완화된 채 극장 문을 나서게 된다는 것은 이른바 카타르시스 작용과 다르지 않으며, 환상의 공동체험을 통한 만족과 쾌감은 프로이트가 말하는 문학적 환상을 통한 대리만족과 일치한다. 프로이트는 우리가 부끄러워하며 숨기고 있는 환상들을 작가가 대신 드러내 보여주거나 설명해줄 경우, 우리는 고도의 쾌감을 느끼는데 이것이 바로 문학의 주요한 기능이라고 설명하고 있다.[2)]

프로이트의 정신분석학을 원용한 듯한 이러한 연극기능론은 맑스주의 사회계급분석론에 바탕을 둔 것처럼 보이는 앞서의 민중연극론과 묘한 부조화를 드러낸다. 즉 호르바트의 이론에 따르면 사회교육기관으로서의 민중극은 관객을 행동화하는 것이 아니라 의식에 잠재돼 있는 파괴적인 (그리고 범죄적인) 충동을 해소하고 길들여서 결국 현재의 사회질서에 순응토록 만드는 체제수호적인 정서순화의 교육제도가 되는 것이다.

또한 정신분석 이론에 따르면 모든 인간은 계급적 소속에 관계없이 은밀하게 수치심과 불안감을 느낀다. 즉 인간의 계급적 소속은 여기서 아무런 역할도 하지 않는다. 그리고 이 점에서 호르바트는 인간의 여러 문제들은 그때그때의 사회적 조건들로부터 나온다는 맑스 이론과는 상당한 거리를 두고 있는 것처럼 보인다.

그러나 실제 작품 속에서 호르바트는 이러한 카타르시스 작용이나 대리만족만을 추구하고 있는 것은 아니다. 오히려 그의 작품, 특히 민중극에서는 이러한 카타르시스 작용을 깨뜨리기 위해 각종의 기법을 동원한다. 이러한 기법은 교양은어를 중심으로 한 대화와 연극구조 및 연극형식에 두루 침투해 있는데 이에 대해서는 다음 5장과 6장에서 따로 검토하게 될 것이다.

그런데 호르바트의 이론적 진술들은 근본 성격상 자기 작품에 대한 관객과 연출가, 비평가들의 오해를 해소하기 위한 해명 내지 변명의 성격을 지니고 있음을 유의해야 한다. 「믿음 사랑 소망」에 대한 '주석'과 「카지미르과 카롤리네」의 '사용지침'이라는 명칭 자체가 벌써 이러한 성격을 드러내고 있다. '사용지침'에서는 작품이 잘못 이해된 책임을 작가 자신과 공연(연출), 관객 등 3자의 탓으로 돌리고 있다.

우선 작가는 '이로니와 리얼리즘의 종합'(IV, 659)에 실패했기 때문에 오해를 불러 일으켰다는 것이다. 이것을 그는 '진지함과 이로니의 종합'(IV, 660)이라고 달리 표현하면서 그 목적은 '의식의 폭로'라고 설명한다. 여기서 '진지함' 또는 '리얼리즘'은 무대 위의 사건이나 인물을 사실적으로 묘사함으로써 관객이 감정이입에 몰입하여 단순한 카타르시스에 빠지게 하는 기능을 한다. 그런데 호르바트의 의도는 일단 관객들로 하여금 이러한 감정이입에 빠지도록 한 다음 그것을 가차없이 깨뜨림으로써 관객이 비판적인 눈으로 무대 위의 사건이나 인물들을 보게 만드는 것이다. 즉 이러한 환상에의 몰입과 환상의 파괴를 통해 이로니를 자아내려는 것이다. 이러한 이로니는 결국 무대 위의 인물들(그것은 대개 소시민이다)의 의식을 폭로시켜 관객이 그것을 꿰뚫어 보도록 하는 것을 궁극적 목표로 한다.

이러한 이로니를 불러일으키는 가장 중요한 연극적 장치는 대화이다. 그러나 관객들은 대화보다는 이야기 줄거리의 진행에만 관심을 두기 때문에 작가가 의도한 비판적 이로니를 제대로 이해하지 못한다.

> 관객은 유감스럽게도 드라마의 언어에 주의하는 습관이 돼 있지

> 않다. 관객은 종종 극적 행동은 잘 보지만 극적 대화는 더 이상 듣지 못한다. 누구나 내 작품을 다시 한번 읽어보기를 부탁드린다. 내 작품 속에는 극적이 아닌 장면이 하나도 없다. – 극적이라는 말은 두 가지 기질의 충돌 – 변화 같은 것을 말하는 것이다. 모든 대화 장면에서 어떤 인물이 변한다. 제발 좀 작품을 다시 한번 읽어보라! 지금까지 이런 면이 나타나지 않은 것은 공연의 탓이지만 관객의 탓도 있다.(IV, 659~660)

그래서 작가는 자기 작품을 오로지 사실주의적으로, 또는 자연주의적으로만 공연하는 것을 경고한다. 그럴 경우 그의 작품은 환경의 묘사에만 그치고 '의식과 무의식의 투쟁'(IV, 664)을 보여줄 수는 없다는 것이다.

그는 또한 냉소적 풍자가나 희화적인 극작가로 간주되는 것을 거부한다. 그가 "나는 파로디를 증오합니다. […] 여러분, 나는 결코 풍자가가 아닙니다."(IV, 660)라고 강조하는 것은 관객이 그의 작품을 가벼운 웃음거리로만 받아들일 경우 정교한 대사와 침묵 등에 배어 있는 등장인물들의 의식의 변화를 미처 깨닫지 못하기 때문이다.

이러한 오해는 한편으로 전통 민중극에 친숙한 관객들의 수용자세 때문이기도 하다. 즉 호르바트의 민중극을 너무 사실주의적으로, 또는 자연주의적으로 공연할 경우 관객은 이야기 줄거리에만 끌려 다니다가 대사를 통해 이로니와 거리감을 느끼고 비판의 시선을 자기 자신에게로 돌릴 수가 없게 된다. 반대로 지나치게 풍자적 · 희화적으로 공연할 경우 한바탕 웃고 치워버리는 값싼 쾌락에 빠지기가 십상이다. 그러므로 당시의 관객이 새로운 민중극을 친숙한 전통 민중극과 분리하여 그 비판적인 본질을 인식하고 수용하기는 쉽지 않았으리라 짐작된다.

'이로니와 진지함의 종합' 은 또한 호르바트 민중극의 희비극적 성격과도 관련되어 있다. 그는 '사용지침' 의 초고에서 "나의 모든 작품들은 비극이다. – 그것들은 섬찟하고 낯설기 때문에 희극적일 뿐이다."(IV, 664)라고 말한다. 그러나 전체로서는 비극적인 인생의 부분부분을 확대경으로 보면 그러한 '확대' 에 의해 전체인생이 희극적인 것으로 바뀌게 된다. 왜냐하면 일상적이고 진부하고 인간적인 것은 개별적으로 확대해보면 감상적이고 희극적이기 때문이다.[3]

그래서 호르바트는 이렇게 말한다. "나는 또한 희극작가가 결코 아니다. [···] 나에겐 희극이 비극적인 것이다. 나는 비극을 쓰지만 그것은 '인간적' 이기 때문에 희극적이다."[4] 이같은 호르바트의 발언은 이른바 '희비극' (Tragikomödie)의 장르적 본질에 대한 작가의 통찰과 함께 호르바트 민중극이 지닌 희비극적 성격을 가리킨다.

3.2 호르바트의 민중개념 : 중산층, 소시민, 속물

우리는 앞서 호르바트가 당대의 대표적 민중으로 소시민 계층을 내세웠음을 확인하였다. 그가 독일 국민의 90%가 소시민이라고 말한 것은 자기 나름의 관찰과 판단에 의한 사회계층 분석의 결과이다. 이것은 그의 민중극과 같은 시기에 씌어진 산문 작품들에 보다 상세하게 나타나 있는데 특히 1930년에 발표된 소설 『영원한 속물』과 20년대말에서 30년대초에 작성된 소설 「중산층」(Der Mittelstand)의 초고가 이 점에서 많은 참고가 된다. 실은 이 무렵에 나온 그의 모든 작품의 주제가 바로 중산층과 소시민, 속물이며, 호르바트는 거의 구분 없이 세 가지 개념을 사용하고 있다. 즉 당시의 경제위기에 의해 물질적 · 사회적 지위를 상

실할 위기에 몰린 사회집단을 지칭할 때 이러한 세 가지 명칭을 다소 대범하게 사용하는 것이다.[5)]

우선 '속물' 이란 원래 귀족에서 부르주아로 전락한 계층을 가리켰으며 속물 부르주아로 부르는 것이 보다 정확한 사회학적 용법이다. 그러나 호르바트의 경우 '속물' 이란 특정한 성격이나 심리적 성향을 가리키는 범주이다. 그는 『영원한 속물』의 서문에서 이렇게 말하고 있다.

> 속물이란 알려져 있듯이 우울증이 있는 이기주의자이다. 그리고 그는 어디에서나 비겁하게 적응하고 새로운 사고의 표현을 모두 제 것으로 삼음으로써 이를 왜곡시키려 한다. 내가 착각하지 않는다면 우리가 하필이면 두 세대의 중간을 살고 있다는 말이 점차 사람들의 입에 오르내리고 있다. 구식의 속물도 더 이상 비웃을 수가 없다. 오늘날에도 그를 비웃을 수 있는 사람은 기껏해야 미래의 속물이기 때문이다. 나는 '미래' 라고 말했는데 그 이유는 새로운 유형의 속물이 이제 비로소 생성되고 있을 뿐, 아직 뚜렷한 모양으로 완성되지는 않았기 때문이다.(III, 147)

여기서 작가는 속물의 심리적 특징으로서 우울하고 이기주의적이며 비겁하게 순응하며, 유행처럼 새로운 이데올로기를 왜곡하여 자기 것인 양 써먹는 습성 등을 들고 있다. 이러한 속물은 역사적 전환기인 1920년대 말과 30년대 초의 독일 사회에서 새로이 나타나고 있는 인간 유형이라고 호르바트는 진단한다.

『영원한 속물』에 나오는 페르츨 부인은 이렇게 묘사된다 :

> 그녀는 가난해질수록 더욱 더 자신의 사회적 출신을 힘주어 강

> 조했다. 말을 바꾸면 그녀는 물질적 패배를 심하게 느끼면 느낄수록 더욱 더 의식적으로 정신적 우월감을 되새겼다. 이러한 정신적 우월감은 무엇보다도 중산층 부르주아의 무지와 천부적인 편협성으로 이루어져 있었다. 같은 부류의 사람들이 모두 그렇듯이, 그녀는 전쟁과 인플레와 디플레, 통화가치 안정화를 통해 그녀를 속여먹는 제복 입은 범죄자들과 민간인 범죄자들을 증오하지 않고 프롤레타리아만을 증오했다. 왜냐하면 그녀는 분명히 깨달으려고 하지는 않으면서도, 미래는 이 계급의 것임을 어렴풋이 느꼈기 때문이다. 그녀는 질투를 느꼈으나 그러한 사실을 부인했다. 그녀는 어떤 노동자가 맥주 한 잔을 마실 수 있는 것을 보면 몹시 기분이 상했고 가장 신성한 감정이 상처받은 느낌이 들었다. 그녀는 민주주의적인 신문사설을 보기만 해도 길길이 날뛰었다. 5월1일 노동절에는 도저히 그녀를 옆에 두고 볼 수 없었다.(III, 156)

의사의 미망인인 페르츨 부인은 몰락한 '중산층 부르주아'(mittleres Bürgertum)의 심리적 특성과 행동양식을 집약시킨 '속물'의 전형으로 제시된다. 그녀는 경제적 궁핍으로 인한 계급탈락을 은폐하고 혹시 프롤레타리아로까지 전락하지 않을까 하는 불안감에 쫓기며 자신의 정신적 우월감을 과시하기 위해 잡동사니 교양으로 겉만 번드르르하게 치장된 이른바 '교양은어'에 의존한다. 그러면서 그녀는 노동자들에 대한 경멸과 적대감으로 자신의 정신적 우월감을 유지하고 계급탈락의 상처를 보상받으려 한다. 그녀는 실제 경제적으로는 노동자와 별 차이가 없는 유사프롤레타리아(Proletaroide)이면서도 의식면으로는 중산층이나 상류층에 가깝다. 이미 그녀의 의식은 파시스트적인 극우보수적 성향으로 기울고 있다.

페르츨 부인의 집에는 코블러라는 자동차 중계상이 살고 있는데 이 사람은 돈 많은 과부를 등치거나 고물 자동차를 비싼 값으로 팔아넘겨 큰돈을 손에 쥔 졸부이다. 그는 이를테면 프롤레타리아에서 중산층으로 발돋움한 인물인데, 이러한 계급상승을 확인하고 과시하기 위해 '교양은어' 를 구사하고 유럽일주 유람을 즐기면서 교양있는 부르주아 행세를 한다. 이들은 겉으로 상대방에 대한 존경을 가장하며 점잖고 교양있는 대화를 나누지만, 속으로는 상대방을 경멸하고 증오한다.

앞서 우리는 호르바트가 속물의 심리적 특성을 '중산층 부르주아' 의 속성으로 규정하고 있음을 보았다. 즉 속물이란 '중산층 부르주아' 에 속한 계층의 심리적 특성을 지칭할 때 사용되는 개념이다. 그러면 중산층 부르주아란 어떤 계층인가? 이에 대해 호르바트는 소설 「중산층」의 초고에서 비교적 체계적인 분석을 시도하고 있다. 맑스의 이름까지 보이는 이 초고에서 호르바트는 구중산층이 전쟁과 인플레, 통화안정조치, 합리화, 기술의 발전 등 여러 요인으로 붕괴되고 ① 벼락부자시대(Schieberzeit)의 잔재, ② 상승한 프롤레타리아(지방의회 의원, 기술관료 등) ③ 구중산층의 잔재(중소상인, 자영사업가, 중간층 관료 등) ④ 부르주아지의 탈락자(대학교수 등) ⑤ 귀족의 탈락자 ⑥ 모든 탈락의 산물인 사무원 등으로 이루어진 신중산층이 나타나고 있다고 주장한다. 그는 이러한 새로운 중산층이 "오늘날 다른 두 계급 사이에 위치한 고유의 계급이며, 그 경계선은 모호하지만 결코 이전단계(移轉段階)의 계급이 아니라 고유의 이데올로기를 가진 계급" (IV, 646)이라고 규정한다.

그러나 호르바트의 중산층은 정확하게 경제적 기준에 의해 규정된 계급이 아니라 막연하게 이데올로기적으로 규정된 계급이다. 왜냐하면 이 계급분석표에는 소득이나 재산 등 경제적인 분류기준이 제시돼 있지 않고 이데올로기나 심리적 특징만이 근거로서 제시돼 있기 때문이다. 가령 사무원 계층은 인플레를 극복하고 살아남은 불사조 같은 존재지만 '독립적인 관점'은 상실했다고 설명한다(IV, 648). '독립적인 관점'이란 바로 주체적 관점을 말한다. 즉 사무원 계층은 주체적 인식이나 판단능력이 없이 외부에서 제공되거나 지시되는 관점에 의해 타율적으로 규정되는 경향이 있다는 것이다. 또 대학생도 ②와 ③으로 세분하면서 전자의 특징은 "계급이 극복되고 따라서 개인적으로는 계급투쟁이 전혀 없다는 점이고 후자는 프롤레타리아로 전락할 것이 두려워 대학으로 몰려든다"고 분석한다(IV, 648~649). 이밖에도 ④에 속하는 대학교수는 '중산층의 보루'이며 ⑤는 부르주아를 증오하고 ⑥은 스포츠나 심령술, 신비적 종교, 대체의학 등 새로운 직업이나 취미에 종사한다고 진단한다.

여기서 우리는 호르바트의 계층분석표에 나타나는 중산층이 맑스가 말하는 소시민(peti-tbourgoisie, Kleinbürgertum)과 거의 비슷한 개념임을 알 수 있다. 그러나 호르바트의 중산층은 맑스가 주장하듯이 새로운 산업생산에 의해 경제적 토대를 상실하고 언젠가는 부르주아와 프롤레타리아의 양대 계급 사이에서 소멸하는 이전단계의 계급이 아니다. 그리고 맑스의 이러한 양극화 이론에서는 소시민 계층이 정치적인 면에서 부르주아와 프롤레타리아 사이에서 신중한 기회주의적 입장을 취한다고 되어 있으나, 호르바트의 중산층은 언제나 부르주아로의 상승을 기대하며 노동자를 경멸·증오하고 보수우익의 자세로 기울고 있다.

그렇다고 호르바트의 중산층이 전후 서구 사회학계에서 제기된 중산층론과 완전히 일치하는 계층은 아니다. 이러한 이론에 따르면 중산층은 그 수입과 교양, 의식면에서 고유의 영역을 가진 영향력 있는 계층으로서 민주주의의 정치적 중도세력을 대표하여 자본가 계급과 프롤레타리아 계급 사이의 대립을 중화시켜 정치적 안정에 기여한다고 돼 있으나 호르바트의 중산층은 오히려 파시즘 같은 극단주의에 빠지는 경향이 있다.

최근에는 호르바트가 '구중산층'이라고 분류한 계층만을 '소시민'으로 보는 입장도 있다.[6] 즉 산업자본주의의 발달로 경제적인 폐기처분을 당한 종전의 독립된 상품생산자들과 호텔여관업자, 중간층 관료, 군장교, 경찰간부, 자유직업인(의사, 엔지니어 등), 지식인(작가, 화가, 음악가, 기자), 대학생 등이 오늘날의 소시민이라는 것이다. 이 계층은 양대 계급에 흡수되어 소멸하거나 정치적인 중도가 되지 않고 오히려 거대산업의 뒤치다꺼리를 담당하는 하청사업가나 서비스업자, 세일즈맨이나 판매대리인으로 거대산업의 그늘에서 기생하게 된다. 그 결과 과거의 소시민 계층처럼 부르주아에 대해 일정한 적대감을 가지지 않고 자신도 프롤레타리아로 전락하지나 않을까 하는 두려움 때문에 거대자본의 정치적 근위병 노릇을 한다는 것이다.

호르바트가 이러한 사태를 얼마나 과학적인 근거를 가지고 예견했는지는 따져보아야 하겠지만 그는 이미 이런 질문을 던지고 있다. (전쟁과 인플레로 해체되고 그중 일부는 사무원으로 적응하여 불사조처럼 생명을 이어가고 있는) "구중산층은 새로운 유형으로 굳어질 것인가, 아니면 프롤레타리아로 흡수될 것인가, 또는 부르주아의 근위대로 편입될 것인가?"(IV, 648) 호르바트는 그의 작품에 나타난 것으로 보아 아마도 세 번째 가능성을 점치고 있었던 것 같다. 이에 대한 자세한 검토는 7장으로 미루고 여기서는 중산층이 파시즘으로 기우는 경향에 대해 호르바트가 "중산층의 정책은 인류해방의 길을 가로막기 때문에 인류에 대한 범죄"[7]라고 분노에 찬 목소리로 외쳤다는 것만을 상기하기로 하자.

호르바트는 소시민에 대해 어떤 설명이나 규정을 하지는 않는다. 그저 독일 국민의 90%가 소시민이라고 말할 뿐이다. 이것은 상식적으로 보더라도 엄밀한 계층분석에 의한 결론은 아니고 다분히 이데올로기나 의식의 측면에서 어림잡아 산출한 수치인 것으로 보인다. 즉 독일 국민의 절대다수가 소시민의식을 지니고 있고 소시민적 이데올로기의 지배를 받고 있다는 뜻으로 호르바트는 '90%' 라는 수치를 든 것 같다. 그러니까 실제 경제적인 면에서는 부르주아나 프롤레타리아에 속하는 사람들 가운데 상당수가 의식상으로는 소시민적이라고 보았기 때문에 호르바트는 다소 막연하게 90%라는 수치를 제시한 것으로 보인다.

한국문학에서도 '소시민' 개념은 1960년대 말에 문학적 논쟁의 일부로서 주목을 받은 바 있다. 당시 '시민문학론' 을 제창한 백낙청 교수는 건전한 비판정신을 가진 '시민' 의 상대적 개념으로서 허위의식에 사로잡힌 '소시민' 을 이렇게 규정한 바 있다.

> (프랑스)혁명이후의 시민계급이 일부는 귀족계급의 잔존자와 결합하여 이른바 금융자본을 중심으로 일종의 상층 부르주아지를 형성했고 나머지는 역사의 실질적인 결정권에서 점차 소외되어 왔다는 것은 두루 알려진 사실이다. 이러한 특수한 소외의 산물인 새로운 유형의 시민들, 엄연히 시민계급의 일원이면서도 시민의 제반 지배적 결정에는 참여 못하고 그런대로 자신이 지배계급의 구성원이요 자립자족적인 시민이라는 환상을 끝내 고집하고 있으며, 바로 그러한 자가당착적인 처지와 자기이해의 결핍 때문에 극도로 무책임한 개인주의와 극도로 감정적인 집단주의 사이를 무정견하게 방황하면서 해소할 길 없는 원한과 허무감과 피해망상증에서 시달리고 있는 현대사회의 수많은 시민들 – 이들을 우리는 중소기업가니 상인이니 또는 현대 적 신(新)중간계급이니 하는 식으로 계층

> 구별을 함이 없이 통틀어 '소시민' 이라 불러도 좋을 것이다.[8)]

문제제기의 배경과 맥락은 다르지만 이러한 소시민의 개념은 호르바트의 소시민 개념과 상당히 엇비슷한 것으로, 호르바트의 소시민 개념의 핵심인 소시민의식을 실명하는 데는 일정한 설득력을 지니고 있다.

호르바트는 크로나우어와의 회견문 이본(異本)에서 새로운 민중극은 현대인을 무대에 올려야 한다면서 현대인을 소시민과 프롤레타리아로 규정하고 있다. 또한 "의도적으로 농민층을 고려하지 않은 것은 농민층도 소시민과 프롤레타리아로 분해되기 때문"[9)]이라고 밝힌다. 작가 자신이 후에 프롤레타리아와 소시민 가운데 소시민만을 현대인의 전형이라고 수정한 것은 바로 프롤레타리아 가운데도 상당수가 의식에 있어서는 소시민과 다를 바 없다고 생각했기 때문일 것이다. 결국 소시민이라는 명칭은 호르바트의 경우, 사회심리학적 · 경제적 · 이데올로기적 요소들로 구성된 매우 복잡한 용어이다. 이렇게 보면 소시민과 속물은 대체로 같은 개념임을 알 수 있다. 그러나 모든 소시민이 반드시 중산층에 속하지는 않는다. 가령 "불완전한 소시민" 은 중산층에서 제외된다. 피힐러(M. Pichler)의 규정에 따르면 "중산층의 인적 토대는 소시민이고 소시민의 일반적 상태는 크게 보아 속물적 특성에 의해 규정된다."[10)]

호르바트의 속물소설과 관련하여 "호르바트는 독일소설에 소시민 악마론을 선사하려고 태어났다" 고 주장한 베르펠은 '소시민 악마론' 을 이렇게 부연 · 설명하고 있다.

> 호르바트가 묘사한 소시민은 어떤 계급의 구성원이라기보다는 어리석고 답답하며, 참신한 정신을 거역하는, 그저 완고하기만 한 인간이다. 사회적으로 그보다 위에 있는 사람과 밑에 있는 사람도

진실에 대해 자신을 열어놓는 반면에 이 분노한 중간층 인간은 허위의 존속을 위해 투쟁한다. 왜냐하면 그것이 없으면 그는 끝장이기 때문이다. 그는 지상에 있는 악마의 대리인, 아니, 악마 그 자체이다.[11)]

베르펠이 소시민을 특정한 계급적 개념이 아닌, 심리적 · 이데올로기적 인간형으로 파악한 것은 일단 수긍이 간다. 그러나 소시민을 보통의 인간이 아니라 특수한 악마적 인간형으로 본 것은 결코 합리적인 해명이라고 할 수 없다. 이것은 마치 파시즘을 히틀러를 비롯한 몇몇 악마적 인간들이 저지른 범죄로 보는 것과 마찬가지로 비합리적인 접근방법이다. 소시민은 마귀나 악마가 아니라 경제적인 계급탈락자이자 사회적으로 안정을 잃고 방황하는 집단이다. 이러한 조건에 의해 소시민은 앞서 열거했듯이, 비겁하다든가, 이기적이라든가, 술에 취하면 다정다감하다든가 하는 일련의 속물적 증후군을 드러낸다.

그러므로 우리가 호르바트에게 소시민이 90%라는 수치의 근거를 대라고 따지거나, 그러니까 당신 주장은 틀렸다고 공박할 필요는 없을 것이다. 우선 작가는 통계수치를 근거로 글을 쓰는 것이 아니라 구체적인 삶의 모습을 상상력과 언어를 매개로 삼아 그려내기 때문에 수치상의 오차에 대해 일종의 면책특권을 누리고 있으며, 호르바트가 제시한 '90%' 라는 수치도 정확히 계산된 수치라기보다는 '십중팔구' 라고 할 때와 같이 수사적인 표현법의 일종이기 때문이다.

우리의 경험으로도 학생들의 가정환경조사서나 일반적인 설문조사에서 대부분이 생활정도를 '중' 이라고 표시하는 것을 알 수 있다. 호르바트의 '90%' 라는 수치도 이러한 생활경험을 바탕으로 한 대범한 표현이라고 보아야 할 것이다. 결국 호르바트의 경우 소시민이란 경제적 기준에 따른 계급이나 계층이 아니라 모든 계급과 계층의 구성원 가운데 소시민적 의식을 가진 사람을 통틀어 일컫는 포괄적인 개념이다.[12]

그렇다면 우리는 호르바트가 당시 독일사회의 대표적 인간형으로 소시민을 제시하고, 독일사회의 계급구성과는 어긋나게 진행되고 있는 의식성향의 변화를 이떤 사회학자보다도 먼저 예리하게 짚어냈다는 점에, 그리고 다음에 살펴볼 그의 작품 속에서 이같은 의식의 변화를 현미경적인 정밀한 언어와 놀라운 투시력을 가진 렌트겐적인 시선으로 형상화하고 있다는 점에 주목해야 할 것이다.

앞서 살펴본 호르바트의 소시민 분석은 대체로 아마추어 사회학도의 즉흥적이고 직관적인 관찰방식을 보이고 있으나 어떤 점에서는 전문적인 사회학자의 눈보다도 날카롭게 사회현상을 꿰뚫어보고 미래의 사태를 예견한 측면도 없지 않다. 이를테면 호르바트는 "결코 부정적인 눈이 아니라 투시력이 있는 눈으로 진실을 본 사람"[13]이었다. 수적으로 프롤레타리아가 압도적으로 우세했던 당시 독일 사회의 계급구성을 배반하고 1933년에 히틀러가 집권한 것이라든가, 종전 후 서독의 사회적 상황이 호르바트가 묘사하고 예견했던 상황과 크게 다르지 않다는 것이 이를 뒷받침한다. 그리고 무엇보다도 1960년대 후반에 호르바트의 민중극이 새삼스럽게 주목을 받게 된 것도 따지고 보면 호르바트의 이러한 진단이 오늘날에도 현실성을 잃지 않고 있음을 증명하는 것이다.

4

호르바트 민중극의 전개

4.1 「케이블 카」

호르바트가 극작가로서 처음 인정을 받은 것은 1927년 11월 4일 함부르크에서 「3018고지의 반란」(Revolte auf Côte 3018)이 공연되면서부터였다. 호르바트는 1923년부터 당시 독일 연극계의 중심지였던 베를린으로 이주하여 활발한 문필활동을 하고 있었는데 보도를 통해 독일과 오스트리아 접경지인 추크슈피츠(Zuckspitz) 케이블 카 건설에 얽힌 노사분쟁에 관심을 갖게 되어 이를 극화한 것이다. 당시의 보도에 따르면 공사기간을 단축하여 조기 완공하려는 건설회사 측의 강압으로 안전조치도 없이 작업이 강행되자 노동자들이 격렬하게 반발하여 분쟁과정에서 3명의 노동자가 죽었다고 한다.

호르바트는 이러한 노사분쟁을 바탕으로 하여 "자본과 노동력 사이의 투쟁"(Ⅰ, 10)을 주제로 부각시켰다. 이와 함께 노 · 사 양측의 중간에 위치한 기사(技士)를 통해 "생산과정에서의 이른바 지식인[1])의 지위"(Ⅰ, 10)를 그렸다.

이 작품에서는 후에 씌어진 4편의 민중극과는 달리 발단에서 대단원에 이르는 전통극적인 플롯의 전개방식이 유지되고 있다. 먼저 1막에서는 떠돌이 이발사인 슐츠가 케이블 카 공사장에 일자리를 찾아 나타난다. 도시물을 먹은 슐츠에게 호감을 느낀 간이식당(함바)의 주모 베로니카가 슐츠를 유혹하다가 애인인 공사인부 모저에게 들켜 슐츠는 피가 홍건할 정도로 두들겨 맞는다. 그러나 2막에서 고참인부 오벌레와 동료들의 질책을 받고 모저는 자기가 너무 심했다고 후회를 하게 된다. 때마침 슐츠가 나타나 취직을 부탁하자 날씨가 바뀌기 전에 공사를 끝마치려는 기사는 슐츠를 채용한다. 3막의 무대는 공사현장이다. 모저는 산을 오르면서 슐츠에게 어제 일을 사과한다. 그러나 그는 낯선 침입자를 폭력으로 응징하는 숫사슴의 예를 들어 자신의 행동을 정당화한다. 인부들은 험준한 알프스 산 위로 케이블을 끌어 올리는 고된 노동 속에서 신세한탄과 함께 러시아의 노동자들이 혁명을 일으킨 얘기를 주고받는다. 한편 기사는 공사비 절감을 위해 공기단축을 강요하는 감독관의 해고 위협에 굴복하여 무슨 수를 써서라도 약속된 완공일자를 지키겠다고 약속한다. 4막에서는 3018고지에서 무리한 작업을 하던 슐츠가 발을 헛디뎌 추락사하는 사고가 일어난다. 그러나 기사는 슐츠의 사고는 아랑곳하지 않고 한시라도 시간을 낭비해선 안 된다면서 일을 계속 하라고 다그친다. 이에 반발한 인부들이 달려들자 기사는 권총을 뽑아 들고 오벌레와 모저를 쏘아 쓰러뜨리나 자신도 인부들에게 쫓겨 골짜기로 떨어져 죽고 만다. 중상을 입은 모저는 눈보라 속에 쓰러져 법과 질서의 회복을 위해 몰려오는 군인들에게 총살을 당하는 환각 속에 죽어간다.

그런데 호르바트는 이 작품의 초연 직후 개작에 착수하여 4막극을 3막극으로 줄이면서 제목도 「케이블 카」로 바꾸었다. 중요한 변화는 장면들의 배열 순서를 바꾸고 끝 장면을 달리 처리한 것이다. 즉 「3018고지의 반란」의 1막과 2막은 「케이블 카」의 1막으로 압축되어 빙하와 알프스 산이 배경을 이루던 것을 인부들의 합숙소 내부만을 배경으로 삼았다. 이러한 변화는 알프스 산간의 풍광과 연결된 "향토극"(Heimatstück)의 분위기를 배제하고 노동자들의 가혹한 생활조건을 강조하는 작용을 한다. 그러나 대화내용은 거의 변하지 않는다. 중요한 변화는 기사가 죽은 후의 끝 장면에서 일어난다. 「3018고지의 반란」에서는 인부들의 합숙소로 장면이 바뀌었다가 눈보라 속에 모저가 죽는 것으로 끝나지만 「케이블 카」에서는 이러한 영화식의 장면전환 대신에 보다 무대조건에 맞도록 순서가 바뀌어 모저가 눈보라 속에 쓰러져 죽고 뒤이어 합숙소 장면에서 인부들과 감독관이 대화를 통해 계급적 입장을 뚜렷이 드러낸다. 무대공연의 편의를 위한 실용적 배려가 이러한 변화의 전적인 원인은 아니었던 것 같다. 마지막 장면에 새로 추가된 다음의 대화가 이러한 추측을 가능케 한다.

> 감독관 : 날씨가 바뀌지 않았더라면 모든 것이 질서있게 진행됐을 텐데.
> 라이터 : 질서라니!
> 지몬 : 날씨란 건 다 언젠가는 변하기 마련이지. 그걸 겁낼 필욘 없어.(Ⅰ, 99)

여기서 날씨 변화는 정치적 상황의 변화를 가리키는 것으로 쉽게 짐작할 수 있다. 그리고 이 장면이 합숙소 내부에서 야외로 바뀐 것도 날씨 변화나 계절의 순환처럼 언젠가는 오고야 말 변화의 필연성을 간접적으로 강조한다. 이처럼 변화, 즉 변혁의 낙관적 전망을 보여주는 마무리에는, 상처 입은 짐승처럼 눈보라 속에 모저가 죽어가는 「3018고지의 반란」의 끝 장면에 비해 정치적인 색채가 훨씬 짙게 드러나 있다.

이 작품에 대해서는 당시의 공연평들이 그랬듯이 오늘날 대부분의 연구자나 평론가들이 호르바트가 본격적인 민중극을 내놓기 앞서 시험삼아 써 본 습작 정도로 가볍게 보고 있다.[2] 그래서 민중극을 다룬 논문들에서도 「케이블 카」는 거의 논의의 대상에서 제외된다. 기껏해야 하우프트만(G. Hauptmann)의 「직조공들」(Die Weber)과 비슷한 점이 있다거나 안첸그루버나 쇤헤어 등의 오스트리아 민중극의 전통이 엿보인다는 식의 피상적인 언급만을 할 뿐이다. 그러나 이 작품은 민중극의 쇄신이라는 호르바트의 의도가 뚜렷이 드러나 있다는 점에서 일단 주목할 만하다. 이 '민중극' 의 새로운 점은 알프스지방이라는 극의 무대와 사투리로 된 대사, 삼각관계 따위의 상투적 모티브, 음악의 삽입 등 형식은 전통 민중극과 비슷하면서도 그 내용과 주제는 전혀 다르다는 데 있다.

우선 작품의 배경은 빙하와 암벽, 만년설에 뒤덮인 산봉우리 등 알프스 산악 지방의 때묻지 않은 자연이지만, 여기서는 자연과 인간의 조화로운 삶이나 토착적 · 향토적인 것의 예찬이나 이상화는 찾아볼 수 없다. 오히려 이러한 그림 같은 자연경관을 배경으로 대도시의 공장지대에서 일어남직한 노사간의 갈등과 살벌한 계급투쟁이 벌어진다. 무대의 가장 뒷쪽에는 알프스의 대자연이 펼쳐지지만 그 앞에는 노동자들의 합숙소나 공사현장이 배치돼 있어, 한적하고 외진 산골까지 대도시적인 산업사회의 그늘이 침투하고 있음을 알 수 있다.

첫 장면에서 북독 출신의 떠돌이 이발사 슐츠와 산골 처녀 베로니카 사이에 벌어지는 로맨스는 전통 민중극의 전형적인 도입부를 연상시킨다. 이제 관객은 도시 출신의 나그네가 순진한 처녀를 유혹함으로써 그 처녀의 원래 애인이었던 시골 총각과의 사이에 삼각관계가 벌어질 것을 기대하게 된다. 상상력이 풍부한 관객은 시골처녀가 도시로 달아났다가 결국은 고생 끝에 잘못을 뉘우치고 고향총각의 품으로 되돌아오는 결말까지도 이미 예상할 수 있다. 그러나 이러한 관객의 예상은 완전히 빗나가고 만다. 슐츠와 베로니카 사이의 로맨스는, 모저가 슐츠를 잔혹하게 구타함으로써, 미처 꽃이 피기도 전에 무참히 짓밟힌다. 근본적으로 희극적 성격을 지니고 있는 전통 민중극에서는 뺨을 몇 대 갈기는 정도의 폭력은 시골 사람들의 원기와 활력을 과시한다는 점에서 간혹 허용되기도 하지만, 여기서는 그런 정도를 훨씬 넘어서는 잔혹한 폭력이 행사되기 때문에, 삼각관계는 애당초 성립될 수가 없다.

폭력 장면에 뒤이어 하루 일을 마친 노동자들이 합숙소에 돌아와 식사를 하며 날씨 걱정을 한다. 벌써 10월이고 창문에 부딪치는 바람소리로 머지않아 큰 눈이 올 것을 이들은 알고 있다. 그러다가 화제는 사고로 죽은 인부와 남은 가족 얘기로 옮아가고 결국은 빼빠지게 일해봐야 겨우 입에 풀칠하는 게 고작인 자기네 처지를 한탄하게 된다.

슬리빈스키 : 최근에 어떤 기사가 축하를 받았지.

마우러 : 신문에 났더군. 그 사람은 영원히 죽지 않을 거라고.

지몬 : 그렇지만 죽은 사람에 대해선 글 한 줄 써주는 놈 없어!

라이터 : 죽은 사람은 죽은 거야.

오벌레 : (천천히 고개를 쳐들며) 그 사람들은 죽은 게 아니야! 그들은 살아 있어!

(침묵)

슬리빈스키 : 사방에서 인류의 진보에 대해 뭐라고들 써대고 상 받는 황소처럼 기사의 목에 꽃다발을 걸어주지. 그리고 사장들은 돈자루를 금고 속에 챙겨넣고 농부들은 낯선 관광객들의 왕래로 톡톡히 재미를 보고 있어. 나사 하나하나가 "기술의 진보"가 되고 황무지의 구덩이마다 "온천"이 되는 판이야. 그렇지만 자기 목숨을 바친 사람은 그 핏자국까지 말끔히 지워버린단 말야! (Ⅰ, 71)

이러한 불공평한 세상이 돈 때문이라는 데는 모두가 의견이 일치하지만, 마우러가 상투적인 맑스주의의 용어들을 입에 담자, 노동자들의 반응은 서로 엇갈린다.

마우러 : 근본적인 죄악은 자본주의적 생산방식이야. 이런 혼란이 지배하는 한 인류의 이상이 실현되는 건 지연될 지도 몰라. 노동자 계급의 해방은…

지몬 : (말을 막으며) 그건 헛소리야.

마우러 : 그게 뭔데?

지몬 : 헛소리 말이야. 왜 그런지 아나? 그건 귀로 들리기만 하지 몸으로 느껴지지가 않으니까 그렇지! 바로 얼마 전에 어떤 친구가 저 밑에서 떠들어 대더군. 지난번 선거 때 말야. 사람들이 사방에서 몰려왔지. 발 디딜 틈도 없었어! 그리고 그 친구는 연설을 했지. 두 시간 동안이나! 계급의식이 어떻고, 프롤레타리아의 지배가 어떻고, 미래의 국가가 어떻고 하며 두 시간이나 떠들어 대더군. 그렇지만 그러고 나서는 어떤 경찰관하고 어울려 볼링을 치더라니까. 자그만치 네 시간 동안이나! (I , 72)

노동자들은 크게 보아 세 부류로 갈라진다. 즉 마우러와 크사퍼, 슬리빈스키, 지몬은 과격파이고 오벌레와 라이터는 온건파이다. 그리고 정치에는 무관심한 모저와 회의론자인 하네스가 있다. 모저는 정치에는 관심이 없고 말도 없지만 혁명과 폭력에 관한 토론에서 폭력을 정당화하기 위한 근거로 내세워진다. 즉 폭력으로는 아무것도 이루어지지 않는다는 오벌레의 주장을 반박하기 위해 슬리빈스키는 모저를 폭력혁명의 사도(司徒)로 내세운다("저기 모저가 옳아, 저 친구가 사도야. 완벽한 사도지! 모저, 자네가 옳아!") (Ⅰ, 73). 그러나 아시아에서 쓰라린 포로 생활을 한 적이 있는 오벨레는 자기 주장을 굽히지 않는다("모저, 저 친구는 알고 있어. 폭력으로는 아무것도 되는 일이 없다는 걸. 아무것도.") (Ⅰ, 73). 모저와 그의 폭력적인 성향에는 이 극의 주제인 혁명의 필수적 수단으로서의 폭력의 문제가 숨겨져 있다. 모저는 폭력적인 반란의 가능성을 상징하고 있고, 마지막 장면에서 실제로 그런 일을 하지만, 러시아 혁명의 예를 들어 무장봉기를 선동하는 것은 지몬이다("그들은 모든 궁전과 미술관을 온통 폭파시키지. 일하는 시민들이 가지지 않은 모든 걸 날려 버리지! 저 뒤쪽 거대한 러시아에서는 모스크바 시민들이 모든 것에다 구멍을 뚫었지. 심지어는 단단하기 짝이 없는 대리석에다가도 말이야. 그리고 화약을 쑤셔 넣고 불을 당겼어! 콰쾅! 쾅!") (Ⅰ, 81).

노동과 자본과의 마지막 충돌은 양측의 대표라는 의식이 전혀 없는 모저와 기사 사이에 벌어진다. 이들은 이른바 계급의식이 전혀 없는 인물이면서도 묘하게 극의 중심적 인물로 부각된다. 특히 기사는 노·사 양측의 틈바구니에 끼인 지식인을 형상화하고 있는데 그는 평상시에는 노동자들에게 거리를 두면서도 그런대로 잘 해 주려고 한다. 그러나 일단 날씨와 감독관의 압력이라는 비상사태에 처하자 사람의 목숨도 아랑곳하지 않고 무자비하게 공사를 밀고 나가려 한다. 기사는 윤리적인 고려나 정치적 계산 없이 그저 자기 설계대로 케이블 카 공사를 성공적으로 해내고 싶은 단순한 욕심에서 일에 몰두하지만, 결국 돈벌이를 지상의 목표로 삼는 회사측(감독관)에 의해 이용당할 뿐이다. "사람보다 공사가 우선"(Ⅰ, 84)이라는 그의 주장은 이른바 신즉물주의(新卽物主義, Neue Sachlichkeit)의 기술예찬과 맹목적 낙관주의의 편견을 내비치고 있다. 이런 점에서 그는 '이상주의자'(같은 곳)지만, 일과 장사의 본질을 깨닫지 못하고 "창조를 할 수 있는 거동의 자유"(같은 곳)를 요구하다가 해고와 공사면허증 박탈의 위기에 몰린다. 여기서 그는 감독관에게 항복하고 무슨 수를 쓰던지 공사를 기한 내에 끝내겠다고 약속한다. 그는 교양있는 지식인답게 평상시에는 노동자들에게 동정도 하고 합리적인 선에서 일처리를 하려고 애를 쓰면서도 — 물론 그 뒤에는 자신의 아이디어로 멋진 일을 해내고 싶은 명예욕과 공명심이 숨어 있다 — "통조림으로 돈을 벌든, 장난감으로 돈을 벌든, 케이블 카로 돈을 벌든 아무래도 상관없는 주식회사"(Ⅰ, 84)의 자본주의 논리 앞에서는 무력하기 짝이 없는 존재임이 드러난다. 그래서 어떤 일이 있어도 인부들을 해고시키지 않겠다는 거짓말도 서슴지 않고, 노동자들에게 "무식한 쌍놈"(Ⅰ, 93)이라고 욕을 퍼붓기도 한다. 그리고 마지막 장면에서는 싸움을 말리는 오벨레에게 "손 들어, 손. 이 놈아!"(Ⅰ, 94) 하고 마치 영국군대가 식민지 원주민을 몰아세우듯이 영어를 섞어가며(Hoch, my boy!) 위협하다가 결국은 죄없는 오벨레를 쏘아 죽이기까지 한다. 이런 점에서 기사는 호르바트의 다른 민중극에 나타나는 허위의식에 사로잡혀 있는 소시민이다. 그는 피라밋의 상층부로 기어 올라가려고 안간힘을 쓰지만 결국 미끄러 떨어져 개죽음을 당하고 만다.

이 작품에서 날씨는 단순한 자연 현상을 넘어서서 인간적 · 사회적 상황을 은연중 반영하는 거울 역할을 한다. 날씨(눈보라)의 변화에 대한 인부들의 두려움은 그들에 대한 사회 · 정치적 억압을 배경으로 하고 있다. 호르바트는 모저가 죽는 장면에서 보듯이 자연에 어떤 상징적 의미를 불어넣는다. 자연은 전통 민중극에서 전원적 분위기와 연결되어 등장하는 것이 보통이다. 여기서 자연은 도시 생활의 퇴폐적 요소와 대칭되는 조화와 질서를 상징한다. 특히 쇤헤어의 민중극에서 자연은 이러한 역할을 맡고 있는데, 호르바트는 이를 약간 변형시킨다. 즉 자연은 새로운 낙관주의와 기술숭배 시대에 기술과 자본주의보다 강력한 힘으로 나타난다. 갑작스레 몰아닥치는 눈보라로 티롤 지방의 노동자들은 더 이상 일을 할 수 없다. 회사측은 이익을 위해 자연의 리듬에 어긋나는 노동을 강요하는데 날씨는 회사측의 이러한 자본주의도 무력화시키지만 동시에 회사측에 대한 노동자들의 투쟁도 불가능하게 만든다.

자연의 무차별적인 파괴력은 작가로 하여금 중립적 입장을 취할 수 있는 조건을 마련해 준다. 그는 분명히 노동자들에게 동정을 보내고 있지만, 여기서 묘사된 봉기는 본격적인 혁명의 의미는 지니고 있지 않다. 호르바트는 갈등과 대립관계에 있는 사회의 여러 세력들을 묘사하되 어떤 뚜렷한 이데올로기적 태도에 자신을 얽어매지 않는다. 실제로 그는 사회의 피압박 계층에 동정을 보내면서도 독일공산당이나 사민당에 가입하거나 그들의 입장을 대변한 적이 없다.[3)]

아무튼 그후의 민중극에 나타나는, 정치에 대한 냉소적 태도와는 달리, 「케이블 카」에서는 작가의 정치적 입장이 분명히 드러나 있다. 호르바트는 여기서 노동자들을 착취하고 비인간적으로 대하는 자본가의 모습과 그 틈바구니에서 자본가의 하수인 노릇을 하는 지식인의 모습을 폭로하고 있으나 각성된 노동자들이 조직적인 투쟁에 나서는 모습은 보여주지 않는다. 노동자들의 봉기는 우발적이고 방어적인 성격을 벗어나지 못하며 마지막 장면에서 암시된 혁명의 필연성도, 날씨의 변화처럼 인간의 힘이 미치지 않는 초월적인 자연의 영역에서 일어나는 변화일 뿐이다.

「케이블 카」는 지금까지 살펴본 것처럼 전통 민중극의 형식요소들을 채택 · 유지하면서도 냉혹한 현실을 사실적으로 부각시키고 전통 민중극의 희극적 요소들은 배제함으로써 민중극 형식을 이용한 민중극의 비판을 시도하고 있다. 이 점에서 이 작품은 호르바트의 가장 직설적인 반(反)민중극이라고 부를 수 있을 것이다.[4)] 또한 호르바트는 이른바 향토극을 연상시키는 배경과 형식, 모티브를 진지한 정치적 논의와 결합시킴으로써 후에 나치의 국수주의적 · 인종주의적 이데올로기와 밀착된 이른바 '향토문학'(Heimatdichtung)에 대해서도 일정한 비판을 가하고 있다.

4.2 「이탈리아의 밤」

호르바트는 1930년 7월 중순에 두 번째 민중극 「이탈리아의 밤」을 완성한다. 첫 번째 민중극 「케이블 카」와는 약 3년의 시차를 두고 있는데 그동안 작가가 겪은 각종의 문학적 경험과 나치스의 득세라는 정치상황의 변화를 반영하듯, 민중극의 내용과 형식면에서도 상당한 변화를 드러낸다. 우선 「케이블 카」가 일종의 자연주의적 비극이라면 「이탈리아의 밤」은 "현실적이고 정치적인 희극"[5]이다. 호르바트는 이에 앞서 1929년 초 추크마이어에게 현재 작품을 하나 쓰고 있는데 그것은 추크마이어의 「즐거운 포도원」의 형식과 비슷하지만 그보다도 덜 유쾌하고 더 짓궂으며 더 신랄하고 더 풍자적인 '주말극'(Wochenendespiel)이라고 밝힌 바 있다.[6] 1930년 11월에 아르카디아(Arcadia) 출판사에서 나온 희곡은 이 작품을 "사티로스극 풍의 민중극"[7]이라고 표시했다. 사티로스극이란 희랍 비극의 막후(幕後)에 나오는 일종의 익살극이므로 「이탈리아의 밤」이 희극적 성격을 지니고 있다는 것은 처음부터 작가도 인정하고 있던 터였다.

그러면 호르바트가 민중극의 성격을 비극에서 희극 내지 희비극으로 전환시킨 이유가 무엇인지 궁금해지는데 이에 대해 작가 자신이 명쾌하게 해명을 한 적은 없다. 그러므로 전기(傳記)에 나타난 작가의 행적과 작품의 생성과정을 통해 그러한 변모의 원인을 추적해 보는 수밖에 없다. 우선 분명한 사실은 「이탈리아 밤」이 「즐거운 포도원」으로부터 자극과 영향을 받았다는 것인데, 이것은 호르바트가 추크마이어에게 한 말에서 분명히 확인할 수 있다. 호르바트는 「이탈리아의 밤」의 성격을 설명할 때 「즐거운 포도원」을 기준으로 삼는다. 즉 「이탈리아의 밤」은 「즐거운 포도원」과 같은 희극이면서도 그저 즐겁고 유쾌하기만 한 오락극이 아니라 웃음 속에 신랄하고 냉소적인 사회비판의 가시를 숨기고 있다는 것이다. 그가 '사용지침' 에서 자신의 작품은 모두 비극이지만 부분부분은 희극적이라고 한 말(3.1. 참조)도 바로 이 작품의 희비극적 성격을 지적한 것으로 보아도 좋을 것이다.

그러나 호르바트가 추크마이어의 영향만을 받은 것은 아니다. 도플러(A. Doppler)는 1920년대말 베를린에서 공연된 메링(W. Mehring)의 인플레를 다룬 작품들과 브루크너(F. Bruckner)의 교육 · 재판에 대한 비판극들, 플라이서의 잉골슈타트 연작 등이 1930년에서 1933년 사이에 만들어진 호르바트의 희곡들에 결정적인 영향을 끼쳤다고 말한다.[8] 도플러는 이들 작가들의 작품을 통해 어떤 사실을 서사적으로 묘사하는 데 중요한 역할을 하는 언어의 기능에 호르바트가 눈을 뜨게 되었다고 지적하면서 특히 플라이서의 영향력에 주목한다.[9] 일관된 인과관계에 의해 긴장을 자아내는 뚜렷한 줄거리도 없이 소도시 소시민들의 의식을 언어를 매개로 하여 폭로하는 플라이서의 '민중극' 은 실제 「이탈리아의 밤」과 비슷한 데가 많다. 두 작가의 등장인물들은 소시민이라는 사회적 계층으로 분류할 수 있고, 자신의 생각과 의사를 자신의 말로 표현하지 못하고 교회나 학교, 경찰, 책을 통해 규격화되어 공급되는 상투어들을 기계적으로 되풀이할 뿐이다. 소시민의 의식과 행동방식을 드러내는 소시민의 언어로서 이러한 상투어가 연극의 핵심적 요소로 등장했다는 점에서 플라이서의 영향은 결정적이라고 할 수 있다. 왜냐하면 「이탈리아의 밤」 이후의 호르바트의 민중극에서 이러한 소시민의 상투어인 '교양은어' 는 더욱 더 중요한 연극적 기능을 떠맡게 되기 때문이다.

한편 이러한 상투어로 이루어진 대화는 당시의 사회 · 정치적 상황을 드러내고 있는데, 「이탈리아의 밤」에서 드러나는 파시즘의 위협과 이에 대처하는 소시민층의 미온적인 자세는 1920년대 말과 30년대 초의 독일 상황과 일치한다. 즉 나치스는 1928년 선거에서 불과 12석의 의석을 차지하지만 그후 사민당의 무기력한 대처로 실업자가 더욱 늘어나고 인플레가 악화되면서 군국주의적인 우익 세력은 득세하고 바이마르 공화국 수호세력은 점점 약화됨으로써 1930년의 총선에서는 나치스가 107석을 차지하는 비약적인 진출을 이룩한다. 「이탈리아의 밤」에서 가장 두르러지는 정치적 · 현실적 문제는 바로 점점 더 기세등등하게 설쳐대는 나치스 세력의 위협과 이에 대처하는 소시민층의 무기력이다.

이 작품의 소시민 비판적 성격을 확인하기 위해 첫 장면[10]을 살펴보자. 작품의 무대는 남독의 어느 소도시이고 때는 1930년경이다. 이 지역의 진보적 세력을 대표하는 '공화국수호연맹' (republikanischer Schutzverband) 회원들이 레닝거네 단골 맥주집에서 카드놀이를 하며 이날 밤에 개최할 '이탈리아의 밤' 행사에 관해 얘기한다. 밖에서는 파시스트들의 행진 소리가 시끄럽지만 의장인 시의회 의원 아메츠베르거를 비롯한 베츠, 엥겔베르트, 크란츠 등 간부들은 강 건너 불구경하듯 태평하게 카드놀이에만 열중한다. 파시스트들은 불법으로 무장을 갖추고 군사훈련까지 실시하는 등 바이마르공화국을 허물어뜨리기 위해 노골적인 위협을 가하고 있는데도 한가하게 춤이나 추고 술이나 마시는 축제 따위를 여는 데 대해 노동자 출신의 청년회원 마틴은 불만을 터뜨린다.

시의원 : (손에 카드를 쥔 채) 민주공화국에 대한 심각한 위협이란 어불성설이지. 왜냐하면 반동 세력에겐 이데올로기적 하부구조가 없으니까 말이야.

엥겔베르트 : 옳소!

시의원 : 동지들! 공화국수호연맹이 존재하는 한, 그리고 본인이 영광스럽게도 이곳 지부의 의장으로 있는 한, 공화국은 다리를 뻗고 편히 잘 수 있을 것입니다.

마틴 : 그럼 편히 주무세요!

크란츠 : 발언권을 신청합니다! 본인은 이제 제안하고자 합니다. 본인은 이제 우리가 카드놀이를 계속함으로서 이따위 게르만식 행진과 그들의 이른바 '독일의 날' 따위를 무시해버릴 것을 동의하는 바입니다!

엥겔베르트 : 그들의 제3제국도!

시의원 : 만장일치로 통과되었습니다. (카드를 섞어 패를 돌린다.)

(Ⅰ, 103~104)

당시의 진보적 시민단체인 '공화국수호연맹'의 의장인 시의원은 주워들은 맑스주의 용어를 엉터리로 사용하면서 ('이데올로기적 하부구조' 운운) 하찮은 명예욕과 소시민적 안락에 빠져 있다. 회원인 크란츠와 엥겔베르트도 당장 눈앞에서 벌어지는 파시스트들의 위협을 애써 외면하며 무시하고 카드놀이에만 열중한다.

그런데 마틴은 파시스트들의 전단(傳單)에서 공화국수호연맹이 '이탈리아의 밤' 행사를 갖기로 한 레닝거 맥주집에서 파시스트들의 행사가 열린다는 사실을 발견하고, 이를 '공화국수호연맹' 간부진에게 알린다. 레닝거는 그것이 마누라 짓이라고 변명하지만 실은 장삿속 때문임을 자기도 모르게 드러낸다.

술집 주인 : 그건 개소리가 아니라고! 여보게들, 자네들은 내 마누라를 몰라! 마누라는 정치적 상황 따위는 안중에도 없어. 그 여자는 누가 자기 순대를 처먹든 상관 안 하거든! 그런데 바보같은 나는 편안한 노년을 꿈꾸었지! 그런데 이제 흑 · 백 · 적의 삼색기를 내걸지 않으면 60인분의 구운 돼지고기가 못쓰게 된단 말이야. 국기 색깔을 바꾼 건 정말 바보 같은 짓이었어. 어휴, 난 정말 뭐가 뭔지 헷갈린다니까! (Ⅰ, 108)

레닝거는 여기서 마누라 핑계를 대지만 실은 "편안한 노년"을 꿈꾸는 자신의 비겁한 장삿속 때문에 오랜 친구들을 배반하고 파시스트들에게 맥주집을 빌려주었음을 노출시킨다. 왜냐하면 그는 뒤이어 국기의 색깔이 흑 · 적 · 황 3색에서 1866년의 북독일동맹 이후에 흑 · 백 · 적 3색으로 바뀐 것을 탓하고 있기 때문이다. (공화파는 흑 · 적 · 황 3색기를, 파시스트는 흑 · 백 · 적 3색기를 썼다.) 즉 국기색깔이 바뀌지 않았다면, 파시스트들의 집회 때나 공화파들의 행사 때에 국기를 바꿔 달 필요는 없을 것이고, 그러면 장사하는 데도 편리하고 시간을 잘 조정하면 공화파 동료들에게 들키지 않고 양쪽 행사를 치를 수 있을 것이라는 속셈을 드러낸다. 이런 식으로 등장인물이 무심코 내뱉는 대사를 통해 그의 감추어진 의식을 폭로하는 호르바트 민중극의 특징은, 「케이블카」에서는 찾아 볼 수 없다.

2장에서는 카페의 악사인 칼이 레니라는 아가씨에게 접근한다. 칼은 이를 비웃는 마틴에게 자기는 노동자인 마틴과는 달리 예술가적 기질이 있기 때문에 조직생활에 철저하지 못하고 도덕적 의무감과 성적 본능 사이에서 갈등을 겪는다고 변명한다. 3장에서 마틴은 열렬한 투사로 자처하지만 자기가 남다른 자질과 지도력을 갖춘 특별한 인물이라는 자만심을 숨기지 못한다. 그는 애인인 안나에게 파시스트들에게 접근하여 그들의 무기에 관한 정보를 빼내오라고 지시한다. 한편 칼은 주워들은 맑스주의의 상투어들을 나열하며 레니를 의식화시키려 하나 소시민적 안락에 젖어 있는 레니에겐 먹혀들지 않는다. 4장에서는 마틴의 동료들이 공원에서 옛날 국왕의 동상에 몰래 페인트칠을 하고 달아나는데, 레니와 데이트를 하던 파시스트가 이를 발견하고 복수를 외친다. 5장에서는 파시스트들의 '독일의 날' 행사가 끝난 그 자리에서 뒤이어 공화파의 '이탈리아의 밤' 행사가 열리지만 마틴과 그 동료들이 소란을 피워 행사를 망친다. 결국 마틴은 제명되어 쫓겨난다. 술집을 나온 마틴 일행은 막데부르크에서 온 낯선 선동가를 프락치로 몰아 쫓아 보내고, 뒤이어 안나가 파시스트들의 습격 계획을 알린다. 칼은 결혼해서 잡화상을 열자는 레니의 제의를 받고 '여성에 의한 구원'을 오래전부터 꿈꾸어왔다고 고백한다. 마지막 7장에서는 남아 있던 공화국수호연맹 간부들이 파시스트들의 습격을 받아 치욕을 당하는데, "나는 개새끼"라는 말을 받아쓰다 울음을 터뜨리는 시의원을 구해주는 것은 지금까지 남편의 가부장적 전제 밑에 시달리던 그의 아내 아델레이다. 그 순간 마틴 일행이 달려오자 파시스트들은 도망치고, 시의원은 다시 자신이 의장으로 있는 한 공화국은 발을 뻗고 편히 잘 수 있을 것이라고 큰소리를 친다.

이러한 이야기 줄거리에서도 쉽게 드러나듯이, 이 작품에 등장하는 인물들은 모두 중산층이고 소시민이고 속물들이다. 물론 위선적인 소시민의 대표적인 인물은 시의원이지만 나머지 인물들도 하나같이 속물적 특징을 지닌 소시민 또는 중산층이다. 이들 가운데 긍정적인 인물은 찾아볼 수 없다.

시의원은 호르바트의 계층분류법에 따르면 프롤레타리아에서 상승한 신중산층이다. 농촌 출신인 그는 젊었을 때 맑스주의에 심취했던 프롤레타리아의 투사였으나 나이가 들고 사민당계의 시의원으로 정계에 진출하면서 보수적이고 현실에 안주하는 소시민으로 전락한다. 그는 소시민의 특징인 상투적인 '교양은어' 에 기대어 자신의 신분상승을 과시한다.

시의원 : [⋯] 여긴 참 멋진 곳이로군! 이 태고의 나무둥치들과 오존이 풍부한 공기⋯ (심호흡을 한다)

베츠 : 이건 정말 자연의 경이야.

시의원 : 창조의 경이⋯ 그보다 황홀한 건 없지. 난 농부의 아들로 태어났기 때문에 그런 걸 더 잘 알 수 있지. 하늘을 쳐다볼 때마다 우리 인간은 그야말로 왜소하다는 느낌이 들어. 이 영원한 별들! 거기 비하면 우린 뭐란 말인가?

베츠 : 아무것도 아니지.

시의원 : 아무것도 아니지. 신은 정말 우아한 미적 감각을 지니고 있거든.

베츠 : 모든 게 다 상대적이지.

(침묵)

시의원 : 이봐, 베츠, 난 땅을 샀다네. (Ⅰ, 131)

여기서 농부의 아들이라는 출신 배경은 프롤레타리아적 계급의식과 연관되어 언급되지 않고 자연의 경이로움을 남보다 민감하게 느낄 수 있는 조건으로 제시된다. 그리고 여기저기서 주워들은 싸구려 교양 나부랭이('태고의', '오존이 풍부한', '창조의 경이' 따위의 상투어들)와 사춘기 소녀와도 같은 값싼 감상(밤하늘의 별을 바라보면 우리 인간은 너무도 왜소한 존재라는 느낌을 받는다는 식의 키치 감정)은 결국 최근에 땅을 샀다는 고백으로 귀착된다. 왕년의 맑스주의 투사였던 아메츠베르거는 이제 땅투기나 카드놀이에 몰두하여 안락한 노년을 꿈꾸는 소시민임을 드러낸다. 이 말을 들은 마틴파의 청년들이 "우아한 맑스주의자"라고 비꼬자 그는 나이와 경력을 앞세워 권위를 세우려 한다.

시의원 : 누가 우아한 맑스주의자라고? 내가 그렇다고?! 너희들이 아직 기저귀를 차고 있을때 난 이미 공산당선언을 암송할 수 있었어, 이 싸가지 없는 애송이들아! (I , 135)

이러한 시의원의 권위주의적 태도는 가부장적 전제로 나타난다. 그는 자기 아내 아델레를 깔아뭉개고 '착취' 함으로써 자기 위신을 세우려고 한다.

아델레 : 여보, 당신은 왜 내가 여러 사람 앞에 나서는 걸 좋아하지 않는다고 말했어요? 난 종종 당신과 함께 나가는 걸 좋아했는데… 왜 그렇게 말했어요?

시의원 : 그 때문이지.

(침묵)

아델레 : 난 당신이 공직생활을 하는 공인이란 걸 알아요.

시의원 : 조용히, 시의원 사모님!

아델레 : 당신은 언제나 사람을 이상하게 만들어요. 당신은 내가 당신과 함께 나들이를 하지 않았다고 말하는데…

시의원 : (말을 막으며) 이걸 알아야지!

아델레 : (증오에 가득차서) 뭘 말이에요?

시의원 : 당신은 내 발치에도 미치지 못한다는 걸.

(침묵)

아델레 : 난 아무데도 가고 싶지 않아요.

시의원 : 그거 아주 멋진 생각이야! (그녀를 무시하고 베츠에게) 과연 내 마누라야, 안 그래? (싱긋이 웃으면서 집게손가락으로 마누라를 짓궂게 위협한다.) 자네, 여자한테 갈 때는 채찍을 잊지 말게.

베츠 : 그건 니체의 말이지.

시의원 : 그건 아무래도 상관없어. 마누라는 내 말이라면 그대로 따르거든.(Ⅰ, 130~131)

시의원 아메츠베르거의 정치적 라이벌은 자기 파벌을 거느린 마틴이다. 그는 노동자로서의 투철한 계급의식과 탁월한 지도력을 갖춘 전위적인 투사이다. 그는 시의원을 "엉터리 분장을 한 전형적인 의회주의자"(Ⅰ, 114)로 매도하면서 "반동세력은 무장을 하는 판에 우리 얌전한 공화파는 '이탈리아의 밤' 따위나 개최하는 것은 치욕"(Ⅰ, 105)이라고 흥분한다. 그러나 그는 애인인 안나가 그를 장래성 있는 인물로 추켜세우자 자만심을 숨기지 못한다.

안나 : 동지들이 뭐라고 하는지 알아요?

마틴 : 뭐라고 그러는데?

안나 : 당신은 장래가 촉망된대요.

마틴 : (어깨를 으쓱하며) 그들은 나를 속속들이 잘 알지. 그렇지만 난 떠나야 해. 어떤 큰 도시로.

안나 : 나도 누군가가 당신을 기다리고 있다는 느낌이 들어요.

마틴 : 여기선 내 활동영역이 너무 좁아. 내가 여기서 하는 일은 다른 사람도 할 수 있을 거야.

안나 : 아니에요. 그건 누구도 할 수 없을 거예요!

마틴 : 내가 그런 소리 듣기 싫어한다는 걸 알잖아!

안나 : 그렇지만 사실이 그런 걸요! 세상 사람이 모두 당신만 같으면, 우리 인간은 형편이 나아질 거예요.

마틴 : 그렇지만 내가 그렇게 생겨먹은 걸 어쩌란 말이야! 내가 남보다 머리가 좋고, 남다른 돌파력을 지니고 있다는 사실이 나로 하여금 보다 열심히 대의를 위해 투신하도록 의무를 지우는 거야! 난 예외라는 말을 더 이상 듣고 싶지 않아. 제기랄! (그녀에게 호통을 친다) 난 결코 예외가 아니야. 그걸 명심하라구! (I , 115)

여기서 마틴은 자만심과 출세욕을 지닌 인물이면서 자기 애인에게 폭군처럼 군림하는 권위주의자로 비친다. 그는 또한 막데부르크에서 온 동지를 포로이센 놈이라며 프락치로 몰아 쫓아내는 편협한 지역감정과 파벌의식을 가진 인물이다. 그가 결정적인 위기에 몰린 공화국수호연맹 간부들을 구하러 달려가는 것도 안나의 설득에 따라 옛 동지들에 대한 의리를 지키거나 반파시즘 투쟁의 대의명분 앞에 개인감정을 죽인 것이 아니라 안나가 파시스트한테 당한 데 대한 복수심과 질투심 때문이다. 결국 마틴은 젊었을 적의 아메츠베르거이고 마틴이 나이가 들면 시의원처럼 돼버릴 것이라는 것을 관객은 어렵지 않게 짐작할 수 있다. 베츠는 아메츠메르거가 전에는 지금 같지 않았다는 사실을 증언한다.

베츠 : [⋯] 맙소사, 이제 갑자기 저 친구가 전혀 다르게 보이는군. 내가 그걸 기다려오긴 했지만 말이야. 알폰스 아메츠베르거, 내 오랜 전우⋯ 35년 동안이나 사귀어 온 전우가⋯ 그래, 그래, 그건 아마 나

이 탓일 거야. 나도 저렇게 변해버렸단 말인가? (Ⅰ, 148)

우리는 시의원을 통해 미래의 마틴을 보고 마틴을 통해 젊은 시절의 시의원을 확인하게 된다. 그리고 이와 함께 "구식의 속물도 비웃을 만한 가치는 없다. 왜냐하면 그를 비웃는 사람도 기껏해야 미래의 속물이기 때문"(Ⅳ, 147)이라는 작가 자신의 말을 상기하게 된다.

파시스트들에 당당히 맞서 남편을 구출하는 아델레도 얼핏 보면 용감한 여장부처럼 보이지만 실은 보수적인 가족윤리가 몸에 밴 순종형의 여자일 뿐이다. 그녀는 파시스트인 퇴역 소령을 호통 쳐서 쫓아 보낸 다음, 뒤에다 대고 소리친다. "이 사람은 내 남편이에요. 알겠어요?!" (Ⅰ, 156)

파시스트들도 물론 여기서 풍자적 비판의 대상이 되고 있다. 1차대전에 참전했던 퇴역 소령은 옛날 군복에 훈장을 주렁주렁 달고 기세등등하게 설치다가 아델레가 당돌하게 대들자 움찔하고 놀라 꽁무니를 뺀다. 안나의 상대역인 파시스트는 약제사로서 나치의 이데올로기를 담은 상투적인 어구들을 기계적으로 되풀이할 뿐이다. 체르노비츠라는 소년 파시스트는 철부지 고등학교 학생이다.

베를린의 테아터 암 쉬프바우어담(Theater am Schiffbauerdamm) 극장에서의 초연에는 베를린 지구 나치 책임자인 힝켈(Hinkel)과 극우파 작가인 브로넨(A. Bronnen)도 초대되었는데 이들은 별다른 거부감을 표시하지 않고 다른 관객들처럼 박수갈채를 보냈다고 한다.[11] 이것은 아마도 파시스트뿐만 아니라 공화파도 극중에서 조소의 대상이 되었기 때문일 것이다. 호르바트는 후에 비인의 한 신문과의 회견에서 이 작품에 대해 언급하면서 "그것은 정치를 공격한 것이 아니라, 정치놀음을 하는 어중이떠중이를 공격한 것"이며 "무엇보다도 독일에서 눈에 띄는 타락상,

즉 정치적 구호의 남용에 대한 반발"[12]이라고 밝힌 바 있다.

연극평론가 엘뢰서(A. Elösser)는 공연평에서 새로운 민중극으로서의 「이탈리아의 밤」의 특징을 이렇게 지적했다.

> [……] 외된 호르바트는 오늘날의 정치생활을 묘사한 7개 장면으로 된 그의 극을 민중극이라고 부른다. 민중극은 언제나 현실성과 논리성을 적당히 생략한 데 대한 변명이다. 그러나 독일 민중이 유감스럽게도 전혀 다른 작품들을 공연하고 있는 시대에 우리는 아마도 이러한 변명을 받아들일 수 없을 것이다.[13]

엘뢰서가 이 작품에는 현실성과 논리성이 결여돼 있다고 보는 것은 호르바트 민중극의 진정한 정치적 의미를 이해하지 못한 탓이다. 힐데브란트의 말대로 "당시에는 어느 누구도 호르바트가 「이탈리아의 밤」을 통해 정치적 경고를 했다는 것, 즉 히틀러의 재앙은 단골손님용 테이블과 정원식 맥주집, 한적한 구석 자리 등 속물의 온상에서부터 마련되었다는 것"[14]을 미처 깨닫지 못했던 것이다.

한편 이 작품에 나오는 파시스트들의 공화파 습격 장면은 호르바트 자신이 자주 왕래하던 바이에른의 무르나우에서 직접 겪은 체험을 극화한 것이라는 설이 있다. 저명한 호르바트 연구가인 크리쉬케는 당시의 신문보도와 재판기록을 뒤진 끝에 1931년 2월 1일 무르나우 근처 키르히마이어 술집에서 열린 사민당의 집회에 우연히 참석했던 호르바트가 파시스트들의 습격 현장을 목격하고 나중에 재판정에 증인으로 서기까지 했다는 사실을 확인했다.[15] 그러나 최근의 연구에 따르면 키르히마이어 사건이 일어나기 이전에 이미 「이탈리아의 밤」은 책으로 출판되었다고 한다.[16]

지금까지의 논의를 통해 우리는 「이탈리아의 밤」에 나타난 호르바트 민중극의 특징들을 확인할 수 있다. 우선 호르바트는 이 작품에서 민중극의 성격을 희극 내지 희비극으로 바꾸었으며 그 주제도 노사대립보다는 파시즘의 대두와 이에 대한 소시민층의 무기력한 대처로 전환시켰다. 극작술의 측면에서는 소시민의 의식을 폭로하기 위한 '교양은어'를 가장 핵심적인 요소로 채택하고 극의 구조도 전통극의 관행보다는 일종의 순환구조로 바꾸었다(6.2 참조).이러한 변화의 원인은 추크마이어와 플라이서, 브루크너 등 다른 작가의 영향과 함께 나치스의 정치적 부상이라는 정치적 상황의 변화와 작가의 직 · 간접적인 나치즘 경험 등이었을 것으로 추측된다.

4.3 「비엔나 숲속의 이야기」

1931년 7월경 완성된 호르바트의 세 번째 민중극 「비엔나 숲속의 이야기」는 그의 민중극 가운데 가장 널리 알려진 작품으로 민중극 형식을 이용한 소시민의식의 비판이라는 호르바트 민중극의 특징이 가장 두드러지게 표현돼 있다.

이 작품은 초연(1931. 11. 2 베를린의 도이체스 테아터) 당시부터 찬사와 비난이 뒤섞인 반응을 불러일으켰고 1950년대에 이르기까지 이러한 엇갈린 반응은 계속되었다. 그러다가 1960년대 말에 이르러 호르바트의 대표적인 작품으로 평가되고 현대의 고전적인 드라마로 확고한 위치를 차지하게 되었다.

이처럼 비평가들과 관객들의 반응이 엇갈리는 것은 이 작품이 독일 민중극의 본고장인 비인을 무대로 비인의 전통 민중극 형식을 빌려,

"전통적인 비인의 인물전형들을 파괴했을 뿐만 아니라 새롭고 보다 진정한 인물전형들을 형상화하고 있기"[17] 때문이다. '새롭고 보다 진정한 인물전형의 형상화'란 호르바트가 표방하는 민중극의 쇄신에서 가장 핵심적인 내용이라고 할 수 있는 오늘날의 전형적 인간의 형상화, 즉 소시민의 형상화를 가리킨다. 초연 당시 연극평론가 케어(A. Kerr)가 "젊은 작가들 가운데 가장 뛰어난 작가인 호르바트는 여기서 전보다 폭넓게 인생을 포괄하고 있다. [⋯] 이제 그는 [⋯] 민중 전체를 그리고 있다"[18]고 말한 것도 1920년대의 전형적인 민중으로서 소시민의 모습을 그 의식의 밑바닥까지 파고들어 생생하게 드러내 보였다는 뜻일 것이다.

그런데 이 작품에 나타나는 새로운 소시민층은 1차대전 이후의 정치·경제적 격동기에 생존투쟁에서 패배한 계층이며 구중산층에서 탈락한 소규모 상점소유자(마왕, 발레리)와 자영업자(오스카), 사무원(마리안네), 연금생활자(대위) 등이다. 이들은 인플레와 불황, 그리고 그 사이의 짧은 상대적 안정기가 이어지는 바이마르공화국 시대에 생존기반을 위협하는 사회질서에 대해 필사적인 투쟁을 전개하지만 결코 결정적인 승리를 쟁취하지 못한다. 오히려 이들은 막강한 사회질서와의 투쟁에서 참담한 패배와 굴욕적인 타협을 감수하면서도 이를 숨기기 위해 겉으로는 위선적인 경건함과 교양을 과시하지만, 결정적인 순간에는 동물적인 공격성을 드러낸다. 이러한 소시민의 병적인 증후들(그것은 바로 속물의 증후들이기도 하다)을 작가는 민중극의 형식을 통해 가차없이 폭로하는데, 이런 점에서 이 작품은 바로 "개인과 사회 사이의 영원한 투쟁"을 "진지함과 이로니의 종합"을 통해 보여주고 있다 하겠다.

작품의 중심 무대는 비인 시내 '제8구의 한적한 거리'와 교외의 도나우 강변 유원지인 바하우이다. 바하우에는 은행원 출신의 건달인 알프레트와 그의 어머니, 할머니 등 3대가 일종의 모계사회를 이루고 있고, 제8구 요제프슈타트의 거리에는 '마왕' 으로 불리는 인형가게 주인이 외동딸 마리안네와 함께 일종의 부계사회를 형성하고 있다. 알프레트는 신중산층에 해당하는 사무원 생활을 그만두고 투기사업으로 일확천금을 꿈꾸는 건달인데, 경제적으로는 유산을 가진 할머니와, 죽은 남편의 퇴직금을 가진 제8구의 담배가세 주인인 중년과부 발레리 등 연상의 두 여성에게 의존하고 있다. 반면, '마왕' 은 소규모 자영상인으로 자칫하면 프롤레타리아로 전락할 위기에 몰린 신중산층이다. 그는 경제적 위기를 타개하기 위해 유일한 자산인 딸을 돈 많은 푸줏간 주인 오스카와 결혼시키려 한다.

그런대로 평온하게 유지되던 이러한 소시민적 질서는 어느 날 발레리를 찾아온 알프레트가 마리안네와 만남으로써 갑자기 흔들리기 시작한다. 무잡스러운 오스카를 경멸하는 마리안네는 겉보기에 세련되고 상냥하고 교양 있는 알프레트에게 반해 도나우 강변에서의 약혼식 날 파혼을 선언하고 알프레트와의 동거에 들어간다.

알프레트와 마리안네의 결혼생활은 경제적으로 이미 파탄이 예정돼 있다. 화장품 외판원으로서 착실한 월급쟁이 생활을 한다는 것은 경마로 힘 안 들이고 돈벌이를 하던 알프레트로서는 견딜 수 없이 답답한 일인데다, 아이까지 태어나자 경제적 궁핍은 더욱 심해진다. 결국 알프레트는 건달 시절의 친구인 페르디난트의 주선으로 마리안네를 취직시키고 아이는 바하우의 어머니에게 맡김으로써 이미 시들해진 결혼생활의 굴레에서 벗어나 다시 자유로운 건달 생활로 돌아온다. 손자가 돈 많은 처녀와 결혼하기를 원하는 할머니(그녀는 '마왕' 과 대비되는 '마녀' 의 모습을 띈다)는 알프레트가 마리안네와 헤어지는 조건으로 돈을 대준다.

한편 마리안네가 떠나자 경제적으로 결정적 타격을 입은 '마왕' 은 (그의 인형가게는 상냥한 미소로 손님을 끌던 마리안네의 경영능력을 상실하자 급속히 망하고 만다) 미국에 이민 간 부자 친구가 찾아오자 발레리와 퇴역 기병대위, 새로 발레리의 애인이 된 대학생 에리히와 어울려 '막심' 술집으로 2차를 갔다가 자기 딸 마리안네가 나체쇼의 무희로 나온 것을 보고 충격을 받아 졸도한다. 경제적으로 쪼들리는 마리안네는 우발적으로 미국인의 돈을 훔치다 들켜서 감옥살이를 하게 된다.

이제 옛날의 질서를 되찾기 위한 화해와 타협의 조건을 무르익는다. 여기서 장애가 되는 것은 아이이다. 오스카도 "아이만 없다면" 마리안네를 다시 받아들이겠다고 밝힌 바 있다. 결국 알프레트의 할머니가 '마녀' 처럼 해결사 역할을 맡아 아이에게 일부러 찬바람을 쏘여 병에 걸리게 한다. 마리안네는 "아이를 위해" 마왕과 화해하고 마왕은 경제적 위기를 극복하기 위해 마리안네를 다시 받아들인다. 오스카와 알프레트는 남자 대 남자로서 화해의 악수를 나누고 오스카와 마리안네, 알프레트와 발레리의 두 쌍은 다시 옛날의 관계로 돌아간다. 아이의 죽음은 이들에게 잠시 충격을 주지만, 끈질기고 완강한 소시민의 허위의식에 이끌려 결국 이들은 적당히 타협하고 속물적인 일상으로 복귀하는데 성공한다. 오스카가 마리안네를 끌고 천천히 퇴장하는 순간 마치 "천상의 음악처럼" 요한 슈트라우스의 왈츠 '비엔나 숲속의 이야기' 가 울려 퍼진다.

작가는 이 작품의 첫머리에 "어리석음처럼 영원하다는 느낌을 주는 것은 없다"(I, 57)라는 모토를 내걸고 있다. 엠리히(W. Emrich)에 따르면 '어리석음' 이란 현실을 직시하여 냉철하게 자신의 처지를 인식하기를 회피하고 자신이 옳다는 헛된 확신과 기분을 영속화하려는 도피심리의 메카니즘이고 "의도적인 무지이자 사실에 대한 의식적인 무시" 며 우둔한 자들만의 특성이 아니라 또한 "가장 머리 좋은 친구들이 자기 지위를 확고히 하고 관철시키고 성공적으로 승리에 도달하기 위해 사용하는 간계"[19]이다. 이들이 이러한 의도적인 어리석음을 이용할 때 가장 즐겨 사용하는 수법은 겉으로는 깊은 의미를 지닌 것처럼 보이지만 실은 아무 쓰잘데없는 헛소리에 불과한 상투적 구호나 격언, 교훈, 속담, 인용 따위에 의존하는 것이다. 이렇게 함으로써 이들은 골치 아픈 분쟁과 갈등으로부터 도피하여 무책임한 자기기만에 안주할 수 있다. 첫 장면에서 발레리가 알프레트의 거짓말을 질책하면서 떼어먹은 배당금을 내놓으라고 다그치자 알프레트는 이렇게 응수한다.

> 알프레트 : 그렇게 나를 못 미더워 해선 안 돼요 … 그건 우리 관계를 해치니까요. 젊은 사람들은 다 밝은 면과 어두운 면이 있다는 걸 간과해선 안 되지요. 그게 정상인 걸요. 그리고 당신에게 은밀하게 할 수 있는 말은, 순수하게 인간적인 관계란 뭔가를 서로 나눠 가질 때에만 비로소 진정한 관계가 된다는 거죠. 다른 건 모두 헛소리에 불과하죠. 그리고 이런 의미에서 나는 우리가 이제 우리 사이의 다른 관계들이 다소 불건전하다고 해서 우리의 우정관계와 사업관계를 단절하지 않을 것을 바랍니다. (Ⅰ, 163)

여기서 알프레트는 영악한 사기꾼으로서 의도적인 '어리석음'을 가장하여 발레리와의 공생관계(더 냉혹하게 말하면 기생관계)를 유지하려 한다. 그는 이런 관계를 "순수하게 인간적인 관계"와 "우정관계 · 사업관계"라고 치장하면서 자신의 거짓말과 속임수는 "젊은이의 어두운 면"이며 "약간 불건전"한 측면을 뿐이라고 둘러댄다. 게다가 그는 말을 돌려, "갈라서지 말자"든가 "갈라서는 것을 반대한다"고 말하지 않고 "우정관계와 사업관계를 단절하지 않을 것을 바랍니다"라고 점잖게 표현한다.

그는 이에 앞서 자기 어머니에게 은행원 생활을 때려치운 사실을 고백하면서 "나는 관료 생활에 맞지 않거든요. 그건 발전 가능성이 전혀 없으니까요. 옛날 의미의 노동이란 이젠 수지가 맞지 않아요. 그건 발전 가능성이 전혀 없으니까요. 요즘 출세를 하려는 사람은 다른 사람의 노동을 이용하여 노동을 해야 해요. 난 독립했지요. 금융사업 같은 걸 하고 있죠"(Ⅰ, 160)라고 말한다. "다른 사람의 노동을 이용하여 노동하는" 것은 쉽게 말해 직접 손발을 움직여 땀을 흘리며 일하지 않고 남을 이용하고 등쳐먹는 투기사업을 가리키며, '금융사업'은 바로 경마 복권 투기임을 곧 관객은 알게 된다. 또 사업상의 '독립'이란 것도 죽은 남편의 퇴직금을 가지고 있는 50대의 과부 발레리의 정부 겸 동업자 노릇을 하는 것에 불과하다.

이 작품은 거의 모두가 이런 식의 상투어로 가득 차 있는데, 이를 통해 등장인물들은 겉보기와는 달리 추악하고 탐욕스러우며 동물적 잔혹성에 가득 찬 존재로 폭로된다. 가령 '마왕'은 겉보기에는 교양 있고 점잖은 독립사업가지만 속에는 죽은 마누라에 대한 복수심(그것은 딸에 대한 전제적 강압으로 표출된다)과 도착적인 성적 탐욕(도나우 강변에서 발레리의 속옷을 훔쳐 냄새를 맡는 장면에서 드러난다)을 지닌 추악한 인간이다. 마왕은 자신의 본모습을 폭로하듯 "그러니까 우리 인간이 동물계와 가깝다는 것은 분명히 움직일 수 없는 사실이야"(Ⅰ, 225)라고 단언하기도 한다.

알프레트의 할머니는 손자에게 동물적인 애정을 쏟으면서 어린애처럼 꼬집고 혀를 날름거리면서 장난을 치기도 하지만 알프레트의 아이를 일부러 찬바람에 쏘여 병들어 죽게 한다. 그리고 나서는 "하나님은 주기도 하고 빼앗기도 하지"라는 성경 구절로 자신의 범죄를 은폐하고 이를 하나님의 섭리로 합리화하는 마녀의 모습을 드러낸다. 알프레트가 돈을 주지 않는 할머니를 "늙은 마녀"라고 부르는 것은 단지 장난기에서 나온 허물없는 농담만은 아니다.

크리쉬케는 이 작품과 관련하여 호르바트의 묘사방식을 이렇게 설명한다.

> 그는 인간을 폭로했기 때문에, 즉 인간의 아주 사소한 어리석음을, 인간의 냉혹함과 잔인함을, 남에게 고통을 주려는 인간의 노력 – 그것은 비열함 때문이 아니라 어리석음 때문이다 – 을 보여 주었기 때문에, 그의 시선은 무자비했다. "어리석음처럼 영원한 느낌을 주는 것은 없다"고 호르바트는 그의 「비엔나 숲속의 이야기」에 모토로 쓰고 있는데, 이것은 그의 전체 작품의 모토가 될 수 있을 것이다. 호르바트의 등장인물들은 – 그들은 거의가 비슷하다 – 뭔가 불안감을 주는 동물적인 데가 있다. 그들은 짐승처럼 겁을 먹고 자기 자신이 물어뜯기지 않으려고 남을 물어뜯는다. 그들은 파괴하고 나서는 그들이 저지른 파괴 앞에서 망연자실한 채 서 있다.[20]

이러한 동물적인 공격성과 잔인성은 오스카의 경우에 가장 극적으로 표현된다. 그는 누구보다 신앙심이 깊고, 희생적이며, 순정을 지닌 사나이 같지만 속에는 무서운 증오와 복수의 칼날을 숨기고 있어서 언뜻언뜻 상투적인 대사 사이로 이를 내비친다.

> 발레리 : 마리안네가 다시 자유로워졌으니 내가 보기에 당신은 마리안네와 결혼할 수 있을 것도 같은데요.
>
> 오스카 : 아이만 없다면 –
>
> 발레리 : 만약 나에게 누가 그런 사랑을 준다면 –

오스카 : 난 아직도 그녀를 사랑해요. — 그 아이는 아마 죽을 거예요.

발레리 : 오스카씨!

오스카 : 아무도 모르죠! 하나님의 맷돌은 천천히 돌지만 지독히도 잘게 빻으니까요. 난 마리안네를 잊지 못할 겁니다. — 난 모든 고통을 짊어지겠어요. — 하나님은 사랑하는 자를 시험하시지요. 벌하시고 단련시키지요. 빨갛게 단 석쇠 위에다, 끓는 납 속에다 —

발레리 : (고함친다) 그만둬요, 미안하지만 !

오스카 : (웃는다)

하블리체크 : (도살장에서 나오면서) 이젠 어쩌지요? 그 돼지를 제가 잡을까요?

오스카 : 아니, 하블리체크, 내가 직접 잡겠어. 그 놈의 돼지를 —

(Ⅰ, 214~215)

오스카는 마리안네를 죽도록 사랑한다면서도 그녀의 아이가 죽기를 바라고, 자신이 모든 고통을 짊어지는 순교자를 자처하지만 실연의 고통을 "빨갛게 단 석쇠 위"에 올려지고 "끓는 납 속"에 떨어지는 지옥의 고통으로 과장한다. 이것은 기독교적인 사랑의 표현이라기보다는 그로테스크의 경지에 이른 잔혹한 동물적 가학성의 뒤집어진 표현이라는 인상을 준다. 그래서 발레리는 "그만둬요!" 하고 외친다. 더구나 돼지의 멱을 따겠다고 나서는 오스카의 모습은 섬찟하기만 하다. 이 작품에서 돼지를 잡는 것은 분명히 동물적 가학증의 상징으로 사용되고 있으며 관객은 이를 통해 한 경건한 중산층 소시민의 잠재의식 속에 내재된 피비린내 나는 잔혹성을 발견하게 된다. 추크마이어의 「즐거운 포도원」에서 돼지 도살의 상징이 인간의 원초적 생명력의 표현으로서, 긍정적 가치로 찬양되는 것과는 정반대의 설정이다.[21)]

호르바트는 이 작품을 짧은 기간 내에 단숨에 써 버렸지만 실은 1920년대의 10년간 극작가로서 구상하고 다듬어온 민중극의 모든 요소들을 여기에 집약시켰다고 한다. 힐데브란트는 이 작품이 호르바트가 각종의 초고와 단편, 구상, 주석 등에 조금씩 적어 놓았던 모티브들을 갑자기 '빈의 제8구' 라는 무대에 펼쳐놓은 것이라고 말하면서, 「아가씨 팔려가다」(Ein Fräulein wird verkauft), 「풀다의 미인」(Die Schönheit von Fulda), 「카롤리네, 하이트하우젠의 미녀」(Karoline, die Schönheit von Haidhausen), 「엘리자베트, 튀링겐의 미녀」(Elisabeth, die Schönheit von Thüringen) 등 여러 작품의 구상과 초고들에서 이 작품의 원형을 찾아내고 있다.[22] 특히 「튀링겐의 미녀」에는 이미 「비엔나 숲속의 이야기」의 모든 모티브들, 즉 '사생아', '아버지와의 화해', '새로운 분쟁', '빈약한 밥벌이', '아이와의 헤어짐', '아이의 죽음' 등의 모티브들이 나타나 있다고 한다.

한편 이 작품이 오랫동안 근거 없는 비난과 비판에 시달린 것은 제목과 무대, 등장인물이 모두 비인이라는 특정한 도시와 연결된 데서 나온 오해 때문이다. 초연 당시 나치 작가였던 페히터(P. Fechter)[23]는 "헝가리인인 호르바트가 자기 모국어로 창작을 하지 않고 남의 나라 말을 잘못 사용하고 있는 것은 적어도 귀엽게 봐줄만 하다"[24]라고 인종주의적인 불쾌감을 노골적으로 드러냈다. 나치의 기관지인 '푈키쉬 베오바하터' (Völkischer Beobachter)에서 프리드리히(K.-M. Friedrich)는 작품이 요한 슈트라우스를 모욕한, 외설적이고 상스러운 욕설로 가득한 코미디라고 비난했다.[25] 비인의 신문들도 이 작품이 비인과 비인 사람들의 정신을 악의적으로 왜곡 · 비방했다면서 "미적 감각의 결여"와 "유모어의 결여"를 비난하고 나섰다.[26]

그러나 익히 알려진 대로 호르바트는 헝가리 작가도 아니며 오스트리아를 고향으로 생각하지도 않았다. 그는 일종의 코스모폴리탄이자[27]

청년 브레히트와 같은 반부르주아적 기질을 가진 작가로서 서구연극의 부르주아적 전통에 역겨움과 거부감을 느끼고 새로운 민중극을 통해 바이마르시대의 독일 소시민의 의식을 가차 없이 폭로한 것뿐이다. 「비엔나 숲속의 이야기」에서는 비인의 독특한 우아함과 정겨움의 겉치장 속을 뚫고 그 안에 감추어진 소시민층의 추악하고 동물적인 본질까지 투시하여 폭로했기 때문에 나치의 국수주의적 편견과 편협한 지방주의를 벗어나지 못한 평론가들과 관객들이 불쾌한 반응을 보인 것이다. 그러나 폴가(A. Polgar)의 표현을 빌면 "이 작품에 나타나는 일들은 오스트리아가 아닌 다른 곳의 정신적 분위기에서도 얼마든지 일어날 수 있고 성욕과 물욕은 비인방언 이외의 다른 방언으로도 얼마든지 같은 말을 내뱉을 수 있다. 그리고 인간이 천박한 재료로 만들어져 있다는 것은 비인의 요리에만 있는 특별메뉴가 아니며 인생이란 요한 슈트라우스의 음악에 맞춰서만 우스꽝스런 원숭이춤을 추는 것은 아니다."[28)]

호르바트는 "인간을 사랑하지 않고 관찰했"[29)]으며 이 때 그의 시선은 위에서 굽어보는 시선이다. 달리 말해 호르바트는 여기서 "인생이라고 불리는 메두사의 눈 속을 똑바로 들여다보았고 일어날 것 같이 보이는 것 가운데서 진짜로 일어나는 것을 겁먹지 않고 묘사"[30)]했기 때문에 삶의 가혹한 진실에 직면하기를 두려워하는 관객들을 불안하게 만들었던 것이다. 이것은 또한 오늘날까지 이 작품이 현실성을 잃지 않고 계속 무대에 올려지고 논란의 대상이 되는 이유가 되기도 한다.

4.4 「카지미르와 카롤리네」

1931년 말에 완성되어 1932년에 초연된 「카지미르와 카롤리네」는 그 배경이 뮌헨의 10월 축제로 되어 있기 때문에 「비엔나 숲속의 이야기」처럼 많은 오해를 받았다. 작가 자신도 이 작품을 뮌헨과 10월 축제에 대한 풍자로 보는 것은 작가의 의도를 완전히 오해한 것이라면서 이 작품은 "실업자가 된 운전수 카지미르와 야심을 가진 그의 약혼자에 관한 발라드"이며 "유모어에 의해 즉 '우리는 죽지 않으면 안 된다'는 일상적인 인식에 의해 완화된, 조용한 슬픔의 발라드"(I, 659)라고 해명한 바 있다.

이 작품의 모토가 "그리고 사랑은 결코 그치지 않으리라"로 되어 있듯이, 여기서 주제가 되고 있는 것은 '고약한 시절', 즉 1929년에서 1932년에 절정을 이룬 경제위기로 실업자가 된 운전수 카지미르와 그의 약혼녀인 사무원 카롤리네의 사랑이 어떻게 식어가고 파탄에 이르는가 하는 것이다. 요아스(H. Joas)는 이 작품에서 묘사되고 있는 사랑의 문제를 이렇게 설명한다.

> 작품의 주제는 사랑이다. 그것도 부제가 말하고 있듯이 우리들의 고약한 시대에 있어서의 사랑이다. 따라서 여기서 문제되는 것은 사랑 그 자체나 모든 시대를 초월하는 사랑이 아니라 1930년경의 사랑, 바이마르 공화국 말기의 경제위기로 동요된 사회의 사랑, 인간관계의 최고 형식으로서의 사랑이며, 돈의 지배를 특징으로 하는 사회조건 하에서의 사랑의 왜곡이다. 인간 사이의 관계와 함께 결국 이러한 인간 자신까지도 왜곡시키는 힘과, 이러한 힘으로부터 벗어나거나 그것을 극복하려는, 인간의 다양한 시도가 이 작품의 근본문제인 것처럼 보인다.[31]

얼핏 보면 이 작품에는 극적 긴장감을 자아낼 만한 기승전결이 없는 것처럼 보인다. 무려 117개에 이르는 장면이 스케치처럼, 또는 영화의 짤막한 화면처럼, 정신없이 재빠르게 뒤바뀌고 있기 때문이다. 그러나 자세히 살펴보면, 이러한 스케치 기법이나 영화적 기법에도 불구하고 실은 전통극적인 이야기의 끈은 이어지고 있다. 뒤에(6.1)자세히 설명하겠지만 이처럼 서사극적 요소와 전통극적 요소가 뒤섞여 있는 것은 호르바트의 민중극이 지닌 독특한 구조적 특징인데, 이러한 특징이 가장 뚜렷이 드러나 있는 것이 바로 「카지미르와 카롤리네」이다. 누구나 어렵지 않게 재구성하여 남에게 설명할 수 있는 작품의 줄거리는 다음과 같다.

경제위기로 실업자가 된 카지미르가 약혼자인 카롤리네의 권유로 10월 축제에 구경을 온다. 들뜬 기분에 모든 것을 잊어버리고 즐기고만 싶은 카롤리네는 비행선을 보고 감탄과 흥분을 감추지 못한다. 그러나 카지미르는 심통을 부리며 그건 부자들의 놀음일 뿐, 수많은 가난뱅이들과는 무관한 일이라고 어깃장을 놓는다. 카롤리네는 토라져서 카지미르와 헤어져 재단사인 쉬르칭거와 만나 어울린다. 카지미르가 나타나 지금 만난 사람이 누구냐고 캐묻자 카롤리네는 전부터 아는 사람이라고 거짓말을 하고는 말꼬리를 잡아 카지미르와의 결별을 선언한다. 카롤리네는 쉬르칭거와 어울려 공중열차를 타고 아이스크림을 먹으며 돌아다니다가 쉬르칭거의 직장 상사인 라우흐와 그의 친구인 부장판사 슈페르를 만난다. 카롤리네는 그들이 그저 잠시 즐기기 위해 그녀를 이용하려는 것 뿐이라는 카지미르의 경고(I, 279)에도 불구하고 사회적 출세를 위해서는 높은 사람들과 인연을 맺어야겠다면서 쉬르칭거를 버리고 라우흐의 유혹에 따라 그의 승용차에 동승한다. 한편 카지미르는 계속 카롤리네의 뒤를 따라다니다가 직장 동료인 프란츠와 그의 애인 에르나를 만나 함께 어울린다. 카롤리네는 술에 취한 라우흐가 운전 중 갑자기 졸도하자 브레이크를 밟아 위기를 모면하고 그를 응급실로 데려가 치료를 받게 해주지만 깨어난 라우흐가 욕을 하며 쫓아내자 비로소 잘못을 뉘우친다. 프란츠는 도둑질을 하다가 붙잡혀 가고 카지미르는 에르나와 가까워져서, 뒤늦게 사과를 하며 화해할 것을 간청하는 카롤리네를 뿌리친다. 그러나 카롤리네도 뒤쫓아 온 쉬르칭거와 만남으로써 새로운 두 쌍의 결합이 이루어진다.

얼핏 보면 지극히 통속적인 멜로 드라마식의 구성에다 상투적인 해피엔드로 마무리되는 이 작품의 핵심은 미묘한 심리적 갈등과 변화를 드러내는 대화에 있다. 말하는 사람의 의식을 폭로하는 '교양은어'의 정교한 구사에서 호르바트는 대가다운 솜씨를 한껏 발휘하고 있는데 이러한 대화를 정밀하게 분석하여 그 속에 숨겨진 심리적 변화를 추적하는 데 많은 연구자들이 몰두해 왔다. 특히 놀팅의 『총체적 은어』는 이 방면의 탁월한 성과로 꼽히고 있다.

그러나 대화 속에 드러난 등장인물들의 의식을 단순한 심리분석의 차원에서만 관찰할 경우 이 작품의 정말 귀중한 핵심은 놓치고 만다. 왜냐하면 앞서 모아스가 지적했듯이 여기서 문제가 되는 것은 1930년이라는 특수한 역사적 시점과 독일의 대도시라는 특수한 지역에서, 독일의 노동자와 소시민, 중산층의 내면에서 벌어지는 심리적 갈등과 의식의 변화이기 때문이다. 달리 말해 이 작품의 핵심적 문제는 '교양은어' 속에 투영된(또는 가라앉아 있는), 사회경제적 상황인 것이다. 따라서 우리는 이러한 대화를 통해 당시의 독일적 상황이 어떻게 개인의 의식과 삶을 규정하고 있는가, 즉 호르바트의 말을 빌면, 개인과 사회와의 영원한 투쟁이 어떻게 전개되고 있는가를 추적해 보아야 할 것이다.

카롤리네와 카지미르가 처음으로 말다툼을 벌이는 것은 비행선이 지나가는 장면(3장)에서이다.

카롤리네 : 저 비행선은 지금 오버암머가우 상공을 날고 있어요. 그러나 다시 돌아와 우리 머리 위에서 공중회전을 할 거예요.

카지미르 : 난 그런 데 관심 없어! 저 위에는 20명의 재벌들이 날고 있지만 아래에선 그 동안에 수백만이 굶주리고 있어! 그 따위 비행선은 똥이나 먹으라지. 난 이런 사기를 잘 알고 있어. 그리고 그 문제를 자세히 따져보았어. — 저 비행선은 말야, 뭐냐하면 저건 떠다니는 풍선이야. 우리는 이 비행선을 쳐다보면 마치 자신이 함께 타고 가는 듯한 느낌을 갖게 되지 — 그러다가 삐딱하게 닳아빠진 구두 뒤축 때문에 탁자 모서리에 입을 찧기가 십상이지.

카롤리네 : 당신이 그렇게 우울하면 나도 기분이 우울해져요.

카지미르 : 난 결코 우울한 사람이 아냐.

카롤리네 : 천만에요. 당신은 염세주의자예요.

카지미르 : 그건 그래. 지적인 사람은 누구나 염세주의자니까. (I, 256)

카롤리네는 기술의 진보에 순진하게 감탄하지만 카지미르는 이러한 기술의 진보가 실업과 사회 · 경제적 위기를 가져오고, 적어도 일자리를 빼기고 굶주리는 수백만 명을 구제해 주지는 못한다고 반박한다. 비행선은 단지 현실의 비참함으로부터 사람들의 관심을 돌려 현실을 떠난 환상의 세계를 날고 있다는 착각을 심어줄 뿐이라는 것이다. 그러나 카롤리네는 카지미르가 말하는 사회적 관계를 추상화하고 무시함으로써 10월 축제의 즐거움에 탐닉하려고 한다. 그녀는 부모의 소원인 공무원과의 결혼을 마다하고 운전수인 카지미르를 택했으므로 주관적으로는 전혀 떳떳하기만 하다. 그러나 이제 카지미르가 직장을 잃고 대책 없는 실업자가 되자 그녀는 카지미르의 말을 이해하지 못하고 그의 '염세적' 성향 때문이라고만 생각한다. 그래서 "우린 서로 너무 어려운 상대인 것 같아요 "(I, 257)라고 주관적인 판단을 내린다. 그녀는 카지미르가 처한 객관적 상황을 주관적인 심리적 상황으로만 환원시키기 때문에 정치 얘기라면 질색을 하고("제발 정치 얘기는 집어치워요! I, 301), 아이스크림 먹기와 공중열차 타기, 말타기 등 오락에만 열중한다. 그녀는 객관적 현실을 무시하고 자율적인 삶을 선언하지만 그러한 자율적 삶 — 그것은 순간적 쾌락에 탐닉하는 삶이다 — 에는 돈이 필요하고 그러한 돈을 벌기 위해서는 유력한 사람과의 연줄이 필요하다는 것을 깨닫는다. "인생은 험악하므로, 뭔가 이룩하려는 여자는 유력한 남자의 감정세계를 사로잡아야 한다"(I, 279)고 생각한 그녀는 늙은이인 라우흐와 슈페르를 이용해 "보다 높은 사회적 단계"(I, 279)로 기어오르려고 안간힘을 쓴다. 그러나 출세를 위해 남을 물건처럼 이용하려고 하는 카롤리네는 냉혹한 자본주의의 시장법칙에 의해 자신이 바로 쾌락의 도구로 전락하게 되지만, 그래도 결국은 카지미르보다는 교양이 있고 직장을 가진 쉬르칭거를 만나게 된다.

카지미르는 카롤리네가 기를 쓰고 일반적인 것과 개인적인 것을 분리하려고 하는 ("일반적인 위기와 개인적인 위기는 항상 분리해야지요." I , 272) 이유를 어렴풋이 알고 있다. 카롤리네는 월급이 55마르크밖에 안되는 사실상의 프롤레타리아이면서도 자신이 사무직 노동자이고 아버지가 관료라는 것 때문에 카지미르 같은 일반 노동자보다는 사회적으로 한 단계 높은 위치에 있다고 착각한다. 즉 경제적으로는 프롤레타리아면서도 의식면에서는 중산층을 자처하고 있기 때문에 주관적으로는 사랑하는 남자가 실업자가 되면 더욱 더 열렬하게 그에게 매달릴 것이라고 주장하면서도(I, 258) 결국은 카지미르를 떠나고 만다.

카롤리네 : 아니에요. 그건 전혀 새로운 견해가 아니에요. — 그렇지만 난

> 당신의 전제적 지배에 시달리며 사무실 여직원이 프롤레타리아에 불과하다는 당신 말을 앵무새처럼 따라했어요! 그렇지만 제 맘속에선 언제나 다른 생각을 했지요! 난 당신에게 종속돼 있었기 때문에 가슴과 머리가 흐리멍텅했던 거예요! 그렇지만 이제 그런 건 끝났어요. (I, 279)

카롤리네는 이러한 의식과 존재 사이의 어긋남에 의해, 다시 말해 소시민적 허위의식에 의해, 부르주아의 정치적 근위병이 돼버린 바이마르공화국 말기의 독일 사무원 계층의 전형이다. 그러므로 카롤리네와 카지미르 사이의 갈등도 이러한 사무원 계층과 노동자 계층 사이의 계급갈등의 표현으로서 현실성을 지니고 있으며, 이것이 무대 위에서는 전통극에서의 극적 갈등 요인으로서 극을 이끌고 가는 역할을 한다.

한편 쉬르칭거는 직물공장의 재단사로서 자신의 사회적 처지를 환상 없이 사실 그대로 직시하고 있다. 그리고 자신의 사적인 생활이 사회적 상황에 종속돼 있음을 잘 알고 있으므로 카롤리네처럼 허위의식으로 빠져들지 않는다. 그러나 그는 적극적으로 이러한 사회적 조건을 극복하거나 변화시키려는 시도는 하지 않고 그저 수동적으로 이를 받아들이고 냉소적으로 사실을 설명할 뿐이다. 그 때문에 쉬르칭거는 고독하고 우울하며 다른 사람에게 쉽게 마음을 터놓거나 연애감정에 빠지지 않는다. 이것은 극중에서 그가 술을 입에 대지 않고 사랑을 고백할 때도 수줍어하며 자기표현을 하지 못하는 것으로 드러난다. 그는 치열한 경쟁을 뚫고 출세하기 위해 (그리고 살아남기 위해) 카롤리네를 상사인 라우흐에게 양보하고, 상사가 원하는 대로 안 마시던 술까지도 마신다. 결국 그의 친절함은 자기보호막이고 그의 교양은 과시용일 뿐이다.

이 드라마에서 상품화된 인간은 쾌락을 위해 매춘도 서슴지 않는 엘리와 마리아, 그리고 신체적 불구를 상품가치로 삼는 불구자들이다. 이들은 자본주의의 이윤추구 원리에 의해 그로테스크의 경지로까지 기형화 된 (불독 머리를 한 사내, 고릴라 소녀, 뚱보 여자, 거인, 수염 난 처녀, 낙타인간, 서로 붙어 있는 난쟁이 등) 인간 소외의 극치를 이루고 있다. 이들 불구자들이 비행선을 구경하기 위해 밖으로 몰려나오자 장사에 위협을 느낀 난쟁이 단장은 "너희들이 밖에 있는 걸 사람들이 보면, 우린 망하는 거야 ! 그것이 바로 볼쉐비즘이야!" (I, 283)라고 외친다.

이러한 이윤추구의 원리는 그로 인해 이득을 보는 사람들까지 왜곡시키고 소외시킨다. 라우흐와 슈페르는 독일 상류층의 보수적 의식을 대표하고 있는데 죽마고우인 두 사람은 술이 취하자 서로 카롤리네를 차지하려고 '우정' 을 헌신짝처럼 내던진다. 라우흐는 감상에 젖어 왕년의 10월 축제에 향수를 느끼며 민주주의를 찬양하지만 그가 말하는 민주주의란 여러 계급의 목가적 화합 등 나치스의 이데올로기에 가까운 것이다. "경제위기와 정치에도 불구하고 — 나의 오랜 10월 축제를 브뤼닝[32]은 망가뜨릴 수 없지 [···] 여기서는 하인이 추밀원고문과, 장사꾼이 사업가와, 장관이 노동자와 나란히 앉아 있거든 — 그래서 나는 민주주의를 찬양하는 거야" (I, 272)

카지미르의 직장 동료였던 메르클 프란츠는 출구 없는 상황에서 탈출하기 위해 범죄로 치달리는 반사회적 인물이다. 그는 정치적 변화에 기대를 걸고 정치활동에 뛰어들었으나 결국 실망과 좌절만을 겪었다고 고백한다. "내가 가담하지 않은 정당은 하나도 없었어. 그러나 기껏해야 그건 분파에 지나지 않았어. 그렇지만 점잖은 양반들이 도처에서 막돼먹은 개같은 짓거리들을 하고 있어! 세상이 이런 판에는 예를 들어 메르클 프란츠처럼 해야 돼" (I, 295) 결국 그는 무정부주의적인 자기실현으로서 폭력과 범죄로 뛰어드는데 이것을 방해하는 것이면 여자든 뭐든 가리지 않고 잔인한 폭력을 휘두른다. 에르나에 대한 그의 잔혹성은 그의 감상주의와 유아적 성향의 표현이다. 그는 "남에게 물어뜯기지 않기 위해 남을 물어뜯고, 자신의 파괴 앞에서 망연자실하는"[33] 동물적 공격성을 드러낸다. 그의 애인 에르나는 그가 "우스꽝스런 성격"을 가지고 있어서 "일단 어떤 사람을 해치운 다음엔 괴로워 한다"(I, 307)고 말한다. 그러나 도둑질을 하다가 체포됨으로써 그의 개인적 반발은 결국 무의미하게 끝나고 만다.

에르나는 쉬르칭거와는 달리 적극적인 의미에서의 현실타개의 전망을 가지고 있는 유일한 인물이다. 그녀는 혁명에 대한 희망을 가지고 있고 인간의 의식이나 행동이 사회적 상황에 의해 바뀐다는 것을 인식하고 있다.

> 에르나 : 때때로 나는 혁명을 상상해 본답니다. — 그러면 가난한 사람들이 개선문을 통해 행진하고 부자들이 역마차를 타고 가는 것을 보지요. 왜냐하면 그들은 하나같이 가난한 사람들에 관해 수도 없이 거짓말을 하니까요 — 보세요, 그런 혁명이 일어나면 난 손에 깃발을 들고 죽고 싶어요.
>
> 카지미르 : 난 그렇지 않아요.
>
> 에르나 : 제 오빠는 자갈 구덩이에서 총 맞아 죽었어요 — 전쟁이 끝났을 때 말이죠 — 1919년에.
>
> [···]
>
> 카지미르 : 그렇지만 난 내가 착하다고 생각하지 않아요.
>
> 에르나 : 그렇지만 인간은 형편이 나쁘지 않으면 결코 나쁜 짓을 하지 않을 거예요. 인간이 악하다는 건 새빨간 거짓말이에요. (I, 307~308)

그러나 에르나가 꿈꾸는 혁명은 과거의 실패한 혁명이고 어렴풋하고 막연한 기억 속에서만 존재하기 때문에 현실적이고 구체적인 정치적 행동이나 전망과는 거리가 멀다. 결국 에르나가 카지미르와 결합하고 카롤리네가 쉬르칭거와 결합함으로써 근본적으로 달라진 것은 아무것도 없다. 이들은 처음 출발했던 지점으로 되돌아 왔을 뿐이다. 압도적인 사회의 힘과 힘겨운 투쟁을 벌인 이 극의 등장인물들이 얻은 것은 쓰라린 패배와 체념이다.

그런데 호르바트는 이 작품에 관한 '사용지침'(1933)에서 "나는 결코 풍자작가가 아닙니다. 여러분!"(IV, 600)하고 강조하고 있다. 이것은 이보다 1년 앞선 크로나우어와의 회견에서 "나는 풍자에 대해서는 절대 긍정적입니다. 난 전혀 달리 어떻게 할 수 없습니다"(I, 15)라고 말한 것과는 정반대의 발언이다. 그렇다면 1년 사이에 호르바트는 풍자에 대한 생각이 크게 바뀌었다는 얘기가 된다. 이러한 변화는 구체적으로 「카지미르와 카롤리네」의 연출방식이 작가의 의도와는 달랐기 때문에 일어난 것으로 보인다. '사용지침'에서 작가가 이 작품을 안첸그루버식으로, 즉 사실주의적으로 연출해서도 안 되고 풍자적인 수법으로, 즉 희극적 수법으로만 연출해서도 안 된다고 말하고 있는 것은, 바로 이 작품이 이른바 '이로니와 리얼리즘의 종합'에 의해서만 제대로 표현될 수 있다는 뜻으로 해석할 수 있다. 작가가 주인공인 카지미르와 카롤리네를 가장 양식화되지 않게 표현하고 조역과 단역일수록 양식화해서 표현해야 한다고 주문하는 것도 이러한 의도에서 나온 것이다. 그가 주문하는 양식화된 표현이란 일반적 · 보편적인 특징을 강조하기 위한 연출(연기)법을 가리키므로, 카지미르와 카롤리네 등 주인공들은 전형적이고 고착된 인간형이 아니라 특별한 상황에서 특수한 행동과 사고를 하는 가변적인 인간형으로 묘사해야 한다는 뜻이다. 다시 말해 이들의 성격은 고정돼 있지 않고 허위의식 속에서 유동적으로 움직이며 변화하고 있으므로 극중에서도 이 점이 드러나도록 연출해야 한다고 작가는 요구하는 것이다.

4.5 「믿음 사랑 소망」

이 작품 역시 「케이블 카」와 마찬가지로 실제 사건을 바탕으로 한 민중극으로서 작가 자신의 '주석'에 따르면 1932년 뮌헨에서 만난 루카스 크리스틀(Lukas Kristl) 기자로부터 전해들은 법원 주변의 얘기가 작품 창작의 직접적인 계기가 되었다고 한다. 크리스틀 기자는 극작가들이 살인이나 강도 같이 상대적으로 드물게 발생하는 중범죄만을 작품의 소재로 다루는 경향이 있는데, 실제 현실에서는 잘 모르고 저지르는 사소한 범죄들이 훨씬 많고, 그 결과도 개인의 일생을 망칠 정도로 치명적이라고 주장하면서, 자신이 알고 있는 사례를 연극의 소재로서 호르바트에게 제공했다. 그래서 호르바트는 이러한 사소한 범죄가 개인에게 미치는 치명적인 영향 – 무기징역이나 사형에 비견할만한, 정상적인 사회생활로부터의 영원한 추방 – 을 민중극 형식으로 극화하였다. 작품에 등장하는 엘리자베트와 보안 경찰(알폰스 클로스터마이어), 판사 부인, 그리고 무대에는 나오지 않지만 극중 대사에서 언급되는 (그리고 극의 진행에 중요한 역할을 하는) 검사관은 크리스틀 기자가 개인적으로 알고 있는 인물들이었다고 한다.[34)]

작품의 부제는 "다섯 마당으로 된 짧은 죽음의 무도"(Ein kleiner Totentanz in fünf Bildern)이다. 여기서 'Bild'란 전통극의 '막'과 비슷하지만, 전통극의 막처럼 뚜렷한 자기완결성을 가진 단위가 아니라 상당히 느슨한 극중 단위로서 우리 전통극의 '마당' 이나 '과장' (科場)에 가까운 개념이 아닌가 여겨진다. 5개의 'Bild' 에는 각기 여러 개의 '장' 이 배치돼 있다.

작품의 시대적 배경은 경제위기가 최악의 상태에 달한 바이마르 공화국 말기이다. 1932년 현재 독일의 실업자는 6백만을 넘어섰고 1931년 1월에서 3월 사이에 베를린에서만 484명이 자살하고 40만 명이 일정한 거처가 없이 떠돌이 생활을 하고 있었다 한다.[35] 이 작품은 당시 독일의 이러한 비참한 현실을 전제로 할 경우에만 제대로 이해할 수 있다.

엘리자베트는 오랫동안 실업자 생활을 한 끝에 해부학연구소에 자신의 몸을 실험용으로 미리 팔아서 돈을 마련하려고 한다. 즉 자기가 죽은 다음에 시체를 실험용으로 제공하는 조건으로 선금을 받아 외판원 허가증을 마련하려는 것이다. 이러한 요구는 물론 일언지하에 거절되는데, 해부학연구소의 연구원이 엘리자베트의 아버지가 검사관이라는 말을 듣고 출세에 도움이 될까 하고 그녀에게 선뜻 150 마르크를 빌려준다. 그는 '검사관' 이 세관의 검사관이라고 믿지만, 사실 엘리자베트의 아버지는 보험회사의 검사관이다. 엘리자베트는 이 돈을 이용해 코르셋 따위 여성 내의를 파는 외판원으로 취직하기는 하나, 판매 실적이 신통치 않다. 한편 뒤늦게 엘리자베트의 아버지가 세관 검사관이 아니라 보험회사 검사관임을 안 연구원은 사기를 당했다면서 150 마르크를 내놓으라고 다그친다. 결국 엘리자베트는 빌려간 돈을 벌금을 무는 데 사용하고 영업허가증은 외상으로 받아갔음이 밝혀진다. 그녀는 연구원의 고발로 재판에 넘겨져 보름간의 구류를 산다. 그 후 엘리자베트는 연구소 앞에서 만났던 보안경찰과 가까워져 동거생활까지 하지만 벌금형과 구류처분을 받은 전과 사실이 밝혀지자 출세에 지장이 있을 것을 염려한 경찰관은 그녀를 버린다. 절망한 엘리자베트는 운하에 뛰어들어 투신자살을 기도하는데 지나던 행인에게 구출되지만 경찰서에서 죽고 만다.

호르바트는 처음에 작품의 제목을 「법조문의 메카니즘 속에서」(In der Maschinerie der Paragraphen)라고 붙였는데[36] 이는 좀 진부한 느낌을 주지만, "사소한 법조문의 관료적이고 무책임한 적용"(I, 327)에 의해 죄 없는 사람이 죽어가는 과정을 드러내는 이 작품의 본질을 잘 짚어낸 제목으로 여겨진다. 이 작품의 주인공인 엘리자베트는 이러한 사소한 법조문으로 대표되는 막강한 사회의 힘과 맞서 싸우다 참담한 패배를 당하는 희생자이다.

이런 점에서 작가가 이 작품을 "개인과 사회와의 거대한 싸움"(I, 327~328)이라고 부르는 것은 적절한 표현인데 "이러한 가망 없는 싸움"에서 개인은 언제나 패배를 당하기 마련이다. 그런데 호르바트의 작품에서는 대개 여자들이 패배자나 희생물로 그려진다. 이러한 희생자로서의 여성에 관해서는 뒤에 따로 다루기로 한다.

호르바트의 경우 개인을 억압하고 때로는 죽음으로까지 몰아붙이는 것은 "불공평한 사회 질서의 유지자인 국가권력"[37]이다. 폭력적인 국가권력, 즉 공권력은 「케이블 카」의 마지막 장면에서 모저의 환영(幻影) 속에서 법과 질서를 수호하는 총살대의 모습으로 나타난 바 있다. "자 이제 법조항들이 오는 군! 음악과 함께! 들어봐! … 좌향좌, 우향우, 좌향좌, 우향우! 어깨 총! 법률! 법률! [⋯] 질서!"(I, 96) 그러나 「믿음 사랑 소망」에서는 국가권력이 이러한 처형자의 모습으로 나타나지 않고 바늘로 콕콕 찌르듯이 사람을 괴롭혀서 죽이는[38] 사소한 법조문의 모습으로 나타난다.

물론 헌병이나 경찰, 군대, 법조문 따위로 대표되는 이러한 폭력적인 국가권력은 근본적으로 사회구조 자체의 모순에 기반을 두고 있지만 이 작품에서는 특히 중산층 부르주아, 또는 소시민 계층의 도덕적 · 정신적 편견으로 개인에게 다가온다. 즉 소시민의 도덕적 편견은 아무리 사소한 범법사항이라도 위반한 사람은 전과자로 낙인찍어 영원히 사회로부터 격리 · 추방시키는 것이다. 엘리자베트를 투신자살로 몰고 가는 것은 바로 이러한 소시민적인 도덕이다.

그런데 이 작품의 초고에는 엘리자베트가 국가와의 투쟁 경험을 고백하는 독백 장면이 나온다. 이 장면은 그 후 삭제되고 말았지만 엘리자베트의 법정 최후진술 비슷한 강렬한 자기주장과 항의를 담고 있다.

> 이제 나는 실업자가 된지 곧 8개월이 됩니다. [⋯] 그러나 난 용기를 잃지 않았어요. 그리고 나는 사방을 쫓아다녔지요. 그리고 형편이 나아지고 다시 일자리가 생길 거라고, 모든 걸 바꾸고 때려 부수지 않고서도 그렇게 될 거라고 하더군요. 그렇지만 일자리는 전혀 나타나지 않았고 아무것도 때려 부수지는 않았지요. 그렇지만 난 용기를 잃지 않았어요. [⋯] 그리고 신문에는 민중의 엄청난 고통에 대한 기사가 났고 장관들은 우리나라가 복지국가이며 이것이 달라져야 한다고 말했어요. [⋯] 그렇지만 난 용기를 잃지 않았어요. 그리고 사방에서 그들은 아무것도 가진 것이 없는 사람들만을 착취하고 속여 먹었어요. 그래서 나는 국가한테 말했지요. "이봐 국가, 난 국민이야" 그렇지만 국가는 아무 대꾸도 하지 않았어요. (VI, 270~271)

엘리자베트는 실업자 생활의 어려움 속에서도 용기와 투지를 잃지 않고 고개를 꼿꼿이 쳐들고 사회현실과의 싸움에 나서지만 국가의 냉혹한 대응에 부딪쳐 점점 풀이 꺾이고 절망감으로 빠져 들어간다. 국가, 또는 사회라는 관료화된 메카니즘은 개인의 사정 따위는 눈 하나 깜짝 않고 무시하는 괴물로 변해버린 것이다. 셋째 마당에서 복지국 앞에 모여 있는 힘없는 서민들(실직 노동자의 아내, 산재노동자, 중년의 경리사원, 마리아, 엘리자베트 등)은 모두 눈물겨운 사연들을 가진 비극의 주인공들이지만 관료들은 서로 책임을 미루며 아무런 적극적인 도움도 주지 않는다. 마리아라는 처녀는 엘리자베트에게 이렇게 말한다 :

> 나한텐 마음놓고 얘기해도 괜찮아요. 난 어떻게 그런 일이 일어나는지 아니까요. 그건 정말 사소한 법조문들이지만 당신은 계속해서 거미줄에 얽혀드는 겁니다. 당신은 무슨 일인지도 모르는 새 모든 게 이미 끝장이 나버린 거죠. 내 얘길 들어보세요. 저의 아버지는 건축공사장에서 나무판자 몇 개를 훔쳤다고 즉각 10일간의 구류를 먹었어요. 그 판자는 그저 거기 놓여 있었고, 우리 판잣집에선 침대 속으로 빗물이 떨어졌어요. 일단 무슨 일이든 저질렀다 하면, 틀림없이 새끼를 치게 되죠. (I, 348~349)

그러면 엘리자베트를 옭아매고 목을 조이는 범법사실이란 무엇인가? 이른바 실정법의 조항으로는 범죄요건이 되는 행위들은 실제 그녀가 살아남기 위해 어쩔 수 없이, 그리고 당연히 취할 수밖에 없었던 정당방위적 행동에 불과하다. 가령 자기 아버지의 직업이 검사관이라고 밝힌 것은 전혀 그녀의 잘못이 아니고 고의적으로 상대방을 속이기 위한 거짓말도 아니다. 굳이 책임을 따지자면 출세를 위한 연줄로 그녀를 이용하려한 연구원이 도덕적으로는 더 떳떳하지 못하다고 할 수 있다. 그러나 당시의 독일형법 263조에 따르면 엘리자베트의 행위는 사기죄에 해당한다.[39] 엘리자베트의 두 번째 범법행위는 보안경찰 클로스터마이어에게 전과사실을 밝히지 않은 것이다. 그녀로서는 클로스터마이어와의 결혼은 생존이 걸린 문제이고 전과사실 — 그것도 따지고 보면 별것이 아니지만 — 을 밝힐 경우 결혼이 성립되지 않으리라는 것은 너무도 뻔했으므로, 일부러 그런 사실을 밝힐 필요는 없는 일이었다. 그러나 독일 형법 170조는 그녀의 행위가 3개월 내지 5년간의 자유형(징역, 금고, 구류 따위)에 해당하는 범죄라고 규정하고 있다. 더욱 아이러니칼한 것은 8개월째 실업자 생활을 한 엘리자베트가 허가증 없이 외판원(행상)노릇을 한 것이 형법 148조에 의해 50~500 마르크의 벌금형이나 최고 4주의 구류형에 해당하는 처벌을 받도록 돼 있다는 사실이다.

이른바 복지국가를 표방하는 바이마르공화국에서는 실업자로 놀면서 실업수당이나 구호금을 타먹는 것은 죄가 되지 않고 열심히 일해서 벌어먹으려는 사람은 범죄자가 될 수밖에 없었던 셈이다. 엘리자베트는 허가증 없이 외판원으로 장사를 했다는 이유로 150 마르크의 벌금형을 선고받았고 이러한 '범법행위'가 '새끼를 쳐서' 결국 자살까지 하게 되는 것이다. 그러나 가장 비인간적인 법조문은 실업자의 경우, 종전의 거처를 잃은 다음 일정기간 안에 새로운 거처를 마련하지 못하면, 또는 노력을 했는데도 새 거처를 마련치 못했다는 것을 증명하지 못하면, 최고 5백 마르크의 벌금형이나 최고 6주의 구류형을 받도록 돼 있는 형법 361조이다. 엘리자베트는 이 조항을 어겼기 때문에 (실제로는 그런 규정이 있는지조차 몰랐기 때문에) 풍기단속경찰(Sittenpolizei)로부터 창녀로 의심받아 불시에 가택수색을 당한다(넷째 마당). 이 때문에 클로스타마이어와 함께 있던 엘리자베트는 전과사실이 탄로 나서 결혼의 꿈도 깨져버린다. 이 장면에서 경찰이 젊은 처녀의 방을 뒤지고 옷장 속에 숨은 애인을 끌어내는 행위야말로 관객의 눈에는 정말 선량한 시민의 사생활을 침해하고 건전한 미풍양속을 해치는 범죄행위로 비친다. (풍기단속경찰이라는 제도 자체도 따지고 보면 얼마나 웃기는 발상인가!)

그런데 더욱 놀라운 것은 엘리자베트의 이러한 개인적 사정에는 전혀 동정을 하지 않고 중산층 소시민에 해당하는 프란틀 부인과 연구원, 판사부인이 금방 그녀의 행동이 비난받아 마땅하다는 데 의견의 일치를 보고 합세해서 그녀를 몰아세우는 장면(둘째 마당 3장)이다. 그들은 그녀가 왜 그런 일을 했는가 하는 동기는 물어보지도 않고 기껏해야 세상 물정을 잘 아는 선생님이 학생을 타이르듯이 훈계를 할 뿐이다.

엘리자베트 : (갑자기 뛰쳐나오면서) 난 절대 사기꾼이 아니에요!

판사부인 : 그게 중요한 게 아니에요, 아가씨! 사기죄의 요건이 성립되는지의 여부가 중요한 거예요! 그렇지 않다면 사법부 전체가 무너지고 말 거예요! (I, 343)

판사부인은 뒤이어 이렇게 충고 한다 : "그러니까 너무 많이 부인하지 말고 판사보다 똑똑한 척하지 말아요. 내 남편은 정말 착한 사람이지만, 불필요한 변론으로 재판이 지연되는 건 딱 질색이죠! 내가 집에서 점심식탁에 앉아 그 양반을 기다리고 있는데, 재판을 질질 끌어 자리를 뜰 수 없게 되면, 그 양반도 이해심이 없어지거든요. 이걸 명심해요. 따지고 보면 판사도 역시 인간에 불과하다는 사실을 피고인들은 꼭 알아야 해요." (I, 345)

아무리 부당하고 사소한 죄를 지었다 해도 일단 범법자의 낙인이 찍힌 사람에 대한 부르주아 사회의 거부와 혐오는 연구원의 말투에서도 금방 드러난다. "뭐라고?! 당신은 이미 재판소와 무슨 일이 있었다고?! 그러니까 당신은 전과자란 말이지?!" (I, 344) 그는 여기서 그녀의 전과 사실이 은연중에 간통 같은 부도덕한 일인 양 흥분하고 분노한다.

이러한 반응은 평범한 경찰관의 전형인 클로스터마이어의 경우에도 전혀 다르지 않다. 그는 소시민적 도덕성을 저속한 상투어로 표현하고 있는데 호르바트는 '주석'에서 이러한 감정 표현이 "키치화되어 있다는 것, 즉 허위로 치장되고 우아하게 꾸며져 있다는 것, 혹시 남에게 인정받으면 편리하기 때문에 마조히즘적인 수법으로 자기연민에 탐닉하고 있다는 것"(I, 328)을 지적한 바 있다. 그는 엘리자베트가 죽었을 때도 감상적인 자기연민에 빠질 뿐이다. "난 지지리도 복이 없는 놈이로구나, 정말 복이 없어."(I, 379) 그는 엘리자베트의 전과사실이 드러났을 때도 자기 연민에 빠져 신세한탄을 한다. "첫 번째 여자[그의 죽은 약혼녀]는 죽고, 두 번째 여자는 거짓말을 하다니… 이건 정말이지 견딜 수 없는 환멸뿐이구나."(I, 368) 그는 출세를 위해 사정 얘기를 들어보지도 않고 엘리자베트를 가차 없이 버리면서도 관료적인 의무감에는 투철하다. "그렇지만 무엇보다 의무가 최우선이고 그 다음엔 정말 아무것도 중요한 게 없어! 진짜 아무것도 없어!"(I, 366) 그래서 그는 연애시절에도 복무규정 때문에 감히 외투를 벗어 추위에 떠는 엘리자베트에게 입혀주지 못한다. 이런 여러 가지 관료적 특징은 그가 처음 엘리자베트에게 접근할 때의 키치 감정의 표현과 안팎을 이루고 있다 :

보안경찰 : 소망을 버려선 안 되지요.
엘리자베트 : 그건 헛소리예요.
(침묵)
보안경찰 : 믿음과 사랑과 소망이 없으면 논리적으로 인생이란 존재하지 않지요. 모든 게 서로 얽혀 있지요.
엘리자베트 : 당신은 안정된 신분인 공무원이니까 쉽게 그런 말을 하는 거예요.
보안경찰 : 결국 우린 모두 언젠가는 죽을 수밖에 없는 운명이지요.

엘리자베트 : 나에게 사랑이니 뭐니 하는 얘기는 집어치워요!

(침묵) (I, 353)

클로스터마이어가 기계적으로 내뱉는 "믿음과 사랑과 소망" 따위의 입에 발린 헛소리나 "결국 우린 모두 언젠가 죽을 수밖에 없는 운명"이라는 식의 싸구려 철학은 그의 진정한 사고(思考)나 행동방식과는 아무 상관도 없는, 입에 발린 상투어에 불과하다. 그는 이러한 '교양은어'로써 자신의 이기심과 관료주의를 은폐하고 필요할 경우 잽싸게 이런 소시민층의 팔방미인식 상투어 속으로 도피하여 자기 입장을 합리화한다. 이 드라마의 제목인 「믿음 사랑 소망」은 이 점에서 이미 신랄한 냉소적 비판을 담고 있다.

개인의 삶을 폭력적으로 위협하고 파괴하는 국가의 질서는 운하에서 구출된 엘리자베트가 경찰관 제복을 보고 놀라는 장면에서 극적으로 형상화된다. 그녀는 의식이 완전히 되돌아오지 않은 상태에서 이렇게 묻는다 : "초록색, 회색, 은색… 당신들은 벌써 나를 다시 체포한 거예요? 도대체 내가 또 무슨 범죄를 저질렀나요?" (I, 374)

이러한 폭력적인 국가의 질서는 중산층의 도덕적 편견과 함께 중산층의 위계조직에 의해 유지된다. 극중에서 이러한 위계질서를 전형화하고 있는 것은 연구원이다. 그는 앞서 지적했듯이 엘리자베트의 아버지가 검사관이라는 말만 듣고도 세관검사관인 공무원으로 속단하고 이렇게 말한다 : "검사관에 비하면 저따위 시시한 연구소장[40] 따위는 아무것도 아니죠. 존경합니다, 아가씨!" (I, 336) 그런 만큼 그녀의 아버지가 공무원인 세관 검사관이 아닌 보험회사 검사관임이 밝혀졌을 때 그의 실망은 더욱 클 수밖에 없고, 그래서 그는 엘리자베트를 사기 혐의로 고발하기까지 한다. 평소에는 개를 좋아하고(죽은 개의 사진을 보고 눈물까지 글썽인다), 카나리아와 고양이, 열대어, 파충류 따위를 키우고 나비를 수집하는 등 교양 있는 중산층의 취미생활에 열심인 그의 내면에는 동물적 가학증이 도사리고 있는 것이다. 연구원, 부소장, 소장 따위 직급에 대한 그의 편집광적인 집착은 일단 술이 취하면 씻은 듯이 사라져 버리고, 책임연구원으로 승진한 다음에도 자신이 연구원인 것으로 착각하는 '인간적인' 애교로 나타나기도 한다. 그래서 그는 술이 취한 상태에서는 엘리자베트의 죽음을 슬퍼하고 그녀를 죽인 건 바로 자기라고 자책한다. 그러나 경찰은 그가 술에 취해 있다는 이유로 그의 말을 전혀 믿지 않는다.

여기서 우리는 호르바트가 열거한 중산층 소시민의 심리적 특성인 속물적 증후군이 바로 이 연구원을 통해 구체적으로 드러나고 있음을 확인하게 된다. 결국 이 작품에서도 호르바트는 그의 새로운 민중극 형식을 통해 소시민층의 의식을 날카롭게 비판 · 폭로하고 있으며 이런 맥락에서 그가 "「믿음 사랑 소망」은 나의 모든 드라마 작품이라고 할 수 있다"(I, 328)고 한 말은 전혀 과장이 아니다.

그러나 호르바트는 이러한 중산층 소시민의 의식이 바뀔 가능성은 전혀 없다는 비관적 결론을 벗어나지 못하고 있다. 왜냐하면 그가 앞서의 발언에 뒤이어 그의 전 작품의 모토로 제시한 창세기 8장 21절은, 이러한 소시민의 부정적인 의식이 계절의 순환이나 '죽음의 무도' 처럼 영원토록 변치 않고 반복될 것임을 예언하고 있기 때문이다. "야훼께서 그 향긋한 냄새를 맡으시고 속으로 다짐하셨다 : 사람은 어려서부터 악한 마음을 품게 마련, 다시는 사람 때문에 땅을 저주하지 않으리라. 다시는 전처럼 모든 짐승을 없애버리지 않으리라. 땅이 있는 한 뿌리는 때와 거두는 때, 추위와 더위, 여름과 겨울, 밤과 낮이 쉬지 않고 오리라" (I, 329

5

민중극의 언어

5.1 '교양은어'(Bildungsjargon)

호르바트의 연극술에서 가장 중요한 요소는 언어이다. 그는 '교양은어'라고 부르는 소시민층의 독특한 언어를 민중극의 대사로 택한 이유를 '사용지침'에서 이렇게 설명한다 :

> 오늘날의 인간을 사실적으로 묘사할 수 있으려면 그가 교양은어로 말하도록 해야 한다. 교양은어(그리고 그 원인들)는 그러나 당연히 비판을 요구한다. — 그리고 이렇게 해서 새로운 민중극의 대화가 발생하고 이로써 인간이 태어나고 이로써 비로소 극적인 사건전개가 — 진지함과 이로니의 종합인 플롯이 나타난다. (IV, 662~663)

여기서 작가는 민중극의 출발점이 바로 교양은어임을 분명히 밝히고 있는데 교양은어는 전통민중극에서 사용되는 방언이 아니라 '오늘날의 인간'의 전형인 소시민층이 사용하는 일상어이다. 즉 교양은어란 "평소에는 방언만을 쓰다가 억지로 표준어를 쓰는 사람의 어설픈 표준어" (IV, 663)로서 하급 관료들과 중소상인 뿐만 아니라 몰락한 귀족과 부르주아, 계습상승을 이룩한 프롤레타리아 등 잡다한 소시민층이 계급탈락의 상처를 보상받고 계급상승을 과시 · 확인하기 위해 사용하는 소시민의 언어이다. 그러므로 교양은어는 단순히 지방색을 표현하는 바이에른이나 오스트리아 방언이 아니라 표준어와의 차이에 의해 사회적인 계층의식을 드러낸다. 호르바트는 이러한 소시민의 의식을 표현하는 교양은어의 언어사회학적 특성에 주목하고 소시민의식을 폭로하기 위해 이를 무대언어로 채택한 최초의 독일 작가이다.[1)]

소시민층은 앞서 살펴보았듯이 경제적으로는 프롤레타리아와 비슷하면서도 의식면에서는 중산층이나 부르주아를 자처하기 때문에 그에 걸맞는 교양과 도덕과 가치관을 담은 언어를 구사하게 된다. 이런 필요에 따라 소시민층은 독자적(獨自的)인 사고(思考)나 판단에서 나온 자기표현이 아니라 관청이나 학교, 군대, 교회, 책, 신문, 잡지, 방송 등을 통해 외부에서 제공되는, 기성품적인 상투적 표현에 의존한다. 교양은어는 구체적으로 작품속에서 상투어와 인용, 구호, 격언, 속담, 잠언 따위의 잡동사니 언어로 나타나는데 소시민은 이를 이용하여 자신의 구체적 입장과 상황에 맞지 않는 보편적이고 추상적인 정당성을 확보하려고 안간힘을 쓴다. 그러므로 교양은어는 소시민의 허위의식의 소산인 동시에 허위의식의 확대재생산을 촉진하는 매개물이다.

소시민은 이러한 상투적 표현에 의존함으로써 새로운 현실을 자기 나름대로 파악하여 표현하려는 노력을 포기하고 이미 상투어 속에 파악된 경험이나 인식을 수동적으로 받아들여 기계적으로 반복할 뿐이다. 이에 따라 언어의 개방성과 생산적 가능성, 즉 현실파악의 도구로서의 언어의 기능은 사라지고 거꾸로 미리 틀지워진 현실파악이 대신 들어서기 때문에 현실에 대처할 수 없고 대응하지도 않는 '의식의 경화와 고착화' (Verhärtung und Fixierung des Bewußtseins)[2]가 이루어진다.

깊이 생각하지 않고 의식하려고 하지 않는 소시민의 무사고(無思考, Gedankenlosigkeit)와 무의식(無意識, Nicht-Bewußtsein)에서 나온 이러한 상투적 표현을 호르바트는 '교양은어'라 부르며 감퍼(Herbert Gamper)는 '비본래적 어법' (uneigentliche Sprechweise)[3]으로, 힐데브란트는 '비본래적인 은어' (Jargon der Uneigentlichkeit)[4]로, 바르취(Kurt Bartsch)는 '대체언어' (Ersatzsprache)[5], 놀팅은 '총제적 은어' (der totale Jargon)[6]로 각각 이름붙이고 있다. 이러한 명칭들은 다같이 교양은어의 일면적 특성을 지적하고 있다는 점에서 그 타당성이 인정된다.

호르바트가 이러한 교양은어는 비판을 요구한다고 말한 것은, 교양은어의 허구성을 꿰뚫어 보고 여기에 나타난 소시민의 허위의식을 비판적인 시선으로, 즉 객관적 거리감을 거지고 분석 · 수용하라는 뜻이다. 이러한 비판은 교양은어가 스스로 소시민의 의식을 폭로하기 때문에 가능하다.

가령 「케이블 카」에서 마우러가 "모든 악의 근원은 자본주의적 생산방식" 운운하며 맑스주의의 상투적 어구들을 입에 담자 지몬이 "그건 귀에 들리기는 하지만 몸으로 느껴지지는 않기 때문에 헛소리"라고 일축하는 것은 이러한 교양은어의 특성을 비판한 것이다.(I , 72. 앞의 4.1 참조) 「믿음 사랑 소망」에서도 엘리자베트가 보안경찰 클로스터마이어의 상투적인 말("소망을 버려서는 안됩니다")에 대해 "그건 헛소리"라고 받는 것도 진심에서 우러나온 동정이나 관심의 표현이 아니라 흔히 듣는 – 그래서 이미 본래의 의미를 잃고 상투적인 언어적 제스처가 돼버린 – 성경구절을 인용하는. "안전한 처지에 있는 공무원"(I , 353)의 허위의식을 꿰뚫어 보았기 때문이다.

「이탈리아의 밤」에서 등장인물들은 정치적인 구호나 상투어들을 아무 생각없이 그저 입에서 나오는대로 내뱉고 있다. 사민당계의 시의원은 "민주공화국에 대한 심각한 위협이란 어불성설이지. 왜냐하면 반동세력은 이데올로기적 하부구조가 없으니까 말이야"(I , 103)하고 주워들은 정치적 상투어들을 기계적으로, 그리고 제멋대로 왜곡해서('이데올로기적 하부구조')되풀이한다. 이러한 상투어는 파시스트들의 위협에 대한 구체적이고 현실적인 인식과 판단이 결여된 시의원의 안이한 의식상태를 드러내면서 또한 그러한 냉혹한 현실에 대한 효과적인 대응을 불가능하게 한다. 그래서 그는 무장한 파시스트들로부터 어떻게 공화국을 수호할 것이냐는 마틴의 추궁에 대해 또다른 상투적 구호로 도피한다.

시의원 : […]우리는 대포에 손을 대지는 않지만, 감히 민주공화국을 심각하게 위협하는 자는 격퇴할 것입니다!
마틴 : 무엇으로 말입니까?
시의원 : 우리의 확고부동한 평화의지 앞에 국제적인 반동의 총검은 모조리 분쇄될 것입니다.
(세번째 동지가 비웃는다)
자, 도덕적 이념의 힘을 부인하는 사람들의 모습을 보십시오!
첫 번째 동지 : 헛소리 하시네, 이 인도주의의 사도 같으니라구!
시의원 : 이건 헛소리가 아닙니다! 우린 더 이상 무기를 보고 싶지 않습니다. 나 자신 전쟁에서 직접 처남 두 명을 잃었단 말입니다!
(I , 136~137)

시의원은 무기가 없이 '평화의지' 만으로도 국제적인 파시스트 세력의 총검을 격퇴시킬 수 있다고 큰소리를 치는데, 이것은 비현실적인 헛소리일 뿐이다. 그리고 그의 '평화의지' 라는 것도 고결한 '인도주의'에서 나온 것이 아니라 자기 처남들의 전사를 근거로 한 개인적 경험을 확대하여 일반화한 것이다. 그러나 후에 보듯이 그는 자기 부인을 전혀 인격체로 존중하지도 않고 자기 "발치에도 못 미치는"(Ⅰ, 130) 열등한 존재로밖에 취급하지 않으므로, 자기 처남들의 죽음을 심각하게 받아들여 인도주의적 견지에서 비폭력 노선을 택했다는 주장도 전혀 근거 없는 헛소리일 뿐임이 드러난다. 결국 시의원은 상투적인 구호에 지나지 않는 헛소리들을 되풀이함으로써 "겉으로는 프롤레타리아지만 속은 자본가"(Ⅰ, 152)인 소시민의 허위의식에 안주할 수 있다.

이러한 정형화된 상투어들은 파시스트들의 경우에도 일반화된 현상이며, "고향을 소중히 알라!", "여자란 가정의 부엌을 지키고 오직 싸우는 남편을 내조해야 합니다!", "결국 유대인이 우리를 전쟁속으로 미끄러져 들어가도록 만든 겁니다!" 따위의 나치 이데올로기를 기계적으로 반복할 뿐이다. 여기서 약제사인 파시스트가 게르만의 인종우월주의에 사로잡혀, 흑갈색 머리를 가진 안나를 순수 게르만 혈통의 상징인 금발이라고 우기는 것은 이미 틀지워진 편견이나 이데올로기를 담은 상투적 구호가 가장 명백한 사실까지도 은폐 · 왜곡하도록 강요한다는 것을 보여준다.

정치적 구호의 허위의식에 사로잡혀 있기는 소도시의 맑스주의 혁명가 마틴도 마찬가지다. "곧 부르주아가 독재의 탑으로 되돌아올 겁니다", "역사의 법칙은 개인의 운명에는 전혀 신경을 쓰지 않고 각 개인의 운명을 가차없이 뛰어넘어 전진하는 거요" 따위의 상투적인 맑스주의의 구호들이 이를 드러낸다.

교양은어의 상투어들은 기계적으로 반복 사용됨으로써 그 내용은 닳아 없어지고 껍질만 남아 공허한 울림을 전할 뿐이다. 민중극의 대사에는 이러한 상투적 어구들이 곳곳에 침투해 있다. 가장 흔히 눈에 띄는 것은 "맹세코"(ehrenwort), "분명히"(aber garantiert), "요컨대"(kurz und gut), "안 그렇습니까?"(nicht wahr?), "본질적으로"(zu guter Letzt), "남자 대 남자로서"(von Mann zu Mann), "성심성의껏"(auf Treu und Glauben), "어림도 없지"(wäre gelacht), "잘 먹고 잘 살아라"(dir gebührt das ewige Leben) 등의 어구들이다. 또한 별 필요없는 공허한 부사들, "정말"(halt), "직접"(direkt), "다소간"(gewissermaßen), "비교적"(relativ), "자동적으로"(automatisch) 따위가 수없이 사용되고 있다. 이런 어구들은 거짓말로 상대방을 속여 넘기려 할 때 더욱 빈번하게 등장한다. 가령 「비엔나 숲속의 이야기」의 첫머리에 나오는 건달 알프레트와 어머니와의 대화를 보자.

어머니 : (천천히 그의 머리를 쓰다듬으며) 내 사랑하는 알프레트야, 네가 너의 사랑하는 어머니를 완전히 잊지 않았다니 고맙구나. 사랑하는 알프레트야.

알프레트 : 아니 어떻게 완전히 잊겠어요? 난 벌써 오래 전에 틀림없이 계속 왔을 거예요. 그렇게 올 수만 있었다면 말이에요. — 그렇지만 요즘은 누구라도 더 이상 올 수가 없어요. 경제위기와 혼란 때문에 말이에요! (I , 159)

알프레트의 변명은 쓸데없는 부사의 반복(ja, schon, längst, immer, wieder 등이 5개나 겹쳐 있다)으로 그 억지가 드러나며 "올 수가 있었다면 왔을 거에요" 식의 엉터리 논리는 wär……herausgekommen, dazu gekommen wär, kommt……dazu 등 동사의 무의미한 반복으로 나타난다. 뒤이어 개인적인 사정을 일반화하여 "순전히 경제위기와 혼란 때문에 아무도 그럴 수가 없다"고 변명한다. 속이 빤히 들여다보이는 이러한 거짓말은 상투적인 어구나 불필요한 부사의 사용에 의해 대화 상대방과 관객에게 폭로된다.

같은 장면에서 알프레트는 돈 많은 색시를 골라 결혼해서 가정을 꾸미라는 어머니의 성화에 이렇게 대꾸한다. "때때로 나는 분명히 어린애를 주변에 가졌으면 하고 바래요. 그러나 그 다음엔 언제나 이런 생각이 들거든요. 안돼, 그건 정말 안돼."(Ⅰ, 161) 이런 식으로 애매하게 얼버무리는 것은 가정적인 행복은 누리고 싶지만 처자식을 먹여살리는 가장의 책임은 떠맡지 않으려는 그의 속셈을 드러내고 있다. 왜냐하면 그 후 마라안네와 동거해서 아이를 낳은 다음 알프레트는 친구 페르디난트에게 이렇게 발뺌하고 있기 때문이다 : "내가 결코 아이를 가지려 하지 않았다는 건 하나님이 잘 아시지."(Ⅰ, 199) 그러나 마지막 장면에서 아이가 죽자 알프레트는 발레리에게 그의 고통을 호소한다. "난 정말 슬퍼요. 정말! 난 이제 막 이렇게 생각했어요. 그렇게 아이가 없으면 우린 그야말로 대가 끊기는 거라고. 우린 계속 이어지지 않고 죽어 없어지는 겁니다. 유감스럽게도!"(Ⅰ, 250~251)

대화 상대자들이 다같이 허위의식에 갇혀 있을 경우, 그들은 허위의식을 공동의 기반으로 하여 상호 양해하에 약속된 '공범자의 대화'[7]를 주고받는다. 이럴 경우 대화 상대자들은 친한 사이인데도 갑자기 경칭을 사용하든가, 공식적인 어투를 사용한다. 가령 발레리와 알프레트는 애인 사이인데도 발레리는 갑자기 "귀하에게 조그만 정보를 요청해도 되겠습니까?" 하고 묻고 알프레트는 "내가 당신의 은급(恩給)을 어떻게 해드리고 있지요, 사무관 미망인?" 하고 부자연스러운 정중함을 보인다.

한편 호르바트의 민중극에는 각기 상투적인 어구들이 반복해서 나타난다. 예를 들면, 「케이블 카」에는 "우린 모두 짐승들이야", 「이탈리아의 밤」에는 "모든게 상대적이지", 「비엔나 숲속의 이야기」에는 "하나님은 주기도 하고 빼앗기도 하시지", 「카지미르와 카롤리네」에는 "남자의 실업은 여자의 사랑을 갉아먹는다", 「믿음 사랑 소망」에는 "전과가 있는 여자와의 결혼은 남자의 경력에 불리하다" 등의 상투적 개념들이 극의 주제로 등장한다.

또한 진부한 속담이나 격언도 자기 합리화나 자기 주장의 강화를 위해 견강부회식으로 남용된다. 눈에 띄는 대로 몇가지 예를 들어 보자 :

■ 「이탈리아의 밤」
"모든게 다 상대적이지."
"당신의 고향을 소중히 알라."
"잘못을 하지 않는 것보다 자신의 잘못을 아는 것이 더 중요하지요."
"여자란 가정의 부엌을 지키고, 오직 싸우는 남편을 내조해야지요!"

■ 「비엔나 숲속의 이야기」
"이십까지는 평보(平步), 사십까지는 속보(速步), 사십 이후엔 구보(驅步)."
"머리는 치켜들고 엄지손가락은 밑으로!" (제왕처럼 당당하게 굴되 힘이 약한 사람은 사정없이 누르라는 뜻)
"인간은 생각하고 하나님은 섭리하신다."
"사랑이 깨어나면 이성은 뒷전으로 밀리지!"
"조용한 물이 깊다."
"남 말을 듣지 않는 사람은 혼이 나봐야 한다."
"끝이 좋으면 만사가 좋다."
"사랑받는 것보다 사랑하는 것이 더 복되다."

■「카지미르와 카롤리네」

“송사리는 잡아들이고 거물들은 놔주는 법”

■「믿음 사랑 소망」

“반짝이는 것이 모두 금은 아니다”

“어리석음과 자만심은 한 나무에서 자란다.”

“인내의 열매는 달다.”

“눈에는 눈, 이에는 이.”

한편 호르바트의 인물들은 현실과의 연관이 단절된 채 자동적으로 그저 입에서 나오는대로 상투적인 어구들을 내뱉기 때문에 고전적인 드라마에서처럼 의미의 연결이 이루어지고 언행이 일치하는 대화가 아니라 그저 스쳐지나가는 대화를 나눌 뿐이다.[8] 이에 대한 예는 특히 「카지미르와 카롤리네」에서 가장 흔히 발견된다. 가령 4장에서 우연히 만난 카롤리네와 쉬르칭거가 나누는 대화를 보자.

쉬르칭거 : 난 이제 막 비행선에 대해 생각했습니다.

(침묵)

카롤리네 : 그 비행선 말이군요. 그건 지금 오버암머가우 쪽으로 날고 있지요.

쉬르칭거 : 아가씨는 오버암머가우에 한번 가본 적이 있으신가요?

카롤리네 : 벌써 세 번 가봤어요.

쉬르칭거 : 대단하군요!

(침묵)

카롤리네 : 그렇지만 오버암머가우 사람들도 결코 성자들은 아니예요. 그

저 어디가나 모두 나쁜 사람들 뿐이지요.

쉬르칭거 : 그렇게 말 해선 안되지요, 아가씨! 인간은 선하지도 악하지도 않아요. 그렇지만 사람들은 우리가 오늘날 겪고 있는 경제체제 때문에 본래보다 더 이기적으로 될 수밖에 없지요. 어쨌든 목구멍에 풀칠을 해야 하니까요. 제 말을 이해하겠습니까?

카롤리네 : 아뇨.

쉬르칭거 : 곧 제 말을 이해하게 될 겁니다. 가령 당신이 한 남자를 사랑한다고 칩시다. 그리고 또한 이 사람이 실업자가 된다고 칩시다. 그러면 사랑은 시들해집니다. 자동적으로.

카롤리네 : 난 그렇게 생각하지 않아요!

쉬르칭거 : 틀림없습니다!

카롤리네 : 아니, 천만에요! 남자가 잘못 될 경우, 여자다운 여자는 더욱 더 그 남자에게 열심히 매달리는 법이지요 — 난 분명히 상상할 수 있어요.

쉬르칭거 : 난 그렇지 않습니다.

(침묵)

카롤리네 : 손금을 볼 줄 아세요?

쉬르칭거 : 아뇨. (I , 257~258)

여기서는 논리적인 연결에 의해 대화가 이어지는 것이 아니라 공허한 상투어가 상투어를 낳고 어린애들의 말잇기놀이처럼 단순한 연상에 의해 무의미한 대화가 꼬리를 물고 나타난다. 비행선이 오버암머가우라는 지명을 떠올리게 하고 기계적으로 그곳에 가본 적이 있느냐는 질문을 낳는다. 이에 대해 카롤리네는 갑자기 비약해서 오버암머가우 사람들이 모두 성자는 아니라고 자신의 사적인 경험이나 편견을 일반화해서 단정을 내린다. 쉬르칭거는 책에서 읽거나 귀동냥으로 주워들은 맑스의 이론을 동원하여 이에 맞선다. 두 사람은 상투어에 의한 의식의 고착상태를 벗어나지 못하기 때문에 설득력있는 근거를 제시하지 못하고 그저 상대방의 의견을 부정함으로써 대립되는 입장은 합치되지 않는다. 그럴 경우 대화는 더 이상 진전하지 못하고 '침묵' 에 함몰된다. 그리고 이러한 침묵을 깨뜨리기 위해 전혀 엉뚱한 주제 ("손금을 볼 줄 아세요?")로 비약한다. 두 사람은 형식상 말을 주고 받지만 자기 의사를 제대로 전달하거나 상대방의 의사를 제대로 파악하지 못한다. 대사는 서로 연결되지 않고 스쳐 지나갈 뿐이다. 그 결과 대화는 긴장감을 잃고 늘어지며 걸핏하면 단절된다. 그러면서도 기계적인 관성에 의해 일종의 '대화를 위한 대화' 가 무의미하게 이어진다.

호르바트의 민중극에는 상대방을 이해하지 못하고 자기 자신도 이해하지 못하는 상태에서 상투어가 기계적으로 흘러나오는 독특한 대화가 이어진다. 그러므로 대화의 순서가 바뀌거나, 심지어는 어떤 대사가 다른 사람의 입을 통해 나와도 극의 본질에는 아무 변화가 없다.[9] 가령 「이탈리아의 밤」에 나오는 "그렇게 해서는 결코 성공할 수 없지"라는 말(구약성서 욥기 15장 32절)은 「카지미르와 카롤리네」에서도 약간 변형되어 반복된다 : "자넨 결코 성공하지 못해". 「이탈리아의 밤」에서는 파시스트 소령의 상투적인 말투를 그대로 흉내내어 아델레가 그를 공격한다. "입닥쳐! […] 이 비열한 개새끼야!". 마찬가지로 「믿음 사랑 소망」의 둘째마당 1장에서는 프란틀 부인이 매상을 많이 올린 판사부인을 추켜세우며 "요즘은 물건 파는 게 결코 어린애 장난이 아니지요. 사람들이 면전에서 문을 쾅 닫아버리니까요!" 라고 칭찬하는데 바로 다음 장면에서는 매상을 올리지 못했다고 야단을 맞은 엘리자베트가 똑같은 말로 변명을 한다. 결국 이런 상투어들은 귀에 걸면 귀걸이 코에 걸면

코결이 식으로 어떤 경우에나 자기 목적을 위해 두루 써먹을 수 있는 편리한 도구에 불과하다는 것이 드러난다.

그래서 카롤리네는 "난 전혀 생각을 하지 않아요. 그저 말을 할 뿐이지요" 라고 고백하며 「비엔나 숲속의 이야기」에서 대위는 이렇게 말한다. : "우리는 모두 서로를 이해하지 못합니다, 발레리 여사! 때로 우리는 더 이상 우리 자신조차 이해하지 못한답니다."

이러한 대화의 단절 내지 소통장애 현상은 뷔히너(G. Büchner) 이후 현대극에 나타나는 특징으로서 이것은 크게 보아 현대 사회의 소외의 결과로서 언어와 행동의 불일치, 주인공의 부재, 성격(Charakter)의 해체 등 고전적 드라마 원칙들의 붕괴와 연관된 현상이다.[10]

그런데 호르바트의 민중극에 나타나는 교양은어는 소시민의 의식과 행동방식을 나타내는 상투어들이 거의 기계적으로 (또는 자동적으로) 이어지면서 극중 인물 상호간의 의사소통을 방해할 뿐만 아니라 연극 전체를 독자나 관객이 수용하는 것도 방해한다. 여기서 냉철한 수용자는 그러한 '표절된' 상투어들에 대해 객관적 거리감을 가지고 비판적 시선을 유지할 수 있다. 그러나 다른 한편으로 그러한 상투어들은 소통과정에서 일종의 윤활유처럼 의사소통을 원활하게 하는 데 기여하고 있다는 것도 간과해서는 안된다. 왜냐하면 우리의 일상대화에서도 메시지의 내용과는 상관없는 불필요한 상투적 어구들이 의사소통의 보조수단으로 중요한 역할을 하고 있기 때문이다. 이러한 상투어들은 물론 개인적인 것을 일반화하고, 감정을 통속화하며, 진정하고 뜻깊은 대화를 방해하지만, 자동화된 연결고리로서 침묵을 극복하고 대화 상대자들간의 묵시적인 합의를 중재함으로써 의사소통을 촉진하는 기능도 한다.[11] 그리고 이러한 두 가지 상호모순된 상투어의 교묘한 사용은 호르바트의 민중극이 지닌 독특한 매력인 동시에 일방적인 해석을 거부하는 애매함의 원인이 되기도 한다.

5.2 침묵

앞서 살펴본 '교양은어' 는 극중에서 그것을 말하는 사람의 의식을 폭로하는 기능을 한다. 이러한 의식의 폭로는 극중에서는 특히 '침묵'(Stille) 이라고 지시된 곳에서 느닷없이 순간적으로 일어난다. 이를테면 상투어로 치장되거나 상투어 속에 갇혀 있는 소시민의 허위의식이 그 표면의 겉껍질 사이로 얼핏 드러나는 순간, '침묵' 이 비집고 들어온다. 이 때 관객은 등장인물의 의식과 무의식 사이에서 벌어지는 투쟁을 엿보게 된다. 표면적으로 진행되는 대화와 행동의 차원이 갑자기 깨뜨려지고 그 틈새로 지금까지 가려져 있던 초라하고 섬찟한 진실이 드러난다. 가령, 세련되고 우아한 치장을 한 처녀가 계단에서 발을 헛디뎌 비틀거리는 순간, 꾀죄죄한 내복이 얼핏 드러난다고 치자. 그러나 이 처녀는 잠시 어쩔 줄 모르고 당황하다가 곧 평정을 되찾아 아무 일도 없었다는 듯이 시치미를 떼고 우아하고 세련된 모습으로 하던 일이나 대화를 계속한다. 이를테면 여기서 발을 헛디딘 처녀가 잠시 당황해서 어쩔 줄 모르고 말문이 막혀 있는 순간이 호르바트의 민중극에서는 '침묵' 으로 나타나는 것이다. 이러한 '침묵' 의 순간에 그 처녀의 내면에서는 '의식과 무의식의 투쟁' 이 벌어지고 그 자리에 같이 있던 다른 신사 숙녀들 사이에서는 일종의 '내적 대화' 가 이루어진다. 그리고 우연히 이 장면을 지켜보는 제3자인 구경꾼은 아무 일도 없었던 것처럼 시치미를 떼는 그 숙녀나 다른 사람들의 모습에 고소를 금치 못하게 된다. 이러한 짧은 침묵의 순간에 우리는 백마디 천마디의 대화로도 얻지 못할 귀중하고 핵심적인 정보를 얻는다. 작가 자신도 이러한 '침묵' 의 중요성을 '사용지침' 에서 힘주어 강조하고 있다.

> 내가 '침묵' 이라고 표시한 대화 중의 휴지(休止, Pause)에 꼼꼼하게 신경을 쓰시오. 여기서는 의식과 무의식이 서로 싸우고 있습니다. 그리고 그것이 드러나야 합니다. (IV, 664)

연출가에 대한 작가의 이러한 주문은 '침묵' 이 등장인물의 내부에서 일어나는 '의식과 무의식의 투쟁' 을 관객에게 드러내는 중요한 극적 장치임을 말해준다. 그런데 '침묵' 은 등장인물 사이의 의사소통뿐만 아니라 작가와 관객 사이의 의사소통까지 유도하는 이중의 기능을 떠맡고 있다.

이에 대한 예를 하나 들어보자. 「비엔나 숲속의 이야기」 1부 2장에서 사실상 약혼자 사이인 오스카와 마리안네가 '제8구의 한적한 거리' 에서 오스카 어머니의 추도 미사에 참석하기 위해 집을 나서면서 이런 대화를 나눈다.

> 오스카 : 마리안네! 당신은 내가 신앙심이 깊은 인간이고 기독교의 교리를 진정으로 믿고 있다는 것을 알고 있겠지!
>
> 마리안네 : 당신은 혹시 내가 하나님을 믿지 않는다고 믿는 건가요? 흥, 기가 막혀!
>
> 오스카 : 난 당신을 모욕할 생각은 없었소. 난 당신이 나를 경멸하고 있다는 걸 알고 있어.
>
> 마리안네 : 무슨 엉뚱한 생각을 하는 거예요, 바보같이!
>
> (침묵)

오스카 : 그러니까 당신은 날 사랑하지 않는 거지?

마리안네 : 사랑이 뭔데요?

(침묵) (I , 171~172)

마리안네는 아버지가 억지로 정해준 신랑감인 오스카가 영 마음에 들지 않는다. 오스카는 겉으로는 신앙심이 깊고 교양이 있는 척 하지만, 실은 거칠고 상스럽기 짝이 없는 인간임을 알고 있는 마리안네는 내심 그를 경멸하고 증오한다. 그녀는 겉으로 드러내어 말을 하지는 않지만 오스카도 그것을 잘 알고 있다. 그런데 마리안네의 본심이 오스카와 관객에게 드러나는 것은 대화 도중에 문득문득 나타나는 침묵에 의해서이다. 여기서도 겉보기엔 약혼식을 앞둔 한 쌍의 청춘남녀가 성당에 미사를 보러 나란히 집을 나서면서 행복에 겨운 사랑싸움을 하는 것처럼 보이지만 이러한 침묵의 순간에는 두 사람이 얼마나 어울리지 않고 불행한 한 쌍인가가 드러난다. 여기서 관객은 이미 소시민적인 안온함 뒤에 숨겨진 섬찟한 진실을 훔쳐보게 된다.

3부의 포도주 축제 장면에서도 '막심' 술집에서 쇼가 벌어지고 '마왕' 일행이 모두 거나하게 취해서 노래를 부르고 박수갈채를 보내며 쇼를 구경하는 도중에 갑자기 "죽음의 정적"(Totenstille I , 228)이 찾아온다. 세 번째 쇼인 '행복사냥'(Die Jagd nach dem Glück)이 시작되기 직전의 이 고요는 곧이어 펼쳐질 특별 쇼에 대한 기대감 때문이라고 보기에는 너무도 섬찟한 느낌을 준다. 지금까지의 박수갈채와 아우성과 날카롭게 대조되는 이번의 침묵은 연출지시문 그대로 "죽음의 정적"이다. 이제 관객은 유쾌하고 떠들썩한 축제 분위기 속에서 뭔가 파멸적이고 치명적인 불행한 사태가 벌어질 것을 예감하게 된다. 아니나 다를까, 다음 장면에서는 벌거벗은 마리안네가 특별 쇼의 주인공으로 등장하고 이 순간 '마왕' 일행의 '행복사냥' 이라는 소시민적 환상은 냉혹한 현실에 부딪쳐 산산조각이 나고 만다.

'침묵' 은 최초의 민중극인 「케이블 카」에서도 이미 중요한 연극적 기법으로 사용되고 있다. 여기서도 말하는 사람이 자신의 속셈과 다른 말을 한다는 것을 스스로 의식하면서 내적인 갈등을 겪을 때, 즉 의식과 무의식의 충돌이 벌어질 때, 침묵이 비집고 들어온다. 이러한 '침묵' 의 기능을 고려한다면, 인부들끼리의 대화나 기사와 감독관 사이의 대화에서는 '침묵' 이 거의 나타나지 않는 반면, 슐츠와 베로니카가 처음 만나서 나누는 대화와 기사와 인부들 사이의 대화에서만 유난히 '침묵' 이 자주 나타나는 것은 이상한 일이 아니다.

가령 2막에서 날씨가 변하면 해고할 것이냐고 따지는 인부들에게 기사는 "누구도 해고되지 않을 것" 이라고 다짐한 다음 '침묵' 에 빠진다. 그는 사실 날씨가 변하면 공사가 중단되고 인부들은 해고될 것을 알고 있으면서도 거짓말을 하고 있고, 그 때문에 노사의 틈바구니에서 내적인 갈등을 겪고 있다. 그러나 감독관과의 대화에서는 서로 의견이 달라 다투면서도 자기주장이나 의도를 솔직하게 드러내기 때문에 '침묵' 이 비집고 들어올 틈이 없다.

이러한 '침묵' 이 교양은어의 사용빈도와 비례하여 증가하는 것은 당연한 현상이다. 그러므로 극중에서 '침묵' 이라는 연출지시가 많이 나타나는 작품일수록 소시민이 많이 등장하고 아울러 이들의 허위의식이 보다 자주 관객에게 폭로된다고 보아도 좋을 것이다. 물론 극의 길이가 각기 다르므로 '침묵' 의 사용 회수를 비교한다는 것은 무의미한 일이지만 얼핏 보더라도 「케이블 카」보다 나중에 나온 작품일수록 '침묵' 의 빈도가 높아지는 것은 작가가 그만큼 소시민의 내면적 갈등과 소시민의식의 폭로에 더욱더 많은 관심을 기울였다는 간접적인 정황 증거는 될 것이다.

앞서 우리는 교양은어가 많이 사용될수록 침묵이 사용되는 빈도도 높아진다고 말했는데, 이러한 표면적인 사실의 확인만으로 '침묵'의 기능이 충분히 설명되지는 않는다. 왜냐하면 민중극에서 '침묵'은 단순한 '말하기의 거부'나 '언어의 부재(不在)'가 아니라 '언표능력(言表能力)의 결핍'을 뜻하기 때문이다. 달리 표현하자면, 민중극의 '침묵'은 뭔가 분명히 할 말은 있지만 어떤 이유로 말을 하지 않아서 생기는 공백이 아니라, 뭔가 말은 하고 싶은데 자기의사를 충분히 표현할 말을 찾지 못하기 때문에 나타나는 현상이다. 전자의 경우에는 침묵도 하나의 의사표시이며 일종의 언어행동이라고 볼 수 있지만, 후자의 경우, 즉 민중극에서의 침묵은 적당한 말을 찾지 못해 갑자기 말문이 막힌 언어소통의 고장이나 장애에 해당하는 사고이며 언어에 의한 인간의 소외 현상이다. 이에 대한 쿠르첸베르거의 설명은 경청할 만하다 :

> 여기서는 이미 틀지워진 언어들이 그 사용을 너무도 강력하게 규정하기 때문에 주·객체의 관계가 역전(逆轉)되어 말하는 사람이 말을 거부하는 것이 아니라 말이 말하는 사람을 거부한다. […] 침묵은 솟구쳐 오르는, 더 이상 통제할 수 없는 언어적 모형과 등장인물들의 심리적 현실 — 이들 등장인물들의 무의식적인 충동과 동기는 언어가 표현하는 것과 어긋난다 — 사이의 어긋남을 드러낸다. 이러한 불일치는 두 가지를 증명한다. 즉 언어의 횡포와 심리적 현실의 고유권한이 서로 자기를 주장하려고 한다 […] 이러한 침묵의 순간에 등장인물들은 언어 속에 자신의 발언이나 의도나 동기로 표출된 것이 자기 것이 아닌 낯선 것을 묘사하고 있으며 자기의 본래 의사와는 일치하지 않는다는 것을 느낀다. 때로는 이러한 장면에서

등장인물들은 지금 자신의 말인 것처럼 행세하고 있지만, 자기 본심과는 다른 낯선 문장들로 파악될 수밖에 없는 문장들을 어이없고 기가 찬 표정으로 사후에 듣고 있는 것처럼 보인다.[12)]

5.3 음악

음악은 전통 민중극의 중요한 특징 가운데 하나이다. 대중에게 친숙한 음악과 노래를 사용함으로써 관객이 쉽게 극의 분위기에 동화할 수 있고 같이 따라 부르거나 장단을 맞춤으로써 연극구경이 즐거운 오락이 될 수 있다는 점 때문에 전통 민중극에서 음악과 노래(그리고 때로는 춤까지 곁들이기도 했다)는 빼놓을 수 없는 요소로 애용되었다. 전통 민중극에서 음악은 극이 시작되기 전의 무료함을 달래주고 중간 휴식시간의 공백을 메우기 위한 목적 이외에도 극의 진행과 연관되거나 상관없는 삽입곡이나 삽입악극(Melodrama)으로서 단순히 흥을 돋우고 분위기를 살리거나 이야기 줄거리의 한 대목을 달콤하고 감상적으로 해설해주는 역할을 했다.

호르바트도 그의 민중극에서 예외 없이 음악이나 노래를 사용하고 있는데 민중극의 쇄신이라는 목표에 따라 그 기능은 전통 민중극에서와는 상당한 차이를 드러낸다. 첫 번째 민중극인 「케이블 카」에서도 노동자들이 하루 일을 끝내고 합숙소에서 잡담을 나누다가 노래를 부르는데 처음 두 곡은 음탕하고 외설스런 민요이고 나머지 한 곡은 극의 상황과는 어긋나는 반어적 · 냉소적 내용으로 되어 있다. 하모니카 소리에 맞춰 춤이라도 출 듯이 흥겨운 장면에서는 외설스런 노래가 분위기를 고조시키지만, 이 때 갑자기 걸려온 전화가 분위기를 깨뜨리고 노동자들을 냉혹한 현실세계로 끌어내린다. 감독관이 제3합숙소에서 묵는다는 기사의 전갈을 받고, 노동자들은 알프스 산보다 높은 미국의 마천루에나 있다는 엘리베이터를 타고 오르내리며 흔들의자에 앉아 낮잠이나 자면서 다른 사람들이 게으름을 피우지 않나 감시하는 사장이니 감독관이니 하는 사람들의 존재에 생각이 미치고, 이에 따라 분위기는 갑자기 침울해진다. 이때 슬리빈스키가 감상적인 곡을 연주하자 크사퍼가 나지막하게 노래를 시작하고 하네스를 비롯한 다른 노동자들도 하모니카에 맞춰 노래를 흥얼거린다.

산 위에는
자유가 있으니까
아무렴, 저기 산 위에는
정말 멋지거든 (I , 69)

이처럼 아름다운 알프스의 자연과 자유분방한 전원생활을 찬양하는 노래는 극중에서 노동자들이 처한 가혹하고 암울한 노동현장의 현실과는 날카로운 대조를 이루면서 앞서의 흥겹고 유쾌한 노래의 분위기를 일순간에 정반대로 돌려놓는다. 여기서 호르바트는 일단 극의 분위기를 강화 · 고조시킨 다음, 그것을 여지없이 깨뜨리기 위해 음악과 노래를 이용하고 있음을 알 수 있다.

전통 민중극의 음악과 노래가 극의 내용과 관객의 정서를 일치시키기 위해 주로 사용되었다면, 호르바트의 민중극에서는 일단 극의 분위기를 살려낸 다음, 그러한 분위기를 깨뜨리는 교묘한 이로니 작용을 한다.[13] 「이탈리아의 밤」을 비롯한 나머지 민중극에서도 음악과 노래는 이와 비슷한 기능을 한다. 즉 일단은 소시민적 정서나 분위기를 살리는

데 음악과 노래가 일조하지만 결국은 이를 가차없이 깨뜨리기 위해 극의 내용과는 대립되는 음악과 노래가 동원되는 것이다. 가령 「이탈리아의 밤」에서는 공화국에 대한 심각한 위협은 있을 수 없다고 시의원이 큰소리를 치는데 파시스트들의 행진곡이 반주처럼 울려퍼진다. (Ⅰ, 103) 「카지미르와 카롤리네」에서는 메르클 프란츠가 약혼녀인 에르나를 무참하게 모욕하고 카지미르에게 도둑질의 공범자가 되라고 제의하는 동안, 사람들은 10월 축제의 흥겨운 분위기를 돋우는 슝켈리더(Schunkellieder)를 부른다.

「비엔나 숲속의 이야기」에서는 각종 민요와 유행가, 왈츠, 행진곡이 소시민의 상투적 정서(키치 정서)를 환기시키기 위해 사용되지만 어느 순간에는 극의 내용과 정반대의 음악이 안일한 소시민적 정서를 여지없이 깨뜨린다. 가령 '아름답고 푸른 도나우', '봄의 소리 왈츠', '비인의 기질', '비엔나 숲속의 이야기' 등 요한 슈트라우스의 왈츠곡들과 '은파' (Über die Wellen), 푸치니의 '라 보엠' 에 나오는 아리아 '그대의 찬 손', 슈만의 '트로이메라이', 쇼팽의 '장송행진곡', 민요, 유행가 등 소시민 정서와 밀착된 음악들이 곳곳에서 비인의 정겹고 우아한 분위기를 고조시킨다. 그러나 어떤 결정적인 순간에는 이러한 정겹고 우아한 음악이 싸늘하고 불쾌한 현실과 날카롭게 대조되어 관객으로 하여금 섬찟한 느낌을 준다. 가령 마지막 장면에서 마리안네가 오스카에 끌려나갈 때, "마치 천상의 오케스트라가 연주하듯이" '비엔나 숲속의 이야기' 가 울려퍼진다든가, 바하우에서 알프레트의 할머니가 창문을 열어놓아 어린 레오폴트가 병에 걸리게 한 다음 며느리와 다투면서 '쌍두독수리 행진곡' 과 메뉴엣을 치터(Zither)로 연주할 때, 관객은 음울하고 격정적인 음악을 들었을 때보다 훨씬 강렬한 충격을 받게 된다.

「믿음 사랑 소망」에서는 소시민적 정서를 상징하는 '장송행진곡' 과 국가의 공권력을 상징하는 '오랜 전우'(alte Kameraden)가 번갈아 사용된다. 이와 함께 장면에서 묘사된 내용을 요약하거나 서정적으로 압축하기 위해 민요들이 사용되고 있다. 이것은 「카지미르와 카롤리네」와 뷔히너의 「보이체크」에서도 볼 수 있는 민요의 기능이다. 엘리자베트가 죽은 후 경리사원은 이렇게 노래한다.

> 나는 살고 있지만 얼마나 오랠 지는 모르네
> 나는 죽지만 언제인지는 모르네
> 나는 가지만 어디로 가는지는 모르네
> 이상도 해라, 내가 마냥 즐거운 것은 (Ⅰ, 379)

그러나 호르바트 민중극에서 음악의 독특한 효과는 갑자기 음악이 중단될 때 나타난다. 음악의 중단은 대화 도중 갑자기 '침묵'이 나타날 때처럼 분위기나 상황의 급변을 예고하거나 소시민적인 안락함과 허위성이 깨지는 것을 암시한다. 가령 「카지미르와 카롤리네」의 61장에서는 카지미르를 제외한 일동이 취주악대의 반주에 맞춰 "나는 거친 숲속에서 사슴을 쏘고 / 어두운 숲속에서 노루를 쏜다네/ […] 그렇지만 억센 사나이 나도 / 이미 사랑을 느꼈다네"(Ⅰ, 290)라는 민요를 부르다가 "갑자기 침묵"이 찾아온다. 이어 62장에서 카지미르는 동료인 프란츠에게 달콤하고 목가적인 사냥꾼의 사랑노래와는 너무도 동떨어진 자신의 기분을 털어놓는다 :

> 카지미르 : 그렇지만 억센 사나이 나도 이미 사랑을 느꼈다네 — 그리고 사랑은 천국의 빛이고 너의 오두막을 황금궁전으로 만들어 주지 — 그리고 사랑은 결코 그치지 않는 법, 요컨대 네가 실업자가 되지 않

는다면. […] 난 지금 4마르크 정도의 자본을 가지고 있지만 오늘 다 마셔버리겠어. 그리곤 목을 맬 거야 – 그러면 내일이면 사람들이 말하겠지. 옛날에 불쌍한 카지미르가 있었다고 – (Ⅰ, 290~291)

63장에도 카지미르를 제외한 모두가 노래를 부른다.

마시자, 마셔, 친구여 마시자
근심일랑 집에 놔두게
자네 시름과 고통도
그러면 인생은 장난이 된다네
자네 시름과 고통을 버리면
인생은 장난이 된다네 (Ⅰ, 291)

모든 근심걱정을 다 잊고 술을 마시면 인생은 장난이나 유희처럼 즐겁고 유쾌한 것이 된다는 술노래는 10월 축제의 흥겨운 분위기를 한껏 고조시키지만 여기서도 "갑자기 침묵"이 뒤따른다. 카지미르에겐 이런 침묵이 도무지 마음에 들지 않는다. 그는 실업자가 된데다 약혼녀인 카롤리네에게도 버림을 받았기 때문이다. 그래서 그는 카롤리네 집으로 찾아가 그녀의 옷장에서 옷을 모두 끄집어 내어 갈갈이 찢어버리겠다고 악을 쓴다(64장). 66장에서도 라우흐와 슈페르, 카롤리네, 쉬르칭거를 비롯한 일동이 똑같은 노래를 부르다가 역시 "갑작스런 침묵"에 의해 중단된다. 뒤어어 카지미르는 창녀인 엘리와 마리아를 데리고 등장하여 한참 수작이 무르익지만 술 사줄 돈이 떨어지자 엘리와 마리아는 가차없이 자리를 박차고 일어선다. 여기서도 노래는 소시민적인 상투적 분위기를 조성하고 깨뜨리기 위해 사용되고 있으며 특히 "갑작스런 침묵"에 의해 그러한 대조나 이로니 효과는 더욱 강화된다. 71장의 노래는 마지만 117장에서 반복되는데 사랑의 영원한 반복("그리고 사랑은 결코 그치지 않으리라")을 암시하는 노래를 에르나가 부르고 카지미르가 점차 목소리를 합쳐 따라 부르는 것은 얼핏 보아 두 사람의 사랑이 피어나는 '장미의 계절'을 찬양하고 있는 것 같지만 자세히 보면 이들의 사랑도 계절의 순환처럼 되풀이되는 어리석고 부질없는 사랑의 유희에 지나지 않다는 것을 일깨워 준다. 이 점에서 이 노래 역시 일종의 이로니 효과와 소외효과(Verfremdungseffekt)를 위해 봉사하고 있음을 알 수 있다.

언젠가 장미가 피면
마음은 더 이상 우울하지 않다네
장미의 계절은
사랑의 계절이니까
해마다 겨울이 지나면
봄이 온다네
안간만이 오직
단 한번 5월을 맞는다네 (Ⅰ, 324)

「비엔나 숲속의 이야기」의 '제8구의 한적한 거리'에서는 누군가가 낡은 피아노로 연주하는 요한 슈트라우스의 왈츠곡 따위가 늘 들리다가 연주 도중에 뚝 그치곤 한다. 소시민의 안락한 질서를 상징하는 왈츠의 선율이 갑자기 중단되는 것은 상투적인 등장인물들의 대화가 인신공격으로 바뀔 때이다. 가령 퇴역 대위가 발레리의 담배가게에서 복권당첨표를 찾는 도중 갑자기 피아노 소리가 뚝 그치는 것은 발레리가 또

복권에서 낙첨된 것을 알고 '짓궂게' "대위님, 얼마나 땄지요?" 하고 물어볼 때이다. 겉으로는 상냥하고 우아한 소시민의 교양은어를 뚫고 그들의 본심이 드러날 때면 피아노 연주는 도중에 문득 끊어지는 것이다. 이것은 대화중의 '침묵' 과 마찬가지로 일종의 소외효과를 자아내면서 관객으로 하여금 소시민의 허위의식에 주목하도록 유도하는 역할을 한다.

6

민중극의 형식

6.1 서사적 요소

호르바트는 자기 시대의 연대기 기술자로서 민중극을 통해 자기 시대의 현실을 형상화하려 시도했다고 크로나우어와의 회견에서 밝힌 바 있다. '연대기 기술자'란 일종의 사관(史官)으로서 자기 시대에 일어나는 일들을 정확하고 객관적으로 기록하는 사람을 말한다고 보면, 호르바트가 민중극에서 추구했던 것은 바로 정확하고 객관적인 현실의 기록이었다고 해석할 수 있다.

그런데 호르바트는 극작가로서 민중극이라는 독특한 극형식을 빌어 이러한 연대기 기술자의 역할을 수행하려 했다는 점에 주목해야 한다. 왜냐하면 전통적인 연극, 특히 전통 민중극은 이러한 객관적이고 정확한 시대상황을 기록하는 데는 적합하지 않은 장르로 여겨져 왔기 때문이다. 보통 이러한 정확하고 객관적인 묘사나 형상화에는 연극이나 시보다는 서사문학인 소설이 보다 적합한 장르로 여겨져 왔다. 그런데도 호르바트가 굳이 민중극을 통해 서사문학(소설이나 서사시)의 기능을 살리려 했다는 것은 독특한 시도인 셈이고 이 때문에 그의 민중극에는 서사적인 요소가 많이 침투해 있다.

호르바트의 민중극이 전통극이나 전통 민중극과는 달리 서사적이라는 것은 당시의 연극평론가들과 동료 극작가들도 지적한 바 있다. 호르바트를 클라이스트상 수상자로 추천한 추크마이어는 시상식에서 호르바트의 재능을 칭찬하면서도 "그의 작품들은 때로 비약이 심하고 중심이 없다. [⋯] 그의 약점은 일화적이라는 점(das Anekdotische)"[1]이라고 그 나름의 불만을 털어놓았다. 아마도 「이탈리아의 밤」을 염두에 둔 듯한 이러한 지적은[2] 이야기 줄거리를 끌고 가는 긴장요인으로서의 극적 갈등이 약화된 채, 일사불란한 인과관계에 의해 플롯이 전개되지 않고 스케치 같은 인상을 주는 장면들이 느슨하게, 때로는 억지로 연결돼 있는 데 대한 거부감의 표현처럼 보인다. 연극평론가 케어(A. Kerr)도 「비엔나 숲속의 이야기」를 보고, "그[호르바트]는 서사적으로 생각하기보다 더 연극적으로 생각하기를 배웠으면 좋겠다"[3]고 전통극적인 기준에서 충고를 하고 있다. 그는 '서사적' 인 호르바트의 이 작품을 두고 "부분 부분의 방법(Wie)이 전체적 윤곽의 내용(Was)보다 본질적"[4]이며 "얽어내기(Bau)보다 채워넣기(Füllung)에 그의 특기가 있다"[5]고 평했다. 그는 「비엔나 숲속의 이야기」의 대화를 분석하면서 "등장인물들의 관점"과 "작가의 초월적 관점"을 구분하고 있다.[6] 이러한 논평들은 단편적이기는 하지만 다같이 민중극의 서사적 특징을 지적한 것으로 볼 수 있다.

앞서의 회견에서 호르바트가 연대기 기술자를 자처하면서 민중극의 형식과 내용을 쇄신하겠다는 뜻을 밝히자 크로나우어는 민중극의 '새로운 형식' 이란 호르바트의 작품에서 두드러지는 서사적 성격에서 찾을 수 있느냐고 묻는다. 이에 대해 호르바트는 "그렇습니다. 이러한 새로운 형식은 극적이라기보다는 묘사적인 것" 이며 그것은 "종전의 민중극보다는 민중가수(Volkssänger)와 민중익살꾼(Volkskomiker)의 전통에 줄을 대고 있습니다"(Ⅰ, 12)라고 대답한다. 여기서 '극적'이 아니라 '묘사적'이라는 것은 민중극이 플롯(Fabel)을 중심으로 어떤 사건을 전개하기보다 어떤 상태를 드러내 보여주는 데, 즉 소시민의 허위의식을 폭로하는 데 주안점을 둔다는 말이다. 따라서 극의 줄거리(Handlung)는 그렇게 중요하지 않고 그저 막연하게 암시된 틀에 불과하며 그보다는 오히려 하나하나의 대화나 장면이 보다 중요한 기능을 한다. 민중가수나 민중익살꾼의 전통이란 연극의 내용을 몇 개의 대표적인 단면으로 나누어 묘사하는 방식을 따르고 있다는 뜻이다.

브레히트의 서사극이론이 정립되기 전에, 그리고 호르바트가 '서사극'에 대해 전혀 일면식도 없을 때에, 민중극의 특징적 요소로서 서사성을 내세우고 있다는 것은 호르바트의 독창성을 엿보게 해주는 동시에 민중극의 중요한 형식상의 특징으로서 사사적 구조를 분석해 볼 필요성을 제기한다. 더구나 크로나우어와의 회견이 순수한 문답식의 즉흥적 회견이 아니라 사전에 호르바트가 자신의 생각을 질문과 답변 형식으로 정리하여 써놓은 것임을 감안한다면,[7] '새로운 형식'은 서사적 특징을 가리키는 것이냐는 크로나우어의 질문 자체도 호르바트가 한 말로 볼 수 있고, 이 점에서 호르바트가 민중극의 형식상 특징으로서 서사적 성격을 얼마나 중시했는지를 확인하게 된다.

그러나 호르바트 민중극의 서사적 특징을 분석하기에 앞서 유념해야 될 것은, 호르바트의 민중극이 전통 민중극과는 달리 상당한 정도로 서사적 요소를 지니고 있는 것은 분명하지만, 크게 보면 아직도 전통극적인 기본성격을 유지하고 있다는 사실이다. 서사극의 대표작가로 꼽히는 브레히트의 경우에도 그렇듯이, 호르바트도 전통적 연극술을 약간 서사적으로 변형시키든가, 일부 서사적 요소를 도입함으로써 관객의 감정이입(Einfühlung)이나 동일시(Identifizierung)의 메커니즘을 약화시킨 것에 불과할 뿐, 전통연극술을 전면 거부하고 폐기처분한 것은 아니다. 앞서 4장에서 살펴보았듯이, 호르바트는 「케이블 카」와 「믿음 사랑 소망」에서 아리스토텔레스적 연극술의 원칙들을 거의 그대로 따르고 있다. 그리고 「이탈리아의 밤」과 「비엔나 숲속의 이야기」, 「카지미르와 카롤리네」등 나머지 민중극도 서사적 요소가 가미되어, 극을 끌고 가는 긴장요인이나 긴밀한 플롯이 해체되기는 했지만, 전통극적인 기본 성격은 여전히 유지되고 있다. 굳이 분류하자면, 「이탈리아의 밤」과 「믿음 사랑 소망」에서는 전통극적인 '폐쇄적 형식' (geschlossene Form)과 서사극적인 '개방적 형식' [8](offene Form)이 혼용되고 있는 반면, 「비엔나 숲속의 이야기」와 「카지미르와 카롤리네」에서는 점차 개방적 형식이 우세하게 나타나고 있다고 말할 수 있다. 따라서 호르바트의 민중극에서 찾아볼 수 있는 서사적 요소는 그 자체가 절대적 가치를 지니거나 가치판단의 기준이 될 수는 없으며 (가령 서사적 색채가 짙은 작품일수록 문학적으로 뛰어난 작품이라는 식의 평가), 단지 작품의 보다 깊이 있는 이해를 위한 보조수단이나 참고사항으로서 의미를 지니고 있다 하겠다.

어쨌든 호르바트가 의도적으로 그의 민중극에 서사적 요소를 도입한 것은 분명하다. 그리고 이러한 의도가 극의 형식면에서 뚜렷이 드러난 것은 대체로 「이탈리아의 밤」이 나온 1930년 이후라고 볼 수 있다. 「이탈리아의 밤」은 무대가 맥주집과 거리, 공원 등 세 장면으로 제한되고 사건의 진행시간도 불과 몇 시간밖에 되지 않다는 점에서 '폐쇄적 형식' 의 특징을 지니고 있다. 그러나 등장인물의 수가 20여명이나 되고 극의 구성도 막과 장으로 엄격하게 짜여 있는 것이 아니라 7개의 '마당' (Bild)으로 느슨하게 연결돼 있다는 점에서 '개방적 형식' 에 가깝다.

극의 긴장요인도 공화파와 파시스트들 사이의 투쟁과 대립이라기보다는 '공화국수호연맹' 회원들 사이의 갈등과 각 등장인물들의 내면에서 일어나는 '의식과 무의식 사이의 투쟁' 이라고 볼 수 있다. 얼핏 보면 파시스트들의 공화국수호연맹 간부진 습격 장면이 극의 절정을 이루고 있는 것처럼 보이지만, 그에 앞서 시의원을 비롯한 나이든 간부진과 마틴을 위시한 청년회원들간의 갈등이 오히려 극을 끌고 가는 힘이 강하며, 이보다는 시의원과 마틴을 포함한 공화파 인사들(안나와 아델레, 술집주인도 여기에 포함된다)의 내면적 갈등이 가장 근원적인 극의 추진력으로 작용하고 있다. 이것은 파시스트들과 행인(늙고 여윈 여자와 젊고 뚱뚱한 여자), 레니 등 주변인물일수록 이러한 내면적 갈등이 보이지 않고 전형화되어 있다는 점에서도 확인된다. 이처럼 갈등 요인이 등장인물 여러 명의 내면적 갈등으로 분산돼 있기 때문에 극의 전체적인 긴장도 각 장면으로 분산되고 장면과 장면이 긴밀한 인과관계의 끈에 의해 연결되지 않고 느슨하게 거의 나란히 제시돼 있는 것은 당연한 일이다. 그래서 전체적으로 이 작품은 한 소도시의 풍경을 몇 개의 장면으로 스케치하여 보여주고 있는 듯하다. 어찌 보면 작가는 아무런 논평이나 해설도 덧붙이지 않은 채, 카메라를 들고 7개의 장면을 순차적으로 비침으로써 관객에게 1930년대 남독 어느 소도시의 하루를 구경시켜주는 것 같기도 하다.

그러나 이러한 카메라 기법, 또는 스케치 기법은 작가나 논평가나 해설자로 직접 무대에 등장하지는 않으면서도 관객에게 객관적 거리감을 가지고 무대를 지켜보도록 유도한다는 점에서 '서사적' 이라고 할 수 있다. 이러한 서사적 성격은 호르바트 자신의 말대로 전통 민중극과 대조되는 호르바트 민중극의 가장 중요한 형식상의 특징이다.

단순히 외면적인 형식상의 기준으로만 보아도 「이탈리아의 밤」 이후에 나온 「비엔나 숲속의 이야기」와 「카지미르와 카롤리네」, 「믿음 사랑 소망」에서도 서사적인 특징은 뚜렷이 드러난다. 「비엔나 숲속의 이야기」에는 15개의 장면에 22명의 인물이 등장하며, 「카지미르와 카롤리네」에는 무려 117개 장면에 20여명이, 「믿음 사랑 소망」에는 65개 장면에 18명이 각각 등장한다. 극중 시간을 보면 「비엔나 숲속의 이야기」가 가장 길고 (적어도 2년 이상), 「믿음 사랑 소망」이 그 다음으로 길며 (적어도 며칠 내지 몇 달), 「카지미르와 카롤리네」가 가장 짧다(몇 시간). 그러므로 어느 한 가지 기준을 가지고 그 작품의 서사성을 판정하는 것은 무의미하다. 가령 「카지미르와 카롤리네」는 극중 시간은 짧지만 수많은 장면전환과 수많은 등장인물의 등퇴장으로 어떤 점에서는 세 작품중 서사적 성격이 가장 뚜렷하기 때문이다. 또한 「믿음 사랑 소망」을 보면 인물들을 통해 극적 갈등이 부각되면서 이것이 극을 끌고 가는 추진력으로 작용하고 있으나, 무려 65차례의 장면전환이 이루어지면서 전체적으로는 영화적 기법이나 조립사진 기법에 의해 서사적인 파노라마가 펼쳐지는 듯한 느낌을 준다. 동독에 호르바트의 작품을 소개하는데 많은 기여를 한 쉬나이더(H. Schneider)는 호르바트의 기법을 이렇게 설명하고 있다 :

> 그는 피상적인 관찰을 할 때 드러나는 것 — 현실과 과정과 인간 — 을 결코 그대로 받아들이지 않고 표면 뒤에 숨어있는 것을 탐구하기 위해 투시해 보고 껍질을 벗기고 가면을 제거한다. 이것은 동일한 대상을 다양하게 촬영하여, 즉 이를테면 중복 촬영하여, 한 장의 사진에 묶어놓는 사진사의 기법과 흡사하다. 그 결과 반복조명의 효과가 나타난다. 그리고 호르바트는 이러한 반복조명을 추구한다. 왜냐하면 그는 표면뿐만 아니라 동시에 그 밑바닥까지 포착하

려 하기 때문이다. 그런데 이러한 두 영역 사이의 불일치는 순간적으로 드러난다. 표면에는 항상 가상(假像)과 가면과 분칠이 있고 — 그 밑에는 대개 초라한 진짜 핵심이 있다.[9]

호르바트 민중극의 서사적 성격은 작가의 창작과정에서도 이미 드러난다. 즉 호르바트는 미리 작품의 플롯을 결정해 놓고 한 장면 한 장면을 순서에 따라 써내려가는 것이 아니라 그때그때 생각나는 대로, 어떤 대사나 장면을 써놓고 수없이 뜯어고치면서 짜깁기하는 식으로 작업을 했다.[10] 그래서 심지어는 어떤 작품을 위해 써놓았던 대사나 장면이 다른 작품으로 옮겨가기도 하고 어떤 대사가 동시에 몇 개의 작품에 나타나기도 한다. 이러한 몽따지 기법이나 꼴라쥬 기법으로 만들어진 작품은 자연 독립적인 각개 장면이 느슨하게 이어지는 서사적 특징을 띄게 된다. 동시대의 작가이자 친구인 폴가가 「비엔나 숲속의 이야기」를 보고 "호르바트의 민중극은 일련의 장면들이 길게 연결되어 있으며, 그는 마음 내키는 대로 그 장면들을 늘일 수도 있었을 것"[11]이라고 말한 것도 민중극의 서사적 특성과 함께 작가의 짜깁기식 작업방식을 지적한 것으로 보인다.

지금까지 살펴본 것처럼 호르바트의 민중극은 서사적 요소가 많이 침투한 "서사극 구조의 특수한 변형"[12]으로 볼 수 있는데, 이러한 서사적 구조는 각각의 장면을 배열하는 방식에서도 나타나 있다. 호르바트는 장면들을 느슨하게 파노라마식으로 늘어놓되 아무렇게나 배열하는 것이 아니라 군데군데 앞의 장면과 뒤의 장면이 날카로운 대조를 이루도록 배열하는 대조법을 즐겨 사용하고 있다.

「비엔나 숲속의 이야기」에서는 '시외 바하우' (W) 장면 다음에 '제8구의 한적한 거리' (S)가 연결되어 있다. 즉 1부 1장 '시외 바하우' 장면 다음의 1부 2장에서는 '제8구의 한적한 거리' 가 나타나는 식이다. 이것을 간단한 도식으로 표시하면 다음과 같다.[13]

$$\begin{array}{ccccccccc} \mathrm{I}_1 & \mathrm{I}_2 & \text{———} & \mathrm{II}_5 & \mathrm{II}_6 & \text{———} & \mathrm{III}_2 & \mathrm{III}_3 & \mathrm{III}_4 \\ W & S & & W & S & & W & S & W \end{array}$$

W의 전원적 무대에는 '마녀' 가 지배하는 모계사회가 있고, '마왕' 이 대표하는 S에는 부계사회가 형성돼 있다. W의 할머니와 어머니는 관광안내인 겸 관리인으로 일하며 S에서는 푸줏간 주인과 담배가게 주인, 인형수리점 주인, 연금생활자 등이 있다. 이러한 독립적이고 이질적인 두 장면을 나란히 잇달아 제시함으로써 작가는 일종의 대조효과를 노리고 있음이 분명하다.

제1부 4장 '도나우 강변' 에서 알프레트와 마리안네가 감미로운 분위기 속에 사랑을 확인하고 마리안네가 오스카와의 파혼을 선언한 다음 장면에는 화장품 외판원으로 쪼들리는 알프레트와 바가지를 긁는 마리안네의 모습이 나타난다. 작가는 목가적인 사랑의 장면에 뒤이어 말다툼과 어린애 우는 소리, 기저귀 냄새로 가득 찬 허름한 전세방을 보여줌으로써 이들의 결혼생활이 가혹한 현실에 부딪쳐 이미 시들해지고 파탄지경에 이르렀음을 관객이 금방 깨닫게 한다. 장면과 장면의 이러한 '폭력적인 연결' 은 날카로운 대조효과를 통해 어떤 상태를 드러내고자 하는 작가의 의도에서 나온 것이다.

이러한 대조법은 어떤 인물의 행동이나 사고가 통일성을 유지하지 못하고 분열되어 서로 대립 · 충돌하도록 되어 있는 점에서도 확인된다. 가령 「이탈리아의 밤」의 마틴은 얼핏 보면 긍정적인 인물처럼 보이지만, 공화국수호연맹 간부들이나 칼 같은 소시민들의 한계를 뛰어넘는 이상적인 맑스주의 혁명가는 결코 아니다. 그는 상투적인 맑스주의 용어들을 앞세워 시의원을 비롯한 다른 공화파 간부들을 공격하지만 막데부르크에서 온 동료에 대해 편협한 지역감정으로 맞서는 점에서는 시의원과 다를 바 없다. : "아, 프로이센 친구로구만 —"(Ⅰ, 136)하고 외치는 시의원의 목소리는 잠시후 레닝거 맥주집 앞의 공중변소에서 들려오는 마틴의 목소리로 되풀이된다. "그래, 막데부르크에서 왔다구. 그렇다면 자넨 프로이센 출신이구만."(Ⅰ, 139) 마틴은 파시스트들이 공화국수호연맹 간부들을 습격하여 폭력을 행사하려 한다는 안나의 말을 듣고도 이렇게 대꾸한다 : "그거 잘 됐군! 이 간부들은 그런 걸 당해도 싸! 이 속물들은 그들의 반역적인 전술의 결과를 몸으로 직접 당해봐야 해! 우리 젊은 사람들은 그들을 자기네 운명에 내맡기고 우리 운명을 스스로 결정할 거야!"(Ⅰ, 141) 이러한 마틴이 마음을 바꾸어 공화국수호연맹 간부들을 구하러 달려가기로 한 것은 안나의 목덜미에서 멍든 자국을 발견하고 질투심과 분노가 치밀어 올랐기 때문이다.(Ⅰ, 142~143) 여기서 관객은 마틴이라는 얼핏 보면 긍정적 인물이 실은 시의원과 비슷한 소시민적 허위의식을 지닌 부정적 인물임을 깨닫게 된다.

그런데 호르바트는 초고 단계에서는 마틴을 긍정적인 인물로만 제시했다가 후에 막데부르크 출신의 선동가를 등장시켜 마틴을 한계와 결함이 있는 인물로 상대화시켰다고 한다.[14] 여기서도 우리는 호르바트가 얼마나 세심한 계산하에 인물이나 장면을 배치하여 관객으로 하여금 극중 사건이나 인물에 대해 비판적 거리감을 가지도록 유도하고 있는지를 깨닫게 된다. 그리고 이러한 비판적 거리감이란 바로 서사극이 노리는 궁극적인 목표이다.

작가가 관객의 비판적 거리감을 일깨우는 기법에는 극중 인물의 말과 행동이 어긋나도록 하는 방법도 있다. 가령 「이탈리아의 밤」에서 칼

이 성적 본능을 뿌리치고 이성적인 행동을 할 것임을 다짐하면서 자기도 모르게 안나의 허리를 껴안는 대목(Ⅰ, 117)이나 「비엔나 숲속의 이야기」에서 '마왕'이 발레리의 코르셋을 집어 들고 냄새를 맡으면서 세상의 도덕적 타락을 개탄하는 대목이 이에 해당한다.

> 마왕 : (관목 앞에 엎드려서 발레리의 코르셋을 발견하고는 그것을 집어 들고 냄새를 맡는다.) 환상이 있든 없든, – 오늘날 이 시대에는 세상이 거꾸로 돼 있어! 의리도 없고 믿음도 없고, 도덕적 원칙도 없어. 모든게 흔들리고 아무것도 확고하지 않아. 이제 노아의 홍수가 닥칠 때가 무르익었어. (Ⅰ, 184)

또한 '마왕'이 "우린 다시 전진할 거야!"라는 상투적인 구호를 외치면서 술에 취해 탁자 밑으로 쓰러진다든가(Ⅰ, 219), 크란츠가 "이 흉악한 파시스트 놈들이 우리 공화파가 얼마나 의연하게 여기서 활동하고 있는지를 볼 수만 있다면, 꽤나 화가 날 텐데!"라고 말한 다음 술에 취해 비틀거리는 장면도(Ⅰ, 129) 이로니 효과를 자아낸다.

지금까지 살펴본 호르바트의 서사적 기법들은 브레히트의 서사극에서 사용되는 이른바 소외효과를 자아내기 위한 기법들과는 상당히 다르다. 우선 브레히트의 경우에는 이른바 '서사적 자아'(das episches Ich)[15]가 해설자나 논평가로 직접 무대에 등장하든가, 관객의 감정이입을 차단하기 위해 간판이나 플래카드, 평면조명 등의 각종 수단을 사용하는 반면, 호르바트는 진부하고 친숙한 일상적 현실을 보여줌으로써 관객의 감정이입을 유도한 다음 표면적인 일상적 현실의 틈새로 냉혹하고 끔찍한 현실의 본모습, 즉 "저속함과 야비함의 심연"[16]을 훔쳐보게 만듦으로써 갑자기 그러한 일상적 현실의 허구성을 폭로시키는 수법을 즐겨 사용한다. 이를테면 통속적인 감정이나 분위기를 조성한 다음 그것을 냉혹한 현실과 충돌시켜 관객에게 충격을 주는 것이 호르바트 민중극의 전형적인 서사적 기법이다. 가령 「비엔나 숲속의 이야기」에서 슈테판 성당의 고해 장면은 통속화된 『파우스트』의 그레첸(Gretchen) 비극을 연상시키면서 관객의 감정이입을 유도한다. 순진한 처녀(마리안네)가 건달(알프레트)에게 농락당해 사생아를 낳고 고통을 당하지만 신부는 그녀의 고해를 듣고도 위로와 도움을 거부한다. 이때 관객은 이 비극의 상투성을 알면서도 자기도 모르게 이 현대의 그레첸에게 동정과 연민을 금치 못하게 된다. 뒤이어 이와는 대조적으로 흥겹고 유쾌한 비인의 포도주축제 장면이 펼쳐진다. 비인의 민요가 울려 퍼지고 꽃비가 뿌려지고 모두들 포도주를 마시고 축제 분위기에 빠져든다. 관객도 이러한 축제 분위기에 휩싸여 노래에 맞춰 손뼉을 치든가, 같이 노래를 따라 부르는 등 감정이입의 유혹을 뿌리치지 못한다. 그러나 다음 장면에서 반나(半裸)의 마리안네가 특별 쇼의 무희로 등장함으로써 갑자기 이런 흥청거리는 분위기는 산산조각이 나고 만다. 이것이 호르바트 민중극의 전형적인 소외기법이다. 브레히트 같으면, 이 경우에 미리 마리안네가 아이를 부양하기 위해 '막심' 술집의 무희로 취직했다는 사실을 알려줌으로써 관객의 감정이입을 사전 봉쇄하여 객관적 거리감을 가지고 다음 장면을 지켜보도록 하거나, 해설자를 통해 마리안네의 비극을 낳은 사회적 모순을 성찰하도록 관객에게 질문을 던지든가 논평을 가했을 것이다. 다시 말해 브레히트가 서사극을 통해 현실의 모순을 드러내고 그러한 모순된 현실이 인간의 힘에 의해 바뀔 수도 있음을 관객으로 하여금 깨닫게 함으로써, 궁극적으로는 이러한 현실 개조에 떨쳐 일어나도록 만들려는 데 목적을 두고 있는 반면, 호르바트는 민중극을 통해 고통과 모순에 가득 찬 현실의 모습을 그저 드러내 보여줄 뿐, 그에 대한 처방을 제시하지는 않는다. 이처럼 미리 준비된, 도그마적인 모범답안에 대한 거부는 호르바트의 민중극과 브레히트의 서사극을 나누는 경계선을 이루면서 호르바트 민중극의 독특한 매력이 되고 있다.

6.2 순환구조

민중극의 서사적 성격은 이른바 순환구조에서도 나타난다. 순환구조, 또는 순환형식이란 시나 소설, 연극 등에서 고립되고 독립적인 여러 개의 부분들이 개별성과 독립성을 넘어서서 하나의 완결된 전체로 뭉뚱그려짐으로써 전혀 새로운, 부분으로서의 기능을 획득하게 되는 형식을 가리킨다. 순환형식의 진정한 완결성은 비슷한 부분들이 나열되는 데 있는 것이 아니라 하나하나의 부분들이 동일한 주제를 중심으로 하여 원을 그리며 순환하고 있다는 데 있다. 이러한 회전축으로서의 주제는 각 부분 부분에서는 완전히 형상화되지 않지만 부분 부분을 은밀하게 서로 얽어매고 있다.[17] 이것은 음악의 경우 론도(Rondo)형식[18]에 가까우며 무용의 경우 윤무(輪舞)와 비슷하다.

이러한 순환구조는 우선 장면의 배열에서 드러난다. 가령 「이탈리아의 밤」은 7개의 장면으로 구성돼 있으며 하나하나의 장면은 각기 독립된 단위로서 자체완결성(Geschlossenheit)을 지니고 있다. 그러나 전체를 놓고 보면 7개의 장면은 파시즘에 대처하는 소시민의 안일한 자세라는 하나의 주제에 종속되고 묶여 있는 구성단위로서의 기능을 떠맡는다. 여기서 이야기 줄거리는 7개의 장면을 거치면서 새로운 차원으로 발전하지 않고 처음 출발했던 지점으로 되돌아온다. 비유하자면 7개의 장면이 서로 꼬리를 물고 이어져 하나의 원을 이루고 있는 꼴이다.

극의 첫 장면에서는 레닝거 맥주집에 모인 공화국수호연맹 간부진이 거리를 행진하는 파시스트들의 위협에도 불구하고 태평하게 카드놀이를 하고 있다. 이 때 시의원은 "동지들, 공화국수호연맹이 존재하는 한, 공화국은 발을 뻗고 편히 잠을 잘 수 있을 것입니다!"라고 큰소리를 친다. 이에 대해 마틴은 "그럼 편히 주무세요!"하고 비꼬듯 한 마디를 던진다. 이러한 첫 장면의 대사는 극의 마지막 장면에서 글자 한 자 변하지 않고 그대로 되풀이된다. 물론 그동안 파시스트들의 습격과 격퇴라는 사건이 일어나지만 공화국소호연맹의 의장인 시의원의 호언장담과 마틴의 회의적이고 비판적인 말투는 전혀 변하지 않는다. 이러한 반복은 극중 상황이 중간단계에서의 파란곡절에도 불구하고 처음 상황으로 되돌아 왔음을 뜻한다. 연극은 결국 한 바퀴를 돌아 처음 출발했던 지점으로 되돌아온 것이다.

이러한 순환구조는 「비엔나 숲속의 이야기」에서도 확인할 수 있다. 이 작품은 바하우에서 시작되어 같은 곳에서 끝난다. 극의 상황도 약간의 부분적 변화는 있지만, 처음 시작할 때의 상황과 끝날 때의 상황이 거의 변하지 않는다. 즉 마리안네는 오스카와 결합하고 알프레트는 발레리와의 우정 · 사업관계를 계속 이어간다. 처음에 들리던 요한 슈트라우스의 왈츠 '비엔나 숲속의 이야기'가 마지막 장면에도 울려 퍼진다.

이 드라마의 장면 배열은 음악의 론도 형식과 흡사하다. 여기서 '시외 바하우'(W)와 '제8구의 한적한 거리'(S)는 이를테면 악곡의 제1주제와 제2주제를 이룬다. 이러한 고정불변의 인물과 상황은 중간단계에서 조금씩 변화를 일으킨다. 즉 바하우의 목가적 전원풍경은 비인의 숲이나 도나우 강변으로 조금씩 바뀌며 오스카의 푸줏간과 '마왕의 집', 인형 수리소, 발레리의 담배가게로 이루어진 '8구의 한적한 거리'도 18

구의 전세방과 제2구의 작은 카페, 남작부인의 집, 슈테판 성당, 비인의 포도주 축제('막심' 술집) 등으로 변한다. 이러한 변화는 기본주제의 변주에 해당한다. 그러나 이러한 변주의 중간 중간에는 기본주제(W－S)가 다시 반복된다. 이 작품의 장면 배열은 다음과 같다.

W － S － W^1(비인 숲속) － W^2(도나우 강변) － S － S^1(18구의 전세방) － S^2(제2구의 작은 카페) － S^3(남작부인의 집) － W － S － S^4(슈테판 성당) － S^5(포도주 축제. '막심' 술집) － W － S － W

여기서 W와 S로 표시된 제1주제와 제2주제는 론도 악곡에서처럼 조금씩 변화하면서 계속 반복되고 있다. 결국은 극의 첫머리에 나타났던 것과 똑같은 주제가 드라마의 끝을 이룸으로써 순환구조는 완결된다.

이러한 순환구조 내지 론로형식은, 소시민의 허위의식이 지배하는 일상적 현실이 어떤 계기에 의해 잠시 흔들리거나 변화한다 해도 결국은 완강한 소시민의식의 원상회복력에 의해 제자리로 환원되고 마는 것을 뜻한다. 그러므로 중간단계에서의 변화나 파란곡절은 일종의 변주나 에피소드에 불과할 뿐, 근본적인 변화는 결코 아니다. 「비엔나 숲속의 이야기」에서 마리안네와 알프레트의 연애는 바하우와 제8구의 한적한 거리를 지배하는 소시민적 질서를 잠시 깨뜨리고 휘저어 놓는 일상적 질서로부터의 일탈(逸脫)일 뿐이다. 그러므로 이들의 사랑은 일반적인 소시민의 도덕기준에 위배되는 부도덕한 탈선이 되고 두 사람 사이에서 태어난 아이는 죄악의 씨인 사생아로 거부된다. W를 지배하는 '늙은 마녀'와 S를 대표하는 '마왕'이 다같이 알프레트와 마리안네를 거부하고, 기독교의 윤리를 대변하는 슈테판 성당의 고해 신부가 두 사람의 결혼을 인정치 않는 것도 같은 맥락에서이다. W와 S의 소시민들은 결국 아이를 살해하여 제거함으로써, — 그러나 그것은 신의 섭리로 위장될 수 있는, 혼란 수습을 위한 일종의 정당방위 행위이다 — 옛날의 질서를 회복하는 데 성공하고야 만다.

이러한 소시민적 질서의 순환은 작가 자신이 "다시 제8구의 한적한 거리"라고 이름붙인 3부 3장의 연출지시문에서도 엿볼 수 있다.

> 기병대위는 여전히 복권당첨표를 보고 있고 발레리는 자기 담배 가게 안에 서 있다. — **모든 것이 옛날 그대로인 것처럼 보인다.** 단지 인형수리점의 진열장에 '재고정리'라는 쪽지가 붙어 있다.
> (Ⅰ, 237. 강조는 인용자)

이 장면에서는 이미 구질서의 회복을 위한 무대가 마련돼 있다. 이러한 무대설정에 따라 알프레트와 오스카, 에리히와 발레리, 발레리와 알프레트, 그리고 마리안네와 '마왕'이 일종의 연쇄반응처럼 순식간에 기계적 도식성에 따라 서로를 용서한다. 그러나 작가는 이러한 화해의 도식성과 허위성을 비판적인 시선으로 바라본다. 왜냐하면 이 장면의 끝머리에서 마리안네가 '마왕'과 화해하고 다시 인형수리점으로 들어가는 순간의 연출지시문은 이렇게 되어 있기 때문이다. : "그녀는 문을 열고 초인종이 울린다. 마치 아무 일도 없었던 것처럼."(Ⅰ, 247) "마치 아무 일도 없었던 것처럼"이라는 문장 속에는 이미 무대를 비판적 시선으로 바라보며 논평을 가하는 작가의 '서사적 자아'가 드러나 있다.

앞서 필자는 W와 S가 서로 잇달아 병렬 배치됨으로써 전원과 도시라는 장소의 상이함과 '늙은 마녀'가 지배하는 모계사회와 '마왕'이 대표하는 '부계사회'를 대비시키는 대조효과를 자아낸다고 말한 바 있다. 이것은 이질적 요소를 충돌시켜 관객의 비판적 거리감을 유도하는 호르바트의 서사적 기법이다. 그러나 부분적으로는 대조효과에 일조하는 이러한 장면배열은 보다 커다란 순환구조 속에 들어옴으로써 전혀 다른 기능으로 전환된다. W와 S를 넘나들며 이질적인 인물과 상황을 연결시켜 주는 것은 알프레트인데 극의 마지막 장면에는 S의 인물들이 W를 찾아가 화해를 축하한다. 그러자 이제껏 서로 대립적이고 이질적인 것처럼 보였던(아니면, 아무 상관도 없는 별개의 요소처럼 보였던) 양측의 등장인물들은 금방 친숙하게 어울려서 상호보완적인 관계를 맺는다. 즉 '마왕' 과 '마녀' 는 아이가 죽어 없어짐으로써 필요 없게 돼버린 장난감을 가지고 즐기며, 오스카는 마리안네의 공격으로부터 '마녀' 를 구해주고(그는 또한 "하나님은 주기도 하고 뺏기도 하지"라는 '마녀' 의 대사를 반복한다), 발레리는 아이의 죽음에 감상적인 조의를 표시한다(기도하는 천사상을 죽은 아이의 무덤 앞에 세워주자고 제의한다). 그리고 '마녀' 의 치터와 '천상의 오케스트라' 는 다같이 요한 슈트라우스의 '비엔나 숲속의 이야기' 를 연주한다. 여기서 W와 S는 지리적으로는 서로 다르지만 이데올로기적으로는 동일하다는 것이 확인된다. 전원과 도시라는 외면적 차이는 중산층 소시민의 허위의식이라는 이데올로기의 측면에서는 전혀 대립적 요소가 아니다. 다시 말해 거주지와 직업에 관계없이 양쪽 사람들은 하나같이 중산층 소시민의 허위의식을 공유하고 그것에 사로잡혀 있는 것이다.

소시민적 질서(또는 소시민적 허위의식)의 불변성은 "끝이 좋으면 만사가 좋은 법" 따위의 수많은 상투어들과, I 부 2장과 II부 6장에서 기병대위와 오스카 사이에 벌어지는 순대에 관한 똑같은 대화("이 말을 꼭 해야겠군, 어제의 순대는 — 아, 경의를 표합니다! 일급이었습니다! [···] 한편의 시였습니다."), 실업학교 여학생이 치는 피아노 소리(요한 슈트라우스의 왈츠) 따위에 의해 강조된다.

「카지미르와 카롤리네」의 수많은 짧은 장면들도 무질서하게 아무렇게나 늘어놓은 것 같이 보이지만 중간중간 카지미르와 카롤리네가 만나는 장면이 악곡의 주제처럼 반복됨으로써 전체적으로는 일종의 론도 형식의 변형이라는 느낌을 준다. 117개 장면 가운데 두 사람이 만나는 것은 6개 장면(3, 5, 17, 36, 97, 113장)이며 나머지 장면들은 이 장면들과 연관되어 두 사람 사이가 점차 멀어지는 계기를 제공한다. 장면 3에서 두 사람은 비행선 문제로 다투기 시작하여 장면 5와 17에서는 카롤리네의 거짓말과 카지미르의 의심으로 둘 사이의 불신과 오해는 깊어진다. 카롤리네는 장면 36에서 사회적 계급상승의 환상에 굴복하여 결국 카지미르와 결별한다. 장면 97에서는 카롤리네가 라우흐와 함께 승용차를 타고 떠난다. 그러나 장면 113에서는 거꾸로 뒤늦게 후회하는 카롤리네가 카지미르와의 화해를 간청하지만 카지미르는 이를 거부하고 에르나와 함께 떠난다. 이 작품에서는 주제의 변주가 훨씬 다양하고 풍성하게 짧고 빠른 박자로 이루어지지만 이것은 표면상의 변화일 뿐, 기본주제는 처음과 끝이 동일하다. 카지미르는 에르나와, 카롤리네는 쉬르칭거와 새로 결합함으로써 처음과 다른 조합이 생기지만 근본적으로 이들의 '사랑'의 성격이 변한 것은 없다. 여기서도 소시민적인 사랑의 윤무는 끝없이 반복된다.

「믿음 사랑 소망」은 엘리자베트의 자살로 극이 마무리되어 완결되는 일종의 폐쇄적 형식으로 되어 있으나 작가는 이것이 보다 큰 순환구조의 한 단계에 불과하다는 것을 암시하고 있다. "5마당으로 된 짧은 죽음의 무도"(ein kleiner Totentanz in fünf Bildern)라는 부제가 벌써 이를 드러내고 있다. '죽음의 무도'란 의인화된 죽음이 나이와 성, 신분의 차이에 관계없이 온갖 사람을 끌어내어 추는 일종의 윤무이므로, 이 작품은 보다 길고 커다란 전체의 한 단면을 이루는 '짧은' 부분이라는 성격을 띄고 있다. 물론 여기서는 중세 기독교의 '죽음을 생각하라'(memento mori)는 종교적 교훈이나 경고보다는 '개인과 사회의 영원한 투쟁'에서 언제나 패배할 수밖에 없는 개인(엘리자베트)의 투쟁과 패배의 과정이 묘사되고 있다(4.5 참조).

호르바트의 민중극이 모두 허위의식의 완강한 힘(그것은 죽음의 무차별적이고 절대적인 힘과도 같다)에 의해 소시민적인 삶이 영원히 계속·반복되는 것을 보여주는 순환구조로 되어 있다는 사실은 작가 자신의 특수한 관점의 반영이라고 볼 수 있다. 사실 차분히 뜯어보면 소시민을 다룬 그의 작품들은 그 제목이나 모토에서 이미 이러한 영원한 순환을 암시하고 있다. 가령 『영원한 속물』이라는 소설의 제목이나 "어리석음처럼 영원한 느낌을 주는 것은 없다"는 「비엔나 숲속의 이야기」의 모토, "사랑은 결코 그치지 않으리라"는 「카지미르와 카롤리네」의 모토, 그리고 '5마당으로 된 짧은 죽음의 무도'라는 「믿음 사랑 소망」의 부제 등이 모두 이러한 작가의 생각을 드러내고 있다.

결국 소시민의 허위의식이 영원히 변치 않고 지속될 것이라는 작가의 비관적 전망이 이러한 순환구조를 낳은 근본 원인이 되겠는데, 이에 따라 극의 결말도 전통 민중극과는 다른 방식으로 처리된다. 보통 전통 민중극의 결말은 권선징악(勸善懲惡)이나 사필귀정(事必歸正) 식의 도덕적이고 화해적인 해피엔드로 되어 있는 것이 통례이다. 브레히트의 말대로 여기서는 "악한 사람은 벌을 받고 착한 사람은 결혼하며, 부지런한 사람은 유산을 상속받고, 게으른 사람은 헛수고를 하는" 식으로, 사회통념적인 도덕관을 확인하고 강화하는 마무리가 일종의 불문율처럼 지켜진다. 그러나 호르바트의 민중극에서는 이러한 화해적이고 긍정적인 결말 대신, 보편적인 도덕적 가치를 의심스럽게 만들고 양심을 불안하게 하는 결말이 제시된다. 선량하고 양심적인 사람이 결국 참담한 패배를 당하는 「케이블 카」와 「믿음 사랑 소망」은 물론이고 얼핏 화해적인 해피엔드로 끝나는 것처럼 보이는 「이탈리아의 밤」이나 「비엔나 숲속의 이야기」, 「카지미르와 카롤리네」의 결말도 자세히 보면 불행과 분쟁의 싹을 이미 내포하고 있다.

「이탈리아의 밤」에서 파시스트들은 일단 격퇴되지만 앞으로 더욱 거세질 파시스트들의 공세에 안일하고 미온적인 공화파 소시민들이 적극적이고 효과적인 대응을 할 수 있으리라고는 누구도 장담할 수 없다. 「비엔나 숲속의 이야기」에서는 돌아온 탕아처럼 마리안네가 다시 소시민적 질서로 복귀하여 오스카의 짝이 되지만 그녀가 행복한 결혼생활을 하리라는 보장은 없다. 오히려 마리안네는 독선적이고 잔혹한 오스카의 전제 밑에서 그야말로 고통스러운 순교자로서의 '여자의 일생'을 보내게 되리라는 것을 관객은 어렵지 않게 짐작할 수 있다. 「카지미르와 카롤리네」에서 카지미르는 카롤리네보다 여성적이고 순정적인 짝을 맞이하고, 카롤리네는 카지미르보다 교양있고 확실한 직장을 가진 새로운 상대를 발견하지만, 이들의 결합이 전보다 나은 장미빛 미래를 약속하지는 않는다. 하나의 분쟁과 갈등은 일단 극복되었지만 새로운 불행과 고난이 시작되고 있다. 민중극의 결말은 문제의 완전한 해결이 아니라 문제의 일시적이고 잠정적인 미봉에 불과하기 때문이다.

해결되지 않은 문제가 남아 있지만 아무 일도 없었던 것처럼 덮어두고 시치미를 떼기로 암묵적인 합의를 하는 것이 호르바트 민중극의 결말이다. 그리고 이러한 결말에서, 아무리 비참하고 부도덕하고 비인간적인 잔인한 경험도, 없었던 일로 돌리고 태연자약하게 일상적인 삶을 계속하는 소시민들의 모습이야말로 관객에게는 어떤 비극적인 결말보다도 섬찟한 충격을 준다. 앞서 5.2에서 예로 든 것처럼, 발을 헛디딘 처녀의 모습이 우아하고 세련되고 상냥할수록, 그러한 모조품적인 치장의 허위성은 더욱 통렬하게 부각되기 마련이다. 궁극적으로 호르바트가 민중극을 통해 관객에게 부각시키려고 하는 것은 바로 이러한 모조품적인 소시민적 삶의 영속성이며 이를 위해 교묘하고 계산된 각종 기법과 극작술을 구사하고 있는 것이다.

7

민중극의 사회비판적 성격

7.1 '키치' 비판

지금까지의 논의를 통해 우리는 호르바트가 민중극에서 1930년 전후의 독일사회를 지배하던 소시민의식의 폭로에 얼마나 집중적인 관심을 기울였는가를 확인할 수 있었다. 호르바트가 소시민의식의 폭로를 위해 극의 형식과 구조, 언어, 음악 등 각종 요소들을 정교하게 다듬고 치밀하게 배치함으로써 궁극적으로 극중 현실에 대한 관객의 비판적 시선을 유도하는 솜씨도 부분적으로나마 분석해 보았다. 사실 호르바트의 장인(匠人) 다운 극작술과 연극기법은 인간심리의 미세한 변화나 감정의 미묘한 음영을 포착하는 데 현미경적인 꼼꼼함과 정밀성을 보이고 있어서 단어나 쉼표 하나, 또는 한 소절의 배경음악이나 대화 중간의 침묵까지도 더하거나 뺄 수 없을 정도로 극중에서 중요한 기능을 하고 있다.[1] 그래서 호르바트의 민중극을 언어분석이나 심리분석의 대상으로 삼을 경우 무궁무진한 문제꺼리가 나타나며 극형식이나 극작술의 차원에서 접근할 경우에도 흥미진진한 연구테마들을 얼마든지 발견할 수 있다. 그러나 호르바트의 민중극은 언어분석이나 심리분석, 극형식이나 극작술의 측면 뿐만 아니라 당대 현실에 대한 비판이라는 측면에서도 그에 못지않게 무궁무진하고 흥미진진한 화제와 쟁점을 제공한다.

호르바트의 민중극이 소시민의식의 폭로에 초점을 맞추고 있다는 것은 다시 되풀이할 필요조차 없는 사실이지만 이러한 소시민의식의 구체적인 내용과 극중에서의 표현 사례들은 좀 더 자세하게 음미해 볼 필요가 있다. 왜냐하면 호르바트는 소시민의식을 폭로하는 데, 앞서 살펴본 각종 기법과 솜씨를 능수능란하게 구사하고 있으므로 자칫하면 그러한 기법 자체에만 관심을 빼앗겨 정작 그러한 기법이 목표로 하는 바, 소시민의식의 폭로에 대해서는, 즉 소시민의식의 구체적 내용과 원인에 대해서는, 상대적으로 소홀히 다루거나 넘겨버릴 수도 있기 때문이다.

앞서 우리는 호르바트가 말하는 소시민이란 소시민의식에 물든 잡다한 계층의 구성원들을 가리키며 이러한 소시민 계층은 중산층을 그 인적 토대로 하여 심리적 측면에서는 일련의 속물적 특성을 드러낸다고 정리한 바 있다(3.2참조). 그런데 "이러한 소시민의 이데올로기는 결코 통일된 세계관적 개념이 아니라 소시민을 대변하는 사회학적인 계층에 상응해서 다양한 부분들, 다시 말해서 감정적이고 추상적이고, 고립된, 그래서 쉽게 수용될 수 있는 구호들로 짜맞춰져 있다."[2] 소시민은 자신의 주체적 사고와 판단으로 검증되지 않은 잡다한 이데올로기들을 받아들임으로써 결과적으로 자신의 필요나 이익과 반대되는 사고와 행동에 빠진다. 이렇게 해서 형성된 소시민의 의식은 자기 고유의 주체의식과는 어긋나는 비본래적 의식(uneigentliches Bewußtsein)이며 허위의식(falsches Bewußtsein)이다. 이것을 현대 사회심리학에서는 타율적 규정(Fremdbestimmung)에 의한 자기정체성의 상실로 설명한다.[3] 뚜렷한 자기 입장과 주관적 판단력을 포기하고 자기 이해관계에 어긋날 경우에도 남의 주장과 입장을 무조건 받아들이고 믿어버리는 소시민의 어리석음은 일련의 속물적 증후군으로 나타나는데 피힐러는 이를 다음과 같이 열거하고 있다.

> 속물은 항상 자기 지위에 대한 불안감을 느끼기 때문에 비겁하고 거짓말을 한다. 주변 상황을 더 이상 꿰뚫어 볼 수 없기 때문에 자기 입장이 없다. 그를 지배하는 경제가 그렇듯이, 이기적이다. 자신(自信)이 없기 때문에 권위주의적이다. 술에 취하면 다정다감하다. 미래에 대한 전망이 없기 때문에 잘 잊어버린다.[4]

사회심리학에서는 이러한 심리적 불구현상을 "집단적 자아쇠약증"(kollektive Ich-Schwäche)이라고 부르는데, 그 원인은 중산층의 경제적 생산력의 감퇴 때문이라고 본다.[5] 즉 구(舊) 중산층이 전쟁과 인플레, 기술쇄신, 산업합리화 등 여러 요인으로 종전의 경제적 능력을 상실하고 일종의 탈락계층으로 전락하면서 상승기의 부르주아가 지녔던 진취적이고 자각적인 계급의식과 윤리의식을 상실하고 타율적인 이데올로기에 종속되었다는 설명이다. 이것은 앞서 3.2에서 살펴본 호르바트의 신중산층에 대한 분석과도 일치하는 것을 알 수 있다.

주체적 자아가 허약할수록 외부의 타율적 요인에 더욱 더 쉽사리 규정되고 종속되는 사례를 우리는 호르바트 민중극에 등장하는 거의 모든 인물들에서 확인할 수 있다. 가령 「이탈리아의 밤」에 나오는 음악가 칼은 이러한 자아쇠약증을 보여주는 전형적 인물이다. 그는 정치적으로 마틴의 추종자지만 '예술가적 기질' 때문에 여자들의 꽁무니를 따라다니며 카사노바의 자유분방한 생활을 즐긴다. 이것은 그가 주장하듯이 '정치적인 것'과 '사적인 것' 사이의 갈등이기도 하지만, 보다 근본적으로 그가 노동자와는 다른 예술가라는 자의식을 지니고 있기 때문이다. 칼은 레니에게 치근대는 장면을 목격한 마틴의 조소와 비난에 대해 공화파의 '이탈리아의 밤' 행사에 동조자를 끌어들이기 위해 레니에게 접근했던 것이라고 변명한다 : "난 이제 막 누군가를 초대했지. 내가 아는 나의 동조자인 여자를 말이야." 여기서 칼은 '내가 아는'과 '나의'라는, 같은 뜻의 단어를 불필요하게 두 번이나 사용함으로써 그 여자가 공화파에 대한 관심을 가진 동조자가 아니라 칼 자신과의 개인적인 친분관계만을 가진 여자임을 드러낸다. 그는 이어 자신의 처신을 이렇게 정당화한다 :

> 칼 : 이봐, 마틴, 자넨 그걸 이해하지 못해. 우린 둘 다 정통 공화파지만, 그래도 다른 점이 있어. 즉 자네는 노동자이고 나는 음악가거든. 자넨 말하자면 콘베이어 벨트 앞에 서 있고, 나는 음악 까페에서 나의 모차르트와 칼만을 연주하는 거지. 따라서 나는 분명 예술가 기질을 타고난 사람이기 때문에 자연히 더 개인주의적이지. 난 자네보다 개인주의적 성향이 강하지만 그건 겉보기에만 그런 거야. 왜냐하면 나의 경우엔 만사가 예술성으로 전환되거든.
>
> 마틴 : (싱긋이 웃는다) 그렇지만 그건 교묘한 핑계에 불과해.
>
> 칼 : 내 잘못이라면 내가 에로스적인 측면에서는 정치적으로 자유분방한 생활을 한다는 거지. 실례! (퇴장한다) (Ⅰ, 112)

칼은 안나를 만난 자리에서 자신의 방탕한 생활을 청산하고 마틴과 안나처럼 '청교도적'인 도덕성을 회복하겠다고 다짐한다. 그러나 그는 "짐승처럼 인생을 살며 언제나 자신의 저열한 본능의 만족만을 생각하는 것은 무의미하죠"라고 말하면서도 "자기도 모르게 안나의 허리를 껴안는다"(Ⅰ, 118). 그는 뒤이어 정치에는 무관심한 레니를 의식화시키기 위한 '정치적인 보충수업'[6]을 실시한다. 그렇지만 자기 자신도 확신하지 못하는 정치적 신조를 주워들은 상투어로 설교하는 칼은 레니에게 전혀 설득력을 발휘할 수 없다. 칼 자신도 자기 말의 공허한 울림을 의식하게 되므로 두 사람의 대화는 자주 '침묵'에 의해 중단되곤 한다. 여기서 칼은 마치 어른 흉내를 내는 어린이처럼 우스꽝스럽기만 하다. 그래서 결국 칼은 이런 어색한 말장난을 집어치우고 느닷없이 레니를 끌어안고 키스를 한다. 그에게는 말로 하는 설교보다는 육체적인 설득이 더 어울리고 효과적임을 스스로 경험을 통해 깨닫고 있기 때문이다. 칼은 레니와 함께 '이탈리아의 밤' 행사에 참석해서도 마틴의 추종자로서 단 한 번도 춤을 추지 않는 "수동적인 저항"(Ⅰ, 117)을 하겠다는 약속을 깨뜨리고 레니에게 이끌려 춤을 춘다. 이를 질책하는 마틴에게 그는 "제발 좀 또 도덕군자처럼 굴지 말게!" 하고 역습을 가하면서 마틴이 알아듣지 못하는 — 그리고 자신도 정확히 모르는 — 불어로 마틴의 기를 꺾으려고 한다. (Honny soit qui maly pense! Ⅰ, 134)[7] 이처럼 걸핏하면 외래어를 들먹이며 교양을 과시하는 것은 「비엔나 숲속의 이야기」의 알프레트와 '마왕', 대위 등 호르바트 드라마의 다른 소시민들에게서도 흔히 발견되는 버릇이다. 곧 이어 마틴 일파의 소란으로 '이탈리아의 밤'은 파탄에 이르고 마틴이 공화국수호연맹에서 축출됨으로써 그래도 칼을 정치적으로 이끌어주던 지도자는 사라져 버리고 칼은 레니의 품에서 구원을 찾는 수밖에 없다. 이 장면에서는 소시민적인 허위의식이 어떻게 인간을 지배하고 있는가를 보여주는 호르바트의 솜씨가 유감없이 발휘되고 있다 :

칼 : 난 정말 더 이상 살고 싶지 않아요.

레니 : 대체 무엇 때문에요?

칼 : 난 날카로운 눈을 가지고 있어요. 난 세상이 어떻게 돌아가는지 보인답니다. 그러면 나는 이렇게 생각하지요. 내가 2, 3년만 더 젊었으면, 세상을 개선하는 데 적극적으로 동참할 수 있을 텐데, 하고 말이에요. 그렇지만 난 글러먹었어요. 그리고 지쳤어요.

레니 : 당신 자신도 믿지 않으면서 그런 말을 하는군요.

[…]

레니 : 당신은 신을 믿나요? (칼은 아무 말이 없다.) 신은 하나밖에 없지요. 그리고 또한 구원도 하나밖에 없지요.

칼 : 누가 날 저주했는지를 알기만 하면 좋겠어요.

레니 : 내가 당신을 구원하도록 해 주세요.

칼 : 당신이? 나를?

레니 : 난 4천 마르크를 가지고 있어요. 그러니 우리가 식민지상품 가게를 하나 내면 …

칼 : 우리라고요?

레니 : 저 교외의 아저씨 댁에서 …

칼 : 우리가요?

레니 : 나하고 당신하고요.

(침묵)

칼 : 현금인가요?

레니 : 예

(침묵)

칼 : 당신은 지금 무슨 생각을 하는 거예요? 당신은 결혼공동체를 생각하는 건가요? 안됩니다. 그건 나에게 너무 과분합니다!

레니 : 오, 맙소사, 그렇게 매정한 말은 하지 마세요! 난 당신을 속속들이 잘 알아요. 비록 당신을 안 지는 얼마 되지 않았지만! (그녀는 그의 목을 껴안는다. 오랜 키스 신)

칼 : 난 사실 언제나 여성에 의한 구원을 꿈꿔 왔어요. 그렇지만 정말 믿을 수가 없었어요. — 왜냐하면 난 원한에 가득차 있었으니까요. 알겠어요?

레니 : (그의 이마에 키스한다) 예, 세상은 질투심으로 가득차 있으니까요. (I , 144~145)

칼은 자기 나름대로의 확고한 주관이 없이 그때그때 영향력이 강한 주변 인물들의 견해에 따라 움직인다. 그러면서도 자신은 예술가적인 기질에 따라 어떤 속박으로부터도 자유롭게 자기 행동을 결정한다고 믿는다. 마틴과 만났을 때는 마틴의 말에 따라, 안나를 만났을 때는 안나의 견해에 따라, 레니와 만났을 때는 또 레니의 인도에 따라 그는 생각하고 행동한다.

앞서의 장면에서는 칼과 레니의 의식의 변화가 그 미세한 구석까지 섬세하게 드러나는데, 특히 칼은 자신의 본심을 오직 상투어의 껍질 속에 숨겨, 상투적인 감정과 사고방식에 의존하여 표현할 수밖에 없다. 그러나 그러한 상투적 언어와 상투적 감정의 틈새로 '침묵' 다음에 나타나는 "현금인가요?" 따위의 대사를 통하여 그의 본심은 얼핏얼핏 드러나기 마련이다.

소시민의 상투적 언어, 즉 교양은어로 표현되는 소시민의 상투적 의식과 감정은 한마디로 키치(Kitsch)라고 규정할 수 있다. 호르바트의 작품 전체가 하나의 거대하고 정밀한 키치 비판이라고 보는 헬(M. Hell)은 소시민 계급의 각질화(角質化)된 관념과 사고관습을 키치라고 부르면서 키치는 일상적 생활의 실제적 필요에 대한 그릇된 반응에서 발생한다고 본다.[9] 좀 더 구체적으로 말하자면, 호르바트의 민중극에 나타난 소시민층의 키치는 당대의 사회·경제적 현실에 대한 소시민층의 어리석고 허황한, 그래서 근본적으로 비정치적인 대응방식에서 나온 것이라는 주장이다. 헬은 이러한 주장을 뒷받침하기 위해 키치 현상과 당대의 사회경제적 위기에 관한 10개항의 테제를 제시하고 있다.

1. 모든 경제위기는 각 개인에게 작용한다.
2. 개인은 흔히 그의 개인적 위기가 보편적 위기에 의해 야기되었음을 인식하지 못한다.
3. 그는 한 번도 그걸 배운 적이 없기 때문에, 자신의 위기로부터 보편적 상황을 추론하는 일을 단념한다. 그는 보편적인 경제·사회적 변화과정을, 주어진 여건으로서 무비판적으로 받아들이는 것만을 배워왔다.
4. 마찬가지로 그는 인간이 충족시켜야 할 필요의 고정된 목록을 가지고 있다고 배웠다. 그는 자기 자신에 대해서는 이 필요를 충족시킬 의무가 있다고 느낀다.
5. 개인적 위기로 느껴지는 보편적 위기 속에서 이러한 필요의 충족은 갑자기 경제적 이유로 불가능해진다.
6. 그러나 개인은 인습에 의해, 이미 규정된 필요를 의문시하는 훈련이 전혀 돼 있지 않으므로 어떤 대가를 치르더라도 이를 충족시키려 한다.
7. 그래서 그는 자신에게 이러한 필요 충족의 의무가 성취되었다고 속여서 믿게 하려고 한다. 즉 그는 실제 상황을 억압하고 심리적 강제조치를 동원하여, 그의 필요의 기준을 충족시킬 수 있다고 속여서 믿게 만든, 완벽한 세계를 꾸며낸다. 그의 사고와 감정을 동원하여, 그는 부조화 상태에 빠진 현실을 폭력적으로 조화시키려 한다. 자신과 그 동반자

앞에서 그는 자신의 주변세계와 자기 내면의 진정한 갈등을 은폐한다.

8. 그래서 그것은 "날조되고 매끄럽게 치장된" 사고와 감정으로 된다. 그것들은 다른 사람들과의 의사소통에는 더 이상 적합하지 않은 언어로 표현된다. 왜냐하면 언어와 그 내용 사이에는 무의식적인 거짓말의 심연이 가로 놓여 있기 때문이다.
9. 무의식적이고 그릇된 노력에 근거하며 현실과 일치하지 않는 내적 과정의 이러한 표현은 키치라고 부른다.
10. 키치는 인식되지 않고 비판되지 않은 외적인 강제들이 내적으로 거짓 보상된다는 점에서 때로 현실과 무관한 태도의, 종종 필연적인 결과 현상이다. 따라서 키치는 비정치적 태도의 필연적 결과이다.[10)]

키치란 여기서 세밀하게 분석되었듯이 사회의 구조적 모순이 인간의 내면에서 재생산되어 모든 사고와 행동과 감정을 지배하는 이데올로기적 현상이다. 그것은 사회적 모순을 개인적 차원에서 해결하려고 시도할 때 나타나는 일종의 심리적 도피행위이다. 가혹한 현실을 외면하고 모조품적이고 안락한 가짜 현실을 설정함으로써 키치는 가짜 만족 (대리 만족)에 안주하도록 한다. 현실적인 갈등과 모순을, 장미빛으로 우아하게 채색된 모조품적인 가짜 현실로 바꿔치기함으로써 키치는 지배체제를 안정시키는 정치적 의미를 지닌다.

가령 「이탈리아의 밤」에서 밤하늘의 별을 보고 인간의 왜소함을 느끼는 시의원과 베츠는 현실의 쓰라림과 냉혹함으로부터 도피하여 심리적인 가짜 만족에 안주하려는 소시민의 키치 정서를 보여주고 있다.(67면 참조) 호르바트가 키치의 환기를 통해 키치를 폭로하고 비판하는 교묘한 수법은 특히 「비엔나 숲속의 이야기」에서 마리안네와 알프레트가 사랑을 고백하는 장면에서 확인할 수 있다. 비인의 숲으로 야유회를 나온 일행이 단체사진을 찍고 아주머니가 휴대용 야외전축으로 오페라 아리아 '그대의 찬 손' 을 튼다.

에리히 : (귀기울여 듣는다) 「라 보엠」이군요. 푸치니는 정말 대단해요!

마리안네 : (이제 알프레트의 옆으로 다가가서 듣는다) '그대의 찬 손' —

알프레트 : 「라 보엠」이군요.

마리안네 : 푸치니 거죠. (I , 177)

마리안네는 푸치니의 오페라 아리아에 관한 대화에서 알프레트의 교양과 민감한 센스를 확인하고 감정의 일치(이 사람하고는 말이 통한다는 느낌)를 발견한다. 그녀는 이미 소시민의 허위의식 속에서 키치화된 음악('그대의 찬 손')을 매개로 하여 진정한 사랑의 체험을 한 것으로 착각한다. 그러나 그녀는 사랑의 감정을 표현할 때(I , 188 이하)도 상투적이고 진부하며 공허한 일련의 상투어를 떠올린다 : "도나우강이 마치 융단처럼 부드럽군요", "지금 나는 멀리 떠나고 싶어요 — 오늘은 야외에서 밤을 지샐 수도 있겠지요", "아 불쌍한 우리 문화인들! 우리의 본성은 얼마나 남아 있나요!" 문화인을 자처하는 그녀의 사춘기 소녀와 같은 감상은 알프레트에 대한 사랑이 가장 내심에서 우러나오는 자연적인 욕구라는 착각을 심어주며 결국 "난 당신의 아이를 가지고 싶어요 —" (I , 192)라는 고백을 낳는다.

호르바트는 이러한 키치 정서를 냉혹한 현실과 충돌시킴으로써 비극적인 효과가 발생한다고 말한다.

내 의도는 그러니까 삶을 보여주는 것이다. 그런데 이 삶은 통속적이다. 그 언어와 표현뿐만 아니라 심지어는 인간의 감정도 통속화되어 있다. 다시 말해 그것들은 저속하고 위조돼 있다. 편안함 때문에 물론 어떤 작가가 그것을 상대로 싸우는 것은 불편하다. 이 때 키치는 언제나 우스꽝스런 느낌을 준다. 그것이 눈에 띄게 될 경우에. 따라서 키치, 즉 우아하게 날조된 삶과 실제의 냉혹한 삶과의 충돌은 비극적이다. 이것이 아마도 내가 풍자작가와 파로디작가로 간주되는 이유인 것 같다.[11]

호르바트의 민중극들이 하나같이 키치적 요소들로 충만해 있으면서도 소시민의 허위의식과 모조품적인 삶의 방식을 폭로하고 비판할 수 있는 것은 바로 "우아하게 날조된 삶과 실제의 냉혹한 삶과의 충돌"을 통해서이다. 호르바트는 한편으로 키치에 탐닉하여 이를 즐기면서도 다른 한편으로는 이를 거부하고 비판하는 이중적 태도를 보인다.[12] 이러한 이중적인 작가의 태도에 따라 관객은 극중의 키치적 정서와 분위기에 친근감을 느끼고 쉽게 휘말려 들어가지만 어느 순간 냉혹한 현실에 맞닥뜨림으로써 그러한 모조품적인 삶의 비극성을 통감하게 된다. 가령 앞서 예로 든 칼과 레니의 결합 장면에서 관객은 '여성에 의한 구원' 이 바로 '현금 4천마르크' 와 '결혼공동체' 임을 깨닫는 순간 우선 실소를 금치 못하지만, 다음 순간에는 물질화된 사랑의 본질과 함께, 그것이 더없이 세련된 소시민의 언어와 우아한 감정으로 포장돼 있다는 사실에 섬찟함을 느낀다.

'상품으로서의 사랑' 은 「비엔나 숲속의 이야기」에서도 발견된다. 마리안네와 오스카와의 결합은 유일한 상품인 딸을 돈 많은 푸줏간 주인 오스카에게 시집보냄으로써 경제적 위기를 극복하려는 '마왕' 의 계산에서 나온 '매매혼' 내지 정략결혼이다. 마리안네가 이를 거역하고 알프레트에게서 진정한 사랑을 발견했다고 믿는 순간, '제8구의 한적한 거리' 의 소시민적 질서는 흔들린다. 이 때문에 경제적 타격을 입는 '마왕' 이외에도 다른 소시민들이 마리안네에게 잔인한 행동을 하는 것은 그녀가 평온한 소시민적 질서를 깨뜨렸기 때문이다. '마왕' 은 그러나 알프레트와 마리안네가 도나우 강변에서 벌거벗고 나란히 누워있는 것을 보고 경제적 이유뿐만 아니라 도덕적 이유에서도 약혼이 깨져서는 안 된다고 말한다. "이 약혼은 깨져선 안 돼. 도덕적 이유 때문에도 안 돼!" (I , 190) 작가는 여기서 '도' (auch)라는 단어 하나를 통해 '마왕' 의 본심을 통렬하게 폭로하고 있는데 이런 솜씨는 호르바트의 특기이자 그의 민중극이 지닌 매력의 원천을 이루고 있다.

후더(W. Huder)는 호르바트의 민중극에 나타나는 키치가 극심한 인플레와 경제위기의 1920년대에 일반화된, 각종 개념과 의식, 가치관의 공동화(空洞化) 현상이라고 본다.[13] 즉 외면적인 형식과 포장은 허황하게 부풀었지만 그것을 채울 실질적 내용이 부족하기 때문에 언어형상(Wortbild)과 언어내용(Wortinhalt), 생활양식(Lebensstil)과 생활내용(Lebensinhalt)이 일치하지 않고 취미(Geschmack)의 겉포장과 속내용이 따로 노는 각종의 정신적 인플레 현상이 만연되었다는 것이다. 그 결과 인생이라는 시장에 던져진 각종의 정신적 · 도덕적 · 예술적 수표는 그 표시가치와 실제가치가 맞지 않아 부도가 나서 교환이 중지됐다고 후더는 설명한다.[14] 이것은 단순한 재담이나 말장난에 그치지 않고 호르바트의 민중극이 지닌 키치적 요소의 본질을 정신적 인플레 현상으로 파악한 날카로운 사회심리학적 통찰의 표현이라 할 만하다.

7.2 가부장제도와 여성

호르바트의 민중극에서 묘사되는 '개인과 사회의 영원한 투쟁'에서 언제나 가장 참담한 패배를 당하는 것은 여성들이다. 여성들은 경제위기에 의한 일반적인 궁핍 이외에도 남성에 의한 억압이라는 이중의 고통에 시달린다. 「믿음 사랑 소망」의 엘리자베트를 비롯하여 민중극에 등장하는 여성들은 거의 모두가 이러한 이중고(二重苦)의 희생자들이다. 여성들의 고통이 유난히도 가혹한 것은 이들이 어떤 점에서는 남성보다도 더 소시민의 가부장적 윤리관과 비정치적 허위의식을 내면화하고 있어서 사회경제적 억압(돈)과 남성의 억압(사랑)에 무방비 상태로 노출돼 있기 때문이다. 호르바트식의 상투적 표현을 빌면 "사랑에 속고 돈에 우는" 것이 호르바트의 민중극에 나타난 여성들의 모습이다.[15]

이러한 이중의 억압에 대해 머리를 꼿꼿이 쳐들고 대들거나 항의를 하는 여성은 가차없이 남성지배 사회에 의해 응징을 당한다. 엘리자베트가 이에 대한 좋은 본보기이다. 그녀를 파멸시키는 법률조항들은 남성 위주의 지배체제를 유지하기 위한 거대한 억압도구의 일부이므로 이를 상대로 한 싸움에서 그녀는 패배할 수밖에 없다. 그녀는 세관검사관의 딸이 아니었기 때문에 사기죄로 처벌을 받으며, 남자의 출세에 지장을 줄지도 모른다는 이유로 약혼자한테 버림을 받는다. 그 이전에 그녀는 얌전히 집에 들어 앉아 구호금이나 타먹지 않고 남자처럼 외판원으로 나서서 경제적 독립을 꾀했기 때문에 벌금형을 받아 '전과자'가 되고 이 때문에 결국 신세를 망쳐 자살로 내몰리게 된다. 그러나 그녀는 허위의식의 껍질을 깨고 나와 자기 심중의 진실을 말할 수 있는 용기를 보여준다.

엘리자베트 : [⋯] 하지만 내가 당신 때문에 물속에 뛰어들었다고 생각하진 말아요! 그 잘난 미래를 가진 당신 때문에! 난 단지 먹을 것이 없어서 물속에 뛰어든 거니까. 만약 먹을 게 있었다면 난 당신에게 침이나 뱉었을 거야! (Ⅰ, 377)

그녀는 전과자라는 이유로 그녀를 버린 보안경찰 클로스터마이어에게 죽기 직전 이렇게 외친다. 이것은 희귀하게도 소시민적 허위의식에 오염되지 않은 고전비극의 주인공이 내뱉음직한, 내면세계와 외면적 현실이 일치하는 발언이다. 그러나 소시민적 허위의식을 깨뜨리고 해방을 이룩한 그녀에게 돌아가는 보상은 죽음일 뿐이다.

「비엔나 숲속의 이야기」의 마리안네도 아버지가 정해준 돈 많은 푸줏간 주인과 결혼해서 친정 살림을 도와줄 것을 거부하고 제멋대로 짝을 골랐기 때문에, 소시민적 질서를 어지럽힌 일종의 '범법자'로 낙인찍힌다. '마왕'의 가부장적 지배를 벗어나 알프레트라는 남자에게서 진정한 사랑과 자유를 찾았다고 생각한 순간, 그녀는 또 다시 알프레트로부터 버림받고 술집의 무희로 나설 수밖에 없다. 독립된 생을 찾으려는 그녀의 투쟁은 제8구의 소시민 사회에서 아버지와 약혼자를 배신한 파렴치 행위로 유죄판결을 받으며, 정식 결혼식을 올리지 않고 아이를 낳은 것은 교회로부터도 용서받을 수 없는 죄악으로 간주된다. 그 결과 마리안네는 마침내 도둑질이라는 실정법상의 범죄까지 저질러 감옥으로 추방된다. 그녀는 "여자가 남자로부터 재정적으로 독립하는 것은 볼쉐비즘에 이르는 마지막 한 걸음"(Ⅰ, 177)이라고 입버릇처럼 떠드는 '마왕'의 가부장적 전제에 시달리지만, 하늘이 보내준 천생배필로 여긴[16] 알프레트로부터도 똑같이 가부장적 지배를 받는다. 이러한 동질성은 1부 2장에서 '마왕'이 양말대님을 찾아내라고 딸을 들볶는 모습이 2

부 2장에서 알프레트가 역시 양말대님을 찾는 모습으로 재현되는 것으로도 확인된다. 또한 '마왕' 이 마리안네를 돈 많은 오스카에게 시집보내려 하는 것과 알프레트가 마리안네를 술집 무희로 넘기는 것은 겉으로는 결혼과 취직 알선이라는 그럴듯한 명분을 가지고 있지만, 그녀를 일종의 상품으로 팔아넘긴다는 점에서는 본질적으로 동일하다. 마왕이 양말대님을 찾으면서 "그렇지만 질서란 것은 있어야지요!" (I , 170)라고 말할 때의 '질서' 란 물론 가부장적인 남성지배의 질서를 뜻한다.

마리안네의 비극적 패배는 그러나 처음부터 예정돼 있는 필연적 결과일 뿐이다. 왜냐하면 그녀는 소시민적 허위의식에 철두철미 얽매여 있어서 현실의 본모습을 제대로 보지 못할 뿐만 아니라 문제해결을 위한 이성적 대응책을 마련하지 못하기 때문이다. 그녀는 알프레트라는 건달의 속물적 본성을 꿰뚫어 보지 못하고 그를 이상적 해방자로만 여긴다. 그래서 그녀는 알프레트를 통해 아버지의 전제로부터 탈출하여 해방을 쟁취한다고 믿지만 이것은 착각일 뿐이다. 관객은 마리안네가 해방을 선언하는 순간 이미 그녀의 패배를 예감한다.

> 마리안네 : [⋯] 나는 당신네들의 전제적 지배를 더 이상 받지 않겠어요. 이제 노예가 쇠사슬을 끊는 거예요! — 자! (그녀는 오스카의 얼굴에 약혼반지를 내던진다) 나는 내 인생을 망치도록 내버려두진 않겠어요! 이건 내 인생이니까요! 하나님이 마지막 순간에 여기 있는 이 사람을 나에게 보내주셨어요. (I , 191)

마리안네가 온갖 고통과 수모를 다 겪고 요한 슈트라우스의 왈츠가 울려 퍼지는 가운데 오스카의 손에 끌려 나가는 극의 끝장면은 얼핏 해피엔드처럼 보이지만, 엘리자베트의 죽음보다도 더 끔찍한 느낌을 준다. 이것은 "세계문학사상 가장 암울한 드라마의 종결 가운데 하나임이 분명하다. 한 처녀가 산채로 관 속에 집어넣어진다. 가정이라는 친숙한 관 속에."[17)]

「카지미르와 카롤리네」의 카롤리네도 월급 55마르크 짜리 사무실 여직원이라는 현실을 직시하고 못하고 자신은 노동자가 아닌 중산층이라는 착각에 빠져 있다. 그래서 그녀는 카지미르를 버리고 창녀처럼 자기 몸을 도구로 삼아 라우흐라는 늙은 사장에게 빌붙어 사회적 신분상승을 이룩하려 하지만 결국 사회적 체면과 위신을 생명처럼 여기는 라우흐로부터 은혜를 원수로 갚는 배신을 당한다. 카롤리네의 '야심' (출세욕)은 허위의식을 바탕으로 하고 있으므로 처음부터 패배를 예비하고 있다. 냉혹한 자본주의 사회에서 그녀의 허위의식은 결코 성공을 거둘 수 없다. 카롤리네가 결국 그녀보다는 현실을 직시할 줄 아는 쉬르칭거와 결합하는 것은 문제의 근본적인 해결이 아니라 적당히 현실과 타협하고 계속 소시민적 허위의식에 안주하여 거짓된 삶을 이어가기 위한 미봉책에 불과하다.

호르바트의 민중극에서 모든 여성은 소시민적 허위의식에 빠져 있지만 그래도 표면적인 안정을 누리는 것은 그러한 허위의식에 안주하거나 패배를 인정하고 항복하는 여성들이다. 엘리자베트는 그러한 허위의식에 도전했기 때문에 순교자처럼 죽어가고, 마리안네도 비록 완전히 허위의식을 벗어나지는 못하지만 일단 과감하게 허위의식이 지배하는 소시민적 질서를 부분적으로나마 깨뜨렸으므로 —이를테면 허위의식을 무기로 허위의식과 싸운 셈이다 — 쓰라린 패배를 당한다. 그래도 그녀는 그러한 패배를 감수하고 '항복' 하기 때문에 다시 소시민적 질서에 편입되어 일생동안 오스카의 전제와 억압에 시달리면서도 소시민적 삶을 이어가는 것이 허락된다. 카롤리네도 잠시 이러한 도전을 시도

하다가 곧 주저앉아 포기하는 순간, 그나마 소시민적 세계에 안주할 수 있다. 이 점에서는 「이탈리아의 밤」의 안나나 아델레, 「카지미르와 카롤리네」의 에르나도 본질적으로 다르지 않다. 안나나 에르나처럼 남성의 전제적 지배에 노예적으로 종속되어 있을 경우, 적어도 소시민적 세계에서 영구 추방되는 일은 없다. 그러나 안나와 에르나가 마틴과 카지미르와 결합한다 해도 아델레처럼 어느 때인가는 회의를 느끼면서도 평생을 가부장적 지배에 얽매여 살게 될 것은 거의 필연적이다. 왜냐하면 안나와 에르나는 벌써 남성의 가부장적 지배를 당연한 일로 받아들여 내면화하고 있기 때문이다.

> 안나 : [⋯] 난 마틴을 더 잘 알아요! 그 사람은 우리 모두보다 훌륭해요. 나는 바보같고, 어리석고, 엉터리고, 왜소하고, 혐오스러웠어요 — 그런데 그가 나를 끌어올렸어요. [⋯] 이제 나는 알맹이를 가지고 있어요. 알겠어요? (I , 118)

안나는 이처럼 마틴이라는 남성에게 노예적으로 종속돼 있고 거기서 기쁨과 보람을 느끼기 때문에 파시스트에게 접근하여 정보를 빼내오라는 마틴의 지시를 충실하게 수행한다. 그러나 따지고 보면, 아무리 대의명분을 앞세운다고 해도, 이러한 미인계는 여자를 물건처럼 정치적 거래대상으로 삼는다는 점에서 본질적으로 남성중심의 가부장적 발상이다. 그리고 안나가 아무리 열심히 임무를 수행한다 해도 마틴이 그녀를 대등한 동지로 여길 가능성은 전혀 없다. 마틴은 벌써부터 시의원이 아델레에게 대하듯이 안나를 무시하고 폭군처럼 군림하고 있기 때문이다.

에르나는 여성이 남성보다 열등하고 혐오스런 존재라는 의식에 젖어 있다. 오히려 남성보다도 더 그녀는 여성에 대해 적대적이다.

카지미르 : 결국 여자란 모두 열등한 존재들이야 ― 물론 여기 계신 이 분은 빼고 말이야. 여자들은 자기 영혼을 팔아먹고, 이런 특별한 순간에 공중열차 때문에 날 배신하거든.

에르나 : 만약 내가 남자라면 여자 따윈 거들떠보지도 않을 거예요. 난 여자 냄새조차도 참을 수가 없어요. 특히 겨울에는. (Ⅰ, 290)

그러므로 그녀가 프란츠로부터 해방되어 카지미르와 결합한다 해도 이러한 허위의식을 버리지 않는 한, 행복한 결혼생활을 하리란 보장은 없다. 오히려 그녀는 마리안네와 마찬가지로, 줄줄이 아이를 낳아 쭈그렁바가지가 된 다음, 결혼생활에 시들해지고 (그래서 남편은 바람이나 피우게 되는) 소시민 사회의 전형적인 여편네가 될 것이 거의 확실하다.[18] 호르바트의 민중극에 나오는 아가씨들의 미래상은 아델레에게서 찾을 수 있다. 그녀는 어찌보면 호르바트의 여성들 가운데서 유일하게 해방을 이룩하는 여성처럼 보이지만, 끝내 남편에게 종속된 여성의 위치를 기를 쓰고 고수한다는 것이 더 정확한 표현이리라.

그런데 여성에 관한 한 남성들은 좌익이건 우익이건, 부자건 가난뱅이건, 교활한 사람이건 진실한 사람이건, 한결같이 편견을 가지고 여성을 남성보다 열등한 존재로 평가절하한다. 즉 민중극에 등장하는 소시민들은 모두 여자를 사랑의 희생물로 삼든가 자기 이익을 위한 이용물이나 착취대상으로만 본다는 점에서 일치한다.

가령 '마왕' 은 여자의 경제적 독립과 공산주의를 동일시하는 기묘한 허위의식을 지니고 있다. 「이탈리아의 밤」에서는 "여자란 그저 가정의 부엌을 지켜야지요. 여자는 그저 싸우는 남자의 내조역을 맡아야지요" (Ⅰ, 122)라는 파시스트의 말에 맞장구라도 치듯 공화파의 크란츠가 "평안한 가정에만 행복이 깃들지요. 가정의 부엌은 황금처럼 값지구요. 국가의 기초는 가정이랍니다."(Ⅰ, 130)하고 상투적인 말을 주워섬긴다.

그런가 하면 알프레트의 친구인 페르디난트는 여성문제에 관한 교회의 입장을 대변한다 : "직업을 가진 여자 애인은 알려져 있듯이 장기적으로 보면 모든 애정관계를 허물어뜨리는 법이야. 심지어는 결혼까지도! 이것이 직업여성에 대한 반대투쟁에서 우리 교회가 내세우는 가장 핵심적 논거지. 이런 여자는 틀림없이 가장파괴적인 영향을 끼친단 말이야 – 자넨 추기경들을 바보라고 생각하나? 그들은 엘리트중의 엘리트들이야! 우리의 가장 유능한 인재들이라구!"(Ⅰ, 201)

여성을 상품화함으로써 나타나는 최종 결과는 바로 매춘이다. 호르바트의 민중극에는 이러한 상품으로서의 여성, 즉 창녀들의 모습이 드물지 않게 등장한다. 「이탈리아의 밤」 세 번째 마당에는 여위고 늙은 창녀와 뚱뚱하고 젊은 창녀가 파시스트들의 '독일의 날' 행사를 구경하면서, 지나가는 시의원과 안나에 대해 뭐라고 한마디씩 자기네끼리 입방아를 찧는다. 이들은 극중에서 특별한 역할을 하지 않고 그저 엑스트라(행인)처럼 배경에서 잠깐 비쳤다 사라진다. 그러나 이들은 1차대전 이후의 경제위기 속에서 생활고에 시달리다 못해 창녀로 전락한 여성들을 대표하면서 그후 민중극에 나타나는 일련의 아가씨 주인공들(카롤리네, 마리안네, 엘리자베트)의 앞날을 암시한다.[19] 다시 말해 이들은 별로 교육을 받지 못하고 사회경험도 없는 아가씨들이 험난한 세파를 헤쳐나가다 보면 언젠가는 자신의 성을 상품화할 위기에 내몰리게 된다는 것을 암시하고 있다.

실제로 엘리자베트는 궁지에 몰리면서도 끝내 창녀가 되기를 거부하며("그것만은 안돼요!" Ⅰ, 350) 주체적인 자의식을 유지하려 하지만("난 언제나 독립적으로 살려고 했어요 – 내 자신을 내가 지배하려고 말이에요." Ⅰ, 349) 그 때문에 더욱 참담한 패배를 자초한다. 마리안네도 극한 상황에 몰렸을 때 차마 창녀로 나서지는 못하고 ("난 그걸 이미 시도해 보았지만 내가 진심으로 좋아하는 남자에게만 나를 줄 수 있어요. — 난 배운 게 없는 여자로서 그밖에는 아무 것도 줄 게 없어요 — 그 담에는 나로서는 기차에 뛰어드는 수밖에 없어요." Ⅰ, 232) 몸을 상품으로 판다는 점에서 창녀와 다를 바 없는 술집의 스트립 댄서로 나선다. 카롤리네도 출세의 야심을 달성하기 위해 자신의 섹스를 상품화하여 늙은 라우흐와 슈페르에게 제공하려고 한다. 여기서 카롤리네는 일종의 창녀 역할을 하는 셈인데, 그러한 시도는 카롤리네 자신의 '자기 보호 본능' (엘리자베트는 창녀가 되기를 거부하면서 이를 이유로 내세운다. Ⅰ, 350)에 의해서가 아니라 남성의 이해타산 때문에 좌절된다.

「이탈리아의 밤」의 두 여자와 「카지미르와 카롤리네」의 엘리와 마리아, 「믿음 사랑 소망」의 마리아 등 직업적인 창녀와, '아가씨 주인공들'과의 차이는 실제 백지 한 장밖에 안 되는 셈이다. 이들은 다같이 힘없는 여성으로서 극심한 경제위기와 남성들의 잔혹한 억압에 몰려 유일한 자산인 섹스를 상품으로 시장에 내놓을 수밖에 없다. 그리고 여성들은 언제나(엘리자베트를 제외하고) 주체적인 자의식을 상실한 채 남성세계가 제공한 가부장적 허위의식을 내면화하고 있기 때문에 가혹한 현실과의 투쟁에서 파멸하든가, 창녀가 되든가, 가정과 결혼이라는 더없이 끔찍하고 고통스러운 "완만한 죽음"[20] 속으로 빠져 들어간다.

호르바트가 모든 정치적 강령이나 도덕적 가치에 회의적인 태도를 보이면서도 여성에 대해서는 지지와 동정을 숨기지 않는 것은[21] 그가 특이한 페미니스트여서가 아니라 여성이 소시민적 허위의식의 가장 뚜렷한 희생자이기 때문이다. 다시 말해 소시민의 허위의식을 폭로하는 데 여성은 가장 효과적인 사례가 되기 때문이다. 그래서 호르바트의 경우, "소시민성은 계급보다는 성에 보다 깊이 연결돼 있는 것처럼 보이며"[22] 소시민의 허위의식은 계급적 갈등보다 성적 차별에서 더욱 날카롭게 부각된다.

7.3 소시민의식과 파시즘의 심리학

"호르바트는 결코 비정치적인 사람은 아니었지만 그렇다고 혁명가는 전혀 아니었다"[23]라고 그의 전속 출판사 사장인 울스타인은 말한 바 있다. 사실 호르바트는 브레히트처럼 맑스주의적 신념을 가지고 사회변혁 의지를 작품 속에 표현하거나 뷔히너처럼 혁명운동에 몸을 던져 뛰어든 적은 없다. 그는 "진정한 극작가라면 경향성이 없는 단어는 한 자도 쓰지 못할 것"(Ⅰ, 664)이라고 생각하는 "좌익 · 진보적 민주주의자"[24]로서 인간의 의식과 행동이 사회경제적 요인에 좌우된다는 것을 기본전제로 받아들이고 있으나 ("나는 인류의 주요 문제들을 일차적으로 사회적 관점에서 보기 때문에…" Ⅰ, 664) 실제 현실에서는 사회경제적 요인과는 어긋나고 때로는 정반대인 의식이 인간의 정치적 행동을 지배하는 일이 많다는 사실에 주의를 환기시킨다. 호르바트는 이른바 물질적 토대와 정신적 의식 사이의 괴리에서 소시민의 허위의식이 나타난다고 보기 때문에 "사회극에서조차 문학적인 흑백묘사법은 단호히 배격한다"(Ⅰ, 664)고 선언한다.

이러한 소시민의 허위의식은 앞서 살펴본 대로 현실도피 심리와 현상고수의 보수주의, 근거없는 열등감과 우월감, 가학증(사디즘)과 피학증(마조키즘)이 뒤섞인 복합적인 의식인데, 시대적으로는 특히 1900년경에 태어난 독일 전후세대의 특징이기도 하다.[25] 본격적인 민중극이 발표되기 직전인 1928년에 나온 드라마 「슬라덱」(Sladek)[26]은 이러한 전후세대의 의식을 해명하는 데 열쇠가 되는 작품이다. 당시(1929. 10. 12) 「슬라덱」에 관한 한 신문의 논평은 작품의 성격을 이렇게 설명하고 있다.

> 이 작품은 그가 '몰락하는 계급'이라고 부르는 계층의 분석을 의미한다. 이것은 지배계급과 '미래의 계급' 사이에 위치한 중산층이다. '어떻게 해서 오늘날 아무 것도 가진 것이 없는 이 사람들이 사회주의적인 노조원이나 공산주의자들과 연결되지 않고 지하국방군 패거리에 빠져드는 일이 생기는가?' 하고 그는 묻는다. 이 문제는 그의 드라마의 바탕이 되었다. 1차대전중 소년기를 보낸 전쟁세대와 인플레, 과도기, 이런 것들이 작품의 핵심을 이룬다. 호르바트는 뮌헨 시절 까페에서 이런 사람들을 사귄 바 있다. 당시는 히틀러운동 기간중 패주한 북독 사람들이 바이에른으로 몰려들던 때였다. 어디서나 그는 자기 관심사인 이 계급에 대해서만 얘기한다. (Ⅰ, 663)

여기서 정확하게 지적했듯이 이 작품은 호르바트의 주요 관심사인 중산층 소시민의 의식과 파시즘과의 관계를 파헤치고 있다. 즉 경제적으로는 프롤레타리아와 비슷하면서도 의식면에서는 부르주아를 동경하며 극우 파시즘으로 기우는 독일 전후세대의 모습을 「슬라덱」이라는 1902년생 청년을 통해 묘사하고 있다. 호르바트는 학문적 분석이나 정치적 통찰력에 의하지 않고, 자신의 경험에 의해 이러한 사회적 변화를 민감하게 포착하여 형상화한 것이다.

슬라덱은 1차대전이 시작됐을 때 12살이었던 전후세대로서 맑스주의를 포함한 기존의 정치적 이데올로기에 회의를 느끼고 만사를 '독자적으로 생각하려는' 청년이다. 그러나 그는 경제적으로 안나라는 중년의 전쟁미망인에게 빌붙어 기생한다. (「비엔나 숲속의 이야기」의 알프레트가 발레리에게 기생하듯이.) 슬라덱은 잃어버린 조국의 명예를 되찾기 위해서는 다시 전쟁을 해야 한다는 환상에 빠져 지하 군사조직에 가입한다. 그러나 슬라덱은 이러한 사실을 눈치 챈 안나가 비밀을 누설할지도 모른다는 이유로, 지금까지 헌신적으로 오갈 데 없는 자신을 돌봐준 안나를 암살하는 데 협력한다. 또한 평화주의적인 사설을 썼다는 이유로 한 신문기자(처음에는 프란츠, 후에는 쉬밍케)에게 집단테러를 가하고 비밀재판을 하는 데도 가담한다. 슬라덱의 모토는 "자연에서는 언제나 살인이 이루어지며, 이것은 변치 않는다"(Ⅰ, 413)는 왜곡된 다윈주의이다. 그러나 지하 군사조직은 정규군에 포위되어 항복하고 슬라덱은 체포돼 투옥된다. 그후 탈옥에 성공한 슬라덱은 중미의 니카라과로 가는 배를 탄다. 이러한 줄거리는 후에 약간 바뀌어 「지하국방군 슬라덱」에서는 슬라덱이 정규군의 포위공격을 받던 중 포탄에 맞아 중상을 입고 지하국방군 간부들의 버림을 받아 죽어가는 것으로 끝난다.

슬라덱은 겉으로 보기에는 특별히 잔인하거나 다혈질인 과격주의자가 아니다. 그저 다소 회의적이고 약간의 정의감도 있는 평범한 '보통사람'이다. 그러나 그는 "전통상실자와 뿌리뽑힌 자의 유형에 속하며 아무런 확고한 기반도 없는 전형적인 부화뇌동자"(Ⅰ, 663)이다. 평소에는 남을 해꼬지하지 않지만 어떤 동기나 계기가 주어지면 가장 가까운 친구나 애인도 가차없이 배반하고 처단한다. 그는 '독자적인 사고'를 한다고 믿지만 실제로는 상투적인 정치적 구호나 신문 기사 따위에 무비판적으로 동조한다. (슬라덱은 극중에서 신문을 열심히 본다.) 그는 직접 자기 손으로 사람을 죽이지는 않지만 수백만이 목숨을 잃어도 눈 하나 깜짝하지 않을 만큼 냉혹하다.

슬라덱 : 자연에서는 살인이 일어나지요. 그건 변하지 않습니다.

쉬밍케 : 그렇지만 요즘은 도처에 피투성이의 더러운 것들 뿐이지요.

슬라덱 : 난 내일을 생각하지 않습니다. 난 그저 오늘만을 사는 겁니다. 오늘은 모든 나라가 우리의 적이지요. 이 나라들은 우리를 짓누르지요. 우리가 힘이 없으니까요. 그건 만고불변의 법칙이지요. 앞으로 몇백만이 죽는다 해도 아무 상관도 없을 거예요. 우린 너무 수가 많으니까요. [⋯] 우린 다시 식민지가 필요해요. 아시아와 아프리카 등지에. 우린 정말 너무 수가 많아요. 전쟁이 끝나다니, 정말 유감입니다. [⋯]

쉬밍케 : 당신, 사람이요?

슬라덱 : 난 사람입니다. 그렇지만 전쟁이란 언제나 있는 겁니다.

쉬밍케 : 평화도 있지요.

슬라덱 : 난 그건 기억이 나지 않아요. (Ⅰ, 490)

슬라덱은 약육강식의 정글법칙만을 신봉하고 제국주의적 식민지배와 영토확장을 꿈꾼다. 조국의 영광을 되찾기 위해서라면 전쟁도 마다하지 않는다. 그는 1920년대와 30년대 독일 소시민의 전형이며 호르바트의 작품에 등장하는 속물적 중산층의 원형이다. 슬라덱처럼 시대에 좌절하고 희망을 빼앗긴 표류자들이 국수주의 선동가나 엉터리 사회혁명가들의 하수인으로서 나치스의 집권을 가능케 했다는 것은 그 후의 역사를 통해 익히 알려진 사실이다.

호르바트는 파시즘이 히틀러 일당의 악마적 인간들에 의한 역사상의 일회적인 탈선이 아니며, 평범한 소시민들의 의식 내부에서 이루어지는 지배적 이데올로기의 재생산 과정이 결국 파시즘으로 귀착될 수밖에 없었다는 것을 생생하게 보여준다. 그리고 이러한 허위의식의 재생산이 그치지 않는 한 파시즘은 언제라도 다시 등장할 수 있다는 것을 경고한다.

「비엔나 숲속의 이야기」에 나오는 오스카나 그의 도제 하블리체크는 바로 슬라덱과 같은 유형의 인간들이다. 오스카의 경건함 뒤에 감춰진 잔인성과 하블리체크의 이유없는 공격성(그는 11살짜리 소녀 이다가 자기네 물건이 시원치 않다고 불평을 하자 찔러 죽이려고 한다)이 벌써 나치스의 잔혹성을 내비친다. 대학생 에리히도 잠재적인 파시스트의 자질을 갖춘 인물이다. 그는 사격연습에 열을 올리고 1차대전에서 오스트리아군이 비겁했기 때문에 독일이 졌다고 비난하면서 프로이센 우월주의와 반유태주의를 노골적으로 드러낸다. 그러나 에리히에 맞서 말다툼을 벌이는 퇴역 대위도 신성로마제국의 영광과 합스부르크 왕조의 문화전통에 집착하는 시대착오적 복고 이데올로기의 소유자이므로 이념상 나치즘과 그리 멀지 않은 곳에 있다. 여성의 경제적 독립을 공산주의와 동일시하는 '마왕' 도 자신의 경제적 현실과는 반대로 오히려 극단적 반공주의로 치달리는 구중산층의 심리적 특성을 그대로 보여주면서 나치의 반공주의를 이미 내면화하고 있다.

이와는 다른 차원의 조직화된 골수 파시스트들도 있다. 「슬라덱」의 호르스트와 크노르케는 '조국' 의 이름을 빙자하여 자기네와 의견이 다른 사람을 '처형' 하고 '재판' 하며, 극우단체의 여자회원은 잃어버린 독일 민중의 명예를 되찾기 위해서는 1천만의 독일인이 죽어도 좋다고 외친다(Ⅰ, 485). 『영원한 속물』의 초고에서 카쿠슈케라는 국수주의자는 자동차 중개상 코블러에게 독가스 개발에 투자하라고 권하면서 이렇게 말한다. "불란서 놈들은 남녀를 가리지 않고 독가스로 처치해야 합니다! 난 여자라고 해서 봐주지 않아요!" (Ⅳ, 470) 호르바트는 바로 10년 후 아우슈비츠에서 일어났던 일이 평범한 한 독일 소시민에 의해 이미 준비되고 있었다는 것을 증명하고 있다.

세 번째 부류의 소시민은 「이탈리아의 밤」에 나오는 공화파들처럼 파시즘의 위협에 적극적으로 대처하지 않고 소시민적 안일과 오락에만 탐닉하는 사람들이다. 이들은 입으로는 반파시즘을 외치지만 이미 소시민의 허위의식에 오염되어 정확한 현실인식과 효과적인 현실 대응력을 상실한 상태이다. '이탈리아의 밤'은 파시스트들의 '독일의 날'에 대항하기 위한 행사지만 그 내용은 춤추고 노래하고 카드놀이나 하는 축제에 불과하며 그 명칭에서도 파시즘의 원조인 무솔리니가 지배하는 이탈리아를 내거는 식의 자가당착에 빠져 있다.

호르바트의 작품에는 노동자들이 많이 등장하지는 않지만 이들도 의식면에서는 소시민의 허위의식에 오염되어 노동자적 계급의식에 투철하지 못하기는 마찬가지다. 가령 「이탈리아의 밤」의 마틴과 「카지미르와 카롤리네」의 카롤리네는 자기도 모르게 소시민적 사고와 행동에 물들어 있다. 마틴은 표면상 열렬한 혁명운동가이고 카롤리네는 출세에 안달하는 사무원이라는 차이는 여기서 별 문제가 되지 않는다. 그러나 비교적 정확한 현실인식을 하고 있는 실직 운전수 카지미르와 혁명가 오빠를 둔 에르나도 적극적인 노동운동이나 정치적 혁명활동에 나서기보다는 그저 무기력하게 현실을 한탄하고 체념하는 쪽을 택한다. 「믿음 사랑 소망」에서도 엘리자베트를 비롯한 프롤레타리아들은 누구도 적극적인 현실개혁운동에 뛰어들지 않고, 또 그런 의지를 가지고 있지도 않다. 「카지미르와 카롤리네」의 메르클 프란츠는 무정부주의적 성향의 범죄자에 불과하며 「케이블 카」의 노동자들도 조직적인 혁명운동이나 노동운동에 떨쳐나서지는 않는다. 앞서 설명했듯이 이들의 '반란'도 근본적으로 우발적인 '폭동'에 불과하다. 작가는 여기서 "날씨의 변화"를 얘기하고 있지만 그것을 조직적 투쟁에 의해 쟁취해야 할 대상이 아니라 그저 막연히 기다리기만 하면 저절로 나타나는 변화로만 제시한다. 실제로 호르바트는 "프롤레타리아적 낭만주의라고 이름 붙이게 될 시대를 때때로 생각하며 이러한 시대가 올 것을 확신한다"(IV, 661)고 고백하지만 어떻게 해야 그런 시대가 올 것인지에 대해서는 입을 다문다. "결국 그에게는 동시대의 다른 부르주아 작가들의 경우와 마찬가지로 프롤레타리아의 세계는 낯설다."[27] 그는 또한 이른바 프롤레타리아 계급에 의한 혁명의 가능성에 대해서도 회의적이다. 이에 관한 피힐러의 말을 들어보자.

> 앞으로 일어날 변화의 조짐에 대한 평가에 있어 호르바트는 프롤레타리아의 변혁역량에 대한 신뢰가 없다는 점에서, 이데올로기적으로 고착된 동료들(가령 브레히트)과 구분된다. 그는 프롤레타리아가 계급의식에 있어 소시민적 소망과 관념에 의해 전반적으로 훼손된 것으로 보았다. 결국 호르바트의 비판적 분석은 물질적 빈곤화 — 적어도 그에 대한 불안 — 가 프롤레타리아적 계급의식을 부활시키기보다는 오히려 파시스트적 입장을 강화시켰다는 점에서 그 정당성이 입증되었다. 이러한 혁명적 낙관주의의 결여와 교조주의의 외눈안경에 의해 흐려지지 않은 사실주의적 묘사 때문에 그의 작품은 오늘날 동독에서 단편적으로밖에 출간되지 않고 있다.[28]

실제로 그의 작품에 등장하는 노동자들은 하나같이 소시민의 허위의식에 얽매여 있다. 호르바트는 당시의 독일 노동자계급이 이러한 허위의식 때문에 나치즘의 등장을 제지하는 보루가 되지 못하고 그중 상당수가 오히려 나치즘에 동조하여 그 앞잡이나 하수인이 될 것임을 날카롭게 꿰뚫어 본 것이다. 노동자계급이 파시즘에 함몰된 원인은 노동자

조직의 정책상의 오류에도 있겠지만, 호르바트는 무엇보다도 프롤레타리아 계급의 상당수가 부르주아적 계급상승의 환상(돈 많은 남자와의 결혼 따위)이나 키치 정서에 빠져 있거나 (10월축제나 포도주축제, 극장식 쇼를 벌이는 '막심' 술집 따위에서의 대리만족, 스포츠에 대한 열광,[29] 심령술이나 점성술, 손금, 대체의학, 신비적 종교에의 몰입) 소시민적 허위의식에 사로잡혀 있기 때문이라고 진단한다.

노동자나 사무원 계층이 소시민적 허위의식에 사로잡히게 된 것은 오락산업이 제공하는 완벽하고 행복한 모조품적인 현실에서 고달픈 현실의 불만과 불안을 잊어버리고 잠시 동안이나마 행복감을 맛보려 하기 때문이다. 1960년대에 아도르노(Th. Adono)가 제시했던 이른바 '문화산업'(Kulturindustrie)은 이미 호르바트가 살던 1920년대와 30년대의 독일에서도 그 위력을 발휘하고 있었던 것이다. 당시 베를린에는 오락산업이 크게 번창하여 '조국의 전당'(Haus Vaterland), '레지'(Resi), '모카에피'(Moka-Effi) 등의 대규모 '꿈의 제조공장들'이 세계의 명소들과 구경꺼리들을 모조품으로 만들어 손님들을 행복의 나라로 안내했다고 한다. 예를 들면 '조국의 집'의 '비인 포도주 축제' 코너에 들어서면, 멀리 슈테판 성당의 탑이 별이 빛나는 밤하늘을 배경으로 솟아 있고 시내전차가 도나우강 위에 걸쳐진 다리 위를 미끄러져 지나가는 가운데 흥겨운 포도주 축제의 분위기를 진짜보다 더 흠뻑 실감나게 즐길 수 있었다는 것이다.[30] 소시민들이 이런 오락산업의 최면 속에 자진해서 몸을 내맡기는 이유를 크라카우어는 이렇게 설명하고 있다.

> 근무시간이 단조로우면 단조로울수록 퇴근 후에는 거기서 더 멀리 벗어나야 한다. 생산과정의 배경으로부터 다른 곳으로 주의를 돌려야 하기 때문이다. 그러나 기계적 관료주의에 대한 정확한

반격은 화사한 세계이다. 있는 그대로의 세계가 아니라 유행가에 나타나는 세계이다. 구석구석까지 진공청소기에 의해 일상의 먼지가 제거된 세계이다.[31)]

그러나 이러한 '오락산업' 이나 '문화산업' 은 인간의 의식을 왜곡하고 마비시켜 현실에 대한 통찰력과 대응력을 빼앗아 감으로써 그 결과 현실에 대한 저항과 개혁보다 적응과 안주를 조장한다. 오늘날에는 이미 상식처럼 돼버린 이러한 '문화산업' 의 대중의식 조작의 메카니즘을 호르바트의 이미 깨닫고 있었던 것 같다. 사실 호르바트의 민중극 속에는 일하는 노동자의 모습이나 생산현장의 상황은 거의 보이지 않고 (「케이블 카」는 제외) 10월축제나 포도주 축제, 비인의 숲속이나 도나우 강변의 야유회, '이탈리아의 밤' 같은 축제에서 빈둥거리는 노동자나 소시민들이 주로 나타나고 있다. 그리고 이들은 거의 예외 없이 자기가 일하는 곳으로부터 벗어나 잠시나마 행복의 환상에 젖어보려고 안간힘을 쓰고 있다. 특히 카롤리네와 레니 같은 사무원 아가씨들의 경우에 이러한 경향이 두드러지는데 이들이 누구보다도 현실(노동자라는 경제적 조건)과 의식(부르주아의 교양과 오락에 대한 선망과 동경)의 괴리를 뚜렷이 보여주고 있는 것은 결코 우연이 아니다.

이른바 신중산층으로 호르바트가 분류한 사무원 계층은 당시 3백50만이나 되는 거대한 집단으로서 그중 1백20만이 여자였다고 한다.[32)] 사무원 계층의 특이한 의식성향과 정치적 행동에 관해서는 크라카우어의 사회적 르뽀인 『사무원들』(Die Angestellten)이 1929년 당시 프랑크푸르터 짜이퉁(Frankfurter Zeitung) 신문에 연재되면서 일반의 주목을 받게 되었는데 쿠르첸베르거와 프리츠를 비롯한 많은 연구자들은 호르바트가 크라카우어의 영향을 받은 것으로 보고 있다. 과연 호르바트가 크라카우어의 영향을 얼마나 받았는가를 따져보는 것도 흥미있고 연구해 볼 만한 가치가 있는 작업임에는 틀림없지만, 그보다 우리의 관심을 끄는 것은 호르바트의 민중극에 나타난 사무원 계층이 크라카우어의 『사무원들』에 묘사된 것과 비슷한 의식과 행동을 보이고 있다는 사실이다. 특히 민중극 「카지미르와 카롤리네」와 미완성 레뷔극(Revue) 「행복의 매거진」(Magazin des Glücks, 1932)에서는 크라카우어의 『사무원들』에서 제시된 관점들과 비슷한 점들을 드물지 않게 발견할 수 있다. 가령 「카지미르와 카롤리네」에서 카롤리네가 계급상승의 야심을 품고 끊임없이 부르주아 세계를 동경하는 것은 벤야민(W. Benjamin)이 『사무원들』의 서평에서 지적했듯이, 사무원층의 이데올로기란 프롤레타리아와 다를 바 없는 경제적 현실과, 부르주아의 기억과 꿈이 겹쳐지고 뒤섞여 만들어진 특이한 이데올로기라는 지적과 일치한다.[33] 카롤리네가 부르주아 세계로 비상(飛翔)하려다 좌절한 다음에 내뱉는 독백에는 사무원 계층의 한숨과 눈물이 섞여 있다.

카롤리네 : (혼잣말로) 우린 때때로 그런 동경을 분명 마음속에 지니고 있지. 그러나 그 다음엔 날개가 부러져서 되돌아오고 인생은 계속해서 흘러가지. 마치 우리가 한 번도 거기에 낀 적이 없었던 것처럼 — (I , 322)

호르바트는 「행복의 매거진」에서 '조국의 전당' 식의 대규모 모조품 쇼를 통해 '꿈의 제조공장' 의 허구성을 비판하고 있다. 이 작품의 초고에 따르면 '행복의 매거진' 에서는 각 층마다 이탈리아와 중동, 그린랜드, 파리, 시카고, 비인의 그린칭 거리, 그리고 천국이 모조품으로 만들어져 있고, 입구 오른쪽에는 목욕과 이발, 매니큐어, 마사지로 손님들의 피곤한 몸을 풀어줄 뿐만 아니라 종업원들이 유쾌한 대화로 손님들의 기운을 북돋아 주고 근심걱정을 잊어버리도록 심리상담까지 해준다는 것이다. 그러나 이 '행복의 매거진'에 돈을 대기로 한 공주는 그 돈으로 전쟁자금을 대는 것이 유리할 것 같아 망설인다(IV, 605). 결국 행복의 환상을 상품화하여 돈벌이를 하는 자본가가 전쟁에도 뒷돈을 댄다는 설정은 문화산업(오락산업)과 전쟁이 실은 같은 자본주의의 이윤추구 원리에 의해 움직이고 있음을 폭로한다.

지금까지 살펴본 대로, 호르바트는 자신이 처한 경제적인 현실과는 관계없이 부르주아적 허위의식에 얽매여 있는 소시민적 중산층이 파시즘의 추종자로 될 수밖에 없었던 사회심리학적 근거를 작품 속에서 제시하고 있다. 이러한 호르바트의 분석과 진단은 사무원과 수공업자, 상인, 관료, 자유직업인 등 이른바 신중산층에 속하는 소시민들이 나치당에서 다른 직업별 구성원보다 배나 많은 비중을 차지하고 있었다는 사실로도 그 정확성이 확인된다.[34] 그리고 앞서 3.2에서 설명했듯이 "사고와 감정의 구체적인 일상 현실과의 소외"[35]에 의해 소시민 계급이 "경제적으로는 좌편향으로, 의식면에서는 우편향으로 기우는"[36] 현상을 호르바트가 누구보다 앞서 짚어내어 형상화했다는 것은, 때로 사회과학이 학술적 논리의 그물 사이로 빠뜨리기 쉬운 진실도 작가는 거의 본능적인 직관과 감수성으로 예리하게 포착할 수 있다는 사실을 새삼스럽게 일깨워준다.

어쨌든 호르바트의 초기작품은 파시즘의 이데올로기적 구조와 경제적 · 사회심리학적인 발생조건을 연구하는 데 풍부한 자료를 제공해 주고 있다. 그리고 호르바트의 재발견이 아도르노나 호르크하이머의 '비판이론'(kritische Theorie)의 광범한 수용과 시기적으로 일치한다(1970년대초)는 사실도 이러한 사정과 긴밀한 연관이 있는 것임에 틀림없다.[37]

8

호르바트 민중극의 수용과 비판

지금까지 주로 소시민의 허위의식의 폭로와 비판이라는 관점에서 호르바트의 민중극 5편을 집중적으로 분석해 보았다. 그 결과 대략 다음과 같은 몇 가지 사실들을 잠정적으로 확인할 수 있었다.

호르바트는 독일 민중극의 모범처럼 여겨지던 비인의 전통 민중극에 대한 반발로 새로운 민중극 형식을 창출하려 시도했다. 그는 현대의 달라진 상황과 달라진 인간, 달라진 문제를 형상화하기 위해서는 당시 독일 국민의 대다수를 차지하고 있던 중간층 소시민을 민중의 전형으로 묘사해야 한다고 주장했다. 그러나 호르바트는 소시민을 의식화시켜 사회변혁에 나서도록 만들려는 브레히트와는 달리 이러한 소시민의 허위의식을 폭로하고 비판하는 데 주로 관심을 기울인다. 그리고 이러한 의식의 폭로를 위해서는 방언 대신 소시민층의 독특한 언어인 이른바 '교양은어'를 주요 수단으로 삼고 '아이로니와 진지함 (또는 리얼리즘)의 종합'을 통해 관객이 비판적 시선을 자기 자신에게 돌리도록 유도한다.

그런데 호르바트가 말하는 소시민은 맑스가 말하는 소시민과는 달리 경제적 기준에 의해 분류된 계층이 아니라 경제적인 소속계층에 관계없이 소시민적 허위의식에 빠져 있는 모든 사람을 가리킨다. 즉 소시민이란 그의 경우 이데올로기적 · 심리적 · 의식적인 측면에서 설정된 개념이다. 그리고 소시민은 대개 계층적으로는·중산층에 속하고 심리적으로는 일련의 속물적 특성을 드러낸다.

호르바트가 민중극이라고 분류한 희곡은 「케이블 카」와 「이탈리아의 밤」, 「비엔나 숲속의 이야기」, 「카지미르와 카롤리네」, 「믿음 사랑 소망」등 5편이다. 이중 「케이블 카」와 「믿음 사랑 소망」은 실제 사건을 극화한 것으로 전통극적인 플롯이 비교적 뚜렷하게 유지되고 있으나 나머지 세 작품은 플롯이 해체되거나 약화돼 플롯보다는 대사(언어)가 극의 핵심으로 기능하고 있다.

호르바트 민중극의 핵심요소는 이른바 '교양은어' 인데 이것은 단순히 전통 민중극에서 사용되는 방언이 아니라 소시민층이 계급탈락의 상처를 보상받거나 계급상승을 과시하기 위해, 허위의식에 도피하고 현상(現狀)을 유지하기 위해 사용하는 독특한 상투어이다. 그러므로 '교양은어' 는 언어학적인 개념이 아니라 사회학적 · 심리학적 개념이며 실제 무대 위에서는 평소에는 방언을 쓰다가 억지로 표준어를 쓰려는 사람의 어설픈 표준어로 나타난다. 이러한 '교양은어' 는 독자적인 사고나 판단에서 나온 자기표현이 아니라 관청이나 학교, 군대, 책, 신문, 방송, 잡지 등을 통해 외부에서 제공되는, 기성품적인 상투적 표현들이다. 소시민은 "언어의 개방성과 생산적 가능성" — 즉 새로운 현실을 이름붙이고 언표하려는 노력을 포기함으로써 현실파악의 탄력성 있는 도구로써 언어를 사용하지 못하고 거꾸로 언어 속에 파악된 현실을 수동적으로 받아들인다. 그 결과 현실의 왜곡과 은폐, 의식의 고착화가 이루어진다. 호르바트의 인물들은 현실과의 연관이 단절된 채 내용이 텅 비고 껍질만 남은 상투어들을 부적절하게 자의적으로 사용하기 때문에, 의

미와 연결이 이루어지는 의사소통을 하지 못하고 그저 스쳐지나가는 대화를 나눌 뿐이다. 이것은 바로 현대극의 특징이자 언행의 불일치와 대화의 단절을 낳는 현대사회의 소외를 반영한다.

상투어들로 연결되는 이러한 호르바트식 대화는 관객의 비판적 관찰에 의해 말하는 사람의 의식이 스스로 폭로되도록 한다. 이러한 의식의 폭로는 극중에서 특히 '침묵' 으로 표시된 곳에서 나타난다. 여기서는 등장인물 사이에서 '의식과 무의식의 투쟁' 이 벌어지고 표면적인 말과 행동의 차원 뒤에서 일종의 '내적 대화' 가 이루어진다. 이러한 '내적 대화' 는 등장인물 사이에서도 이루어지지만, 작가와 관객 사이에도 이루어진다. 작가가 '침묵' 이라고 표시한, 대화중의 휴지(休止)에 꼼꼼하게 주의를 기울이라고 연출가에게 요구하고 있는 것은 이것이 그의 연극술에서 중요한 이중의 커뮤니케이션 기능을 맡고 있기 때문이다.

허위의식의 폭로에는 음악도 중요한 역할을 담당한다. 호르바트의 민중극에는 예외없이 음악이나 노래가 사용되는데 크게 보면 소시민적인 키치 정서를 일깨우는 음악 (가령 요한 슈트라우스의 왈츠나 푸치니의 아리아 '그대의 찬 손' , 슈만의 '트로이메라이' , 쇼팽의 '장송 행진곡' , 민요나 유행가 따위)과 국가권력을 상징하는 일련의 행진곡들 (프로이센과 오스트리아의 행진곡들)이 대사 및 사건진행과 대조를 이루거나 그것들을 강화하기 위해 사용된다. 그러나 피아노 연주의 갑작스런 중단은 '침묵' 처럼 소시민적 안락함과 허위성이 깨지는 것을 드러내는 일종의 소외효과를 자아낸다(「비엔나 숲속의 이야기」).

호르바트의 민중극은 브레히트의 서사극처럼 친숙하고 자명한 것을 낯설게 함으로써 관객으로 하여금 삶의 겉껍질 뒤에 숨은 진실을 깨닫게 하려 한다. 민중극은 대개 아리스토텔레스적 연극의 구성원칙이 무시되고 (「케이블 카」는 제외) 극적 긴장 요인이 약화된 일종의 개방적 형식으로 되어 있다. 「이탈리아의 밤」과 「믿음 사랑 소망」에서는 개방적 형식과 폐쇄적 형식이 혼용되고 있으나 「비엔나 숲속의 이야기」와 「카지미르와 카롤리네」에서는 점차 개방적 형식이 우세해진다. 민중극에서는 "부분부분의 방법이 전체적 윤곽의 내용보다 중요시되며 뼈대를 얽어매기보다 채워넣기에 호르바트의 특기가 발휘된다." 이런 점에서 "민중극은 서사적 구조의 특수한 변형"이다. 극의 진행은 긴밀한 인과관계에 의해 연속적으로 이루어지지 않고 전체가 여러 개의 단면으로 나뉘어 병렬적 · 단속적(斷續的)으로 제시된다. 특히 「카지미르와 카롤리네」에서는 영화에서 보듯이 재빠른 장면전환이 이루어지며 「비엔나 숲속의 이야기」에서는 대조적인 장면을 잇달아 제시하는 대조기법이 즐겨 사용된다. 이것은 관객에게 친숙하고 진부한 분위기나 감정을 환기시켜 감정이입을 유도한 다음, 갑자기 냉혹한 현실과 충돌시켜 감정이입을 깨뜨리는, 이른바 키치 감정에 의한 키치의 폭로를 야기시킨다. 브레히트가 감정이입을 차단하여 관객으로 하여금 무대를 객관화하여 관찰할 수 있게 하는 반면, 호르바트는 오히려 감정이입을 조장한 다음 갑자기 파괴함으로써 일상적 현실이 섬찟하게 느껴지도록 하는 수법을 쓴다. 이를 통해 부분부분은 희극적인 것이 전체적으로는 비극적인 것으로 부각된다.

이러한 서사적 특징은 극의 종결이 극의 시작과 같거나 비슷한 이른바 '순환구조'에서도 나타난다(「이탈리아의 밤」, 「비엔나 숲속의 이야기」, 「카지미르와 카롤리네」). 음악의 론도 형식과 비슷한 순환구조적 또는 원점회귀형 장면 배열은 중간 단계에서의 변주에도 불구하고 결국에는 허위의식의 완강함에 의해 소시민적 질서가 회복되어 소시민적 삶이 영원히 순환 · 반복되는 것을 나타낸다. 이것은 또한 도그마에 의한 낙관적 전망을 거부하는 작가의 비관적인 관점을 반영한다. 그래서 전통 민중극의 화해적 결말 대신, 새로운 불행의 시작을 암시하는 결말이 제시된다.

이상 호르바트의 민중극에 나타난 소시민의 허위의식은 일련의 속물적 증후군으로 드러난다. 이것을 사회심리학에서는 주체적 판단력과 인식 · 표현 능력이 상실되어 외부적 요인에 좌우되는, 타율적 규정에 의한 집단적인 자아쇠약증이라고 설명한다. 이것은 바로 소시민층의 생산력 감퇴와 연결된 현상이다. 소시민의식은 또한 키치 감정에 의해 표현되는데 이는 '감정의 인플레' 이자 '자기 완결적인 모방체제' 이며 '무반성적인 모호한 감정' 이다. 소시민 계급의 각질화된 관념과 사고관습은 냉혹한 현실에 대한 합리적인 대응을 불가능하게 한다.

호르바트는 모든 정치적 강령과 이데올로기에 대해 거부감을 표시하지만 가혹한 현실세계의 희생자인 여성들에 대해서는 지지와 동정을 숨기지 않는다. 그는 사회의 억압체제가 남성의 여성착취와 가부장적 지배로 재생산된다고 본다. 여성들은 사랑에서 구원을 찾으려 하나 대개는 남성들의 장삿속에 이용당할 뿐이다. 호르바트의 경우 소시민성은 계급갈등보다는 성적 차별에 의해 보다 뚜렷이 나타난다. 그러나 작품 속에서 여성해방을 쟁취하는 여성은 없고 모두 결혼과 가정이라는 더없이 끔찍하고 고통스러운 '완만한 죽음' 으로 빠져 들어간다.

호르바트는 그의 민중극을 비롯한 모든 작품에서 소시민의 허위의식이 나치즘의 정신적 온상임을 날카롭게 드러내고 있다. 계급탈락자로서 절망과 좌절 속에 방황하는 소시민층의 경제적 불안정과 안이한 적응력, 비열함과 잔인성에 대한 묵인은 결국 나치스의 극우보수주의에 함몰하는데, 이는 극중의 소시민들에게서 어렵지 않게 확인할 수 있다. 이러한 호르바트의 진단은 그 후 역사적으로 그 정당성이 입증되었지만 특히 "경제적으로는 좌편향으로, 의식면에서는 우편향으로 기우는"

바이마르공화국 말기의 시대적 변화를 민감하게 포착하여 정밀한 언어와 투시력 있는 시선으로 형상화했다는 데서 호르바트 문학의 고전적 가치와 생생한 현실성을 찾을 수 있다.

이제는 결론을 대신하여 호르바트 민중극의 수용과정을 살펴봄으로써 민중극의 성과와 문제점을 점검해 보기로 하자. 흔히 호르바트의 수용과정은 3단계 내지 4단계로 나누어 설명된다. 프리츠는 ① 망각기(1945~1960)와 ② 조심스런 수용기(1960~1968) ③ 호르바트 붐(1968~1972)의 3단계로 구분하고 있으며 슐테는 여기에 ④ 호르바트가 현대의 고전작가로 확고한 위치를 차지하게 된 정착기(1972년 이후)를 추가하여 4단계를 제시하고 있다.[1)]

그런데 호르바트의 민중극이 일반의 관심을 끌고 무대에서 자주 공연되기 시작한 것은 학생운동의 영향으로 연극의 정치화 경향이 두드러지고 '민중극' 에 대한 관심이 높아진 1968년 이후이다. 이 때 호르바트는 브레히트와 더불어 가장 '현실성이 있는' 극작가로 각광을 받았다.

호르바트는 특히 1970년대 초의 '호르바트 르네상스' 물결을 타고 1930년 전후의 독일 중산층과 프롤레타리아에 관한 날카로운 분석가로서, 파시즘의 발생사를 심리학적으로 예리하게 추적한 극작가로서 평가되었다. 브레히트가 구체적인 독일적 상황에서 벗어나 가상의 나라에 모델식으로 설정한 우화 속으로 '도피' 하는 것과는 달리 호르바트는 '지금 · 이곳' 에 눈을 돌려 독일적 현실을 냉철하게 묘사한 리얼리스트로 찬양되었다.[2)] 호르바트는 또한 맑스주의자는 아니지만 비판적 · 계몽적 리얼리스트로서 계급적 입장과 계급의식을 작품의 바탕에 깔고 있으나 도식적인 흑백이분법에 빠지지 않고 브레히트가 놓치고 있는 '개인' 의 문제에 자상한 눈길을 보낸 작가로 호감을 샀다. 그래서 한트케(P. Handke) 같은 작가는 "브레히트보다 호르바트가 낫다" 고 말하기도 한다.[3] 이것은 브레히트가 일종의 유행처럼 통속화되고 상업화되고 신비화된 데 대한 반발임이 분명하지만 자칫하면 또 다른 식의 호르바트 유행을 덧붙일 우려가 있는 수용태도이다. 따라서 라이히 라니츠키의 말대로 호르바트를 평면적으로 브레히트와 비교하여 우월을 따지기보다는 각기 개성이 다른 두 작가의 독자적인 작품세계를 인정하고 평가하는 것이 온당한 수용태도일 것이다.[4]

호르바트가 1960년대의 새로운 '민중극' 작가들로부터 호의적인 평가를 받은 것은 특히 언어를 통해 자본주의 사회의 구조적 문제점들을 정밀하게 형상화한 '총체적 은어' 가 지닌 매력 때문이었다. 사실 호르바트의 문학적 성취로 가장 먼저 꼽을 수 있는 것은 바로 정교하고 침투력이 있는 새로운 무대언어의 창조에 있다고 볼 수 있다. 이 점에서 호르바트는 뷔히너에서 시작되어 한트케로 이어지는 언어극의 맥락에서도 중요한 위치를 차지하고 있다.

그러나 호르바트는 '민중을 위한, 민중에 관한 연극' 으로서의 '민중극' 을 지향하고, 전통 민중극의 '반민중성' 을 극복하기 위해, 현실정치적인 문제를 민중극의 주제로 삼아 날카로운 현실비판의 기능을 살려내기는 했으나, 그가 내세우는 '의식의 폭로' 는 일반 '민중' 이 아닌 극장 '관객' 에게만 적용되는 한계를 지니고 있다. 다시 말해 호르바트의 민중극은 폭넓은 일반 대중이 아니라 그가 공격목표로 삼은 소시민의 일종인 일부 진보적 지식인들에 의해 수용되고 평가되었던 것이다. 이것은 호르바트의 민중극이 서구식 극장연극의 틀을 벗어나지 못한 탓이다. 브레히트의 경우처럼 아무리 계몽적인 민중지향적 연극도 극장이라는 제도의 제약을 벗어나지 못하는 한 결국 부르주아 관객을 대상으로 하는 부르주아 연극일 수밖에 없기 때문이다. 이런 점에서 호르바트의 폭넓은 수용과 평가가 일반 극장무대가 아닌 텔레비전에 의해 촉진되었다는 사실은 아이러니칼하면서도 오늘날의 '민중극' 이 지닌 근본적인 한계를 드러내고 있다.

호르바트의 민중극은 전통적 민중극 형식 속에 현대적 내용을 담아내고, 정교한 언어로 소시민의 허위의식을 날카롭게 폭로함으로써 민중극의 쇄신과 문학성의 제고에는 성공했으나 바로 그러한 고도의 문학성이 민중극의 기반이 되는 대중성에는 장애요인으로 작용했다. 그의 민중극은 고도의 언어감각을 지닌 관객만이 제대로 이해하고 그 묘미를 느낄 수 있는데, 보통의 관객은 이러한 능력을 가지고 있지 않기 때문이다. 그래서 호르바트의 민중극은 작품의 수용과정에서 보듯이 민중극이 도달하고자 했던 최종목표인 민중이 아니라 공격목표로 삼았던 소시민층에 의해 수용되고 평가되었다. 이는 브레히트가 1960년대의 민중극 작가들과 더불어 경험한 딜레마이며, 크게 보면 '민중극' 을 지향하는 모든 극작가나 연극운동가들이 필연적으로 부딪치는 자기모순이자 민중극이 목표로 하는 진정한 민중성을 획득하기 위해 어떤 식으로든 반드시 해결해야 할 숙명적인 과제라 하겠다.

우리의 경험으로도 1970년대에 시작된 '마당극운동' 이 일종의 '민중극운동' 을 표방하면서 전통극의 형식을 원용한 현실문제의 연극적 형상화에는 성공했으나 아직도 폭넓은 일반대중에 접근하지 못하고 있는 것은 '마당극' 이 진정한 '민중성' 과 '대중성' 의 획득에는 일정한 한계를 지니고 있음을 드러낸다. 시대적 상황 때문에 마당극이 소수의 대중을 상대로 지하에서 공연되는 일종의 소규모 저항매체로 태어난 것이 태생적 한계라면, 언론과 표현의 자유에 대한 억압(검열과 공연허가, 지원금 배분)과 텔레비전과 컴퓨터, 영화, 시디(CD), 비디오, 아이폰, 디지털 카메라 등 새로운 매체의 등장은 또 다른 외부적 제약으로 작용하고 있다.

그러나 우리의 현실에서도 호르바트의 현실성은 결코 무시할 수 없다. 그 까닭은 호르바트가 붙들고 씨름했던 '소시민의 허위의식' 이라는 문제가 오늘의 우리 현실에서도 가장 핵심적인 문제의 하나로 부각되고 있기 때문이다. 30년에 걸친 군사독재 체제를 무너뜨리고 형식적인 민주화를 달성하여 10년간의 민주정부를 경험한 국민이 어째서 파시스트적인 정권을 압도적으로 지지하게 되었는지 많은 학자들이 나름대로 분석과 대안을 내놓고 있으나, 설득력 있고 통찰력 있는 분석은 찾아보기 힘들다. 1920년대와 30년대의 독일사회의 핵심문제를 '소시민의식' 으로 파악하고 이를 예리하고 정교한 언어로 형상화한 호르바트가 돋보이는 이유는 여기에 있다. 대다수의 민중이 '소시민적 허위의식' 에 사로잡혀 있는 한, 작게는 '민중극' 의 대중적 확산을 기대할 수는 없으며, 크게는 사회 전체의 민주적 변혁도 헛된 꿈에 불과할 것이다. 또한 호르바트가 '민중극' 에서 묘사했듯이 '소시민의 허위의식' 은 극우보수적 파시즘의 온상이 될 수 있으며 이 점에서 호르바트의 경고는 오늘날의 우리 현실에서도 오히려 더욱 생생하게 살아난다.

9

보론 : 소설 『영원한 속물』

9.1 세태소설/풍속소설

셰익스피어가 시인이 아니라 극작가로 기억되듯이, 호르바트도 소설가가 아닌 극작가로 알려져 있고, 그의 소설은 부차적인 작품, 즉 서자 취급을 받아왔다. 그래서 그의 산문작품들은 그 자체로서 평가되지 못하고 드라마의 소재로서 다루어졌을 뿐이다. 가령 카라젝(H. Karasek) 같은 평론가는 그의 산문작품들이 초고 형태의 가벼운 스케치 같은 인상을 준다면서 "호르바트의 산문은 주제가 완벽한 형식을 발견하지 못한 채로 있다가 언제 어떻게 해서 그 주제에 걸맞는 소재를 찾아내고 그 주변을 맴돌다가 비로소 드라마 속에 정착시키는가를 더욱 더 뚜렷하게 보여준다"[1]고 말한다.

이런 가운데서도, 망명중인 1938년에 발표된 두 편의 장편소설 『우리 시대의 아이』(Ein Kind unserer Zeit)와 『신 없는 청춘』(Jugend ohne Gott)은 비교적 독자와 평론가들의 주목을 받아왔다. 그러나 이와는 달리 1930년에 출판된 호르바트의 첫 번째 장편소설 『영원한 속물』은 대체로 경박한 세태소설로 치부되어 본격적인 논의의 대상에서 제외되었다. 그러다가 1970년대에 라이히-라니츠키를 비롯한 평론가들에 의해 뒤늦게 당대 사회에 대한 세밀한 풍속화로서, 특히 독일 소시민의 의식 속에서 진행되는 파시즘의 내면화과정을 보여주는 사회학적 보고서로 평가되면서 어느덧 '근대의 고전'으로 격상되었다. 라이히-라니츠키는 특히 바이마르 공화국 시대의 경제적 궁핍 속에서 남성들의 탐욕에 희생되는 여성의 운명을 그린 이 소설에 각별한 이미를 부여했다.[2] 같은 시기에 평론가 예니(U. Jenny)는 소설 『영원한 속물』을 네 편의 민중극, 즉 「이탈리아의 밤」(Italienische Nacht), 「비엔나 숲속의 이야기」(Geschichten aus dem Wiener Wald), 「카지미르와 카롤리네」(Kasimir und Karoline), 「믿음 사랑 소망」(Glaube Liebe Hoffnung)과 함께 호르바트의 대표작으로 꼽았다.[3]

그런데도 이 소설은 지금까지 한국 독문학계에서 본격적인 연구와 평가의 대상이 되지 못했다. 국내에는 작품의 번역이나 소개는 물론이고 제대로 된 연구 논문조차 나오지 않고 있다. 필자는 이러한 사정을 감안하여『영원한 속물』을 소개, 분석하면서 이 작품에서 바이마르공화국 시대의 독일사회가 어떻게 묘사되고 있는지 살펴보려고 한다.

9.2 『영원한 속물』의 기형적 구조

1930년 베를린의 프로필렌(Propyläen) 출판사에서 단행본으로 출간된 『영원한 속물』에는 '교화적인 3부작 장편소설'이라는 부제가 붙어 있다. 이 부제는 호르바트가 괴테의 교육소설(Bildungsroman) 또는 교화소설(Erbaulicher Roman)인 『빌헬름 마이스터의 수업시대』(Wilhelm Meisters

Lehrjahre)에 대한 패러디로 이 소설을 구상했음을 말해준다.[4)]

이 소설은 3부로 이루어져 있는데, 전집 3권을 기준으로 보면 그 소제목과 분량은 다음과 같다.

1부. 코블러 씨 범유럽주의자가 되다. (149~239) : 91면

2부. 폴링거 양 실용적으로 변하다. (240~261) : 22면

3부. 라이트호퍼 씨 이타적으로 변하다. (262~278) : 17면

여기서 보듯이 1부에 비해 2부와 3부는 그 분량이 4분의 1 이하밖에 되지 않아, 전체적으로 심한 불균형을 드러낸다. 그런데 전집 4권에 수록된 초고에 따르면 '폴링거 양, 실용적으로 변하다'는 99면에 이르는 방대한 분량으로 씌어져 있음을 알 수 있다. 그 내용은 출판된 소설의 2부 '폴링거 양, 실용적으로 변하다'와 3부 '라이트호퍼 씨, 이타적으로 변하다'의 내용을 합친 것으로 보다 장황하고 상세한 묘사를 담고 있다.

그렇다면, 이 소설은 왜 초고단계와는 다른 기형적인 형태로 출판되었을까? 짐작컨대 출판사측은 당시의 다른 비평가들처럼 호르바트의 소설이 지닌 특징이자 장점인 세부 묘사, 본줄거리와는 다소 동떨어진 것 같으면서도 당시의 현실을 생생하게 보여주는 대화와 장면, 에피소드들을, 세태묘사에 치우친, 너무 가볍고 피상적인 스케치라고 보고 작가에게 내용을 대폭 줄이라고 요구했던 것 같다.[5)] 그 결과 호르바트의 특기인 세태묘사와 세태풍자, 특히 어리숙한 사무원 아가씨(폴링거 양)와 고지식하고 착실한 하급노동자(식당 종업원 라이트호퍼)가 험한 세파에 어떻게 부대끼고 어떻게 처신하며 어떻게 변모하는가를 세밀하게 추적한 이 소설의 2부와 3부는 대부분 삭제되고 말았다.

호르바트는 평소에 시장바닥과 대중적인 맥주집, 운동경기장, 다방, 싸구려 식당, 교외의 선술집을 좋아했다고 한다. 거기서 그는 소박한 서민들의 대화와 말투, 행동거지 등을 세밀하게 관찰하여 메모해 놓고, 필

요할 경우 이를 짜깁기해 작품에 써먹었다. 이처럼 개별적인 텍스트들을 잘라 내고 새로운 텍스트들을 붙여 넣는 몽타주 기법이 호르바트의 드라마와 마찬가지로 그의 산문작품들에서도 사용되었다. 『영원한 속물』의 완성된 원고에는 숱한 이음새와 다양한 인쇄활자가 보이는데, 이것은 이 소설이 연속적인 작업과정을 통해 탄생한 것이 아니라 수많은 크고 작은 텍스트 조각들이 짜깁기되어 만들어졌음을 증명한다. 이 때문에 완성된 소설에는 엄격한 논리적 구성이 결여돼 있다. 인과관계에 의한 긴밀한 연결이 아니라, 느슨한 연결과 즉흥적이고 연상적인 배열이 구성원칙으로 작용한다.

『영원한 속물』의 이야기 줄거리는 갑자기 큰돈이 생긴 코블러가 바르셀로나 박람회 구경을 가고, 폴링거 양이 실직 이후 창녀로 전락했다가 라이트호퍼의 도움으로 새로운 일자리를 찾는다는 몇 줄로 요약할 수 있다. 이 소설의 감칠맛은 수많은 개별적인 관찰들과 조그만 이야기들, 부분적으로는 진행되는 소설의 본줄거리와는 아주 느슨하게만 연결돼 있는 디테일들에 있다.

보통 장편소설을 펼치면서 진지한 주제와 치밀한 구성, 깊이 있는 통찰을 담은 격조 높은 문장을 기대하는 독자나 비평가는 대체로 호르바트의 이 소설에 실망감을 금치 못할 것이다. 그러나 이 소설의 장점과 묘미는 별 볼일 없는 서민 대중, 어중이떠중이들의 상투적이고 단순한 말투와 불합리하고 대중할 수 없는 사고방식과 행동양식을 있는 그대로 생생하게 보여주는 데 있다. 그리고 이를 통해 당시 독일사회를 지배하고 있는 소시민들의 맹목적인 심리적 편향들, 이를테면 반유태주의와 인종주의, 전체주의, 반공의식, 가부장적 남성우월주의 등 이른바 파시즘의 대중심리를 세밀하게 드러내 보여준다는 점에서 이 작품의 남다른 의미를 찾을 수 있다.

가령 원래의 초고에 나오는 '코블러 씨 범유럽주의자가 되다'를 보면, 고물차를 속여 팔아 거금 6백 마르크를 손에 쥔 자동차 중개상 코블러에게 친구인 카쿠슈케는 유망한 발명품 사업에 투자하라고 유혹한다. "그건 발명 일이야. 게다가 애국적인 사업이지. 그 발명가는 새로운 가스, 즉 독가스를 발명했어. 단추 하나만 누르면 주변의 모든 것을 가스로 해치워서 3백 년 동안 풀 한 포기 자랄 수 없게 되지. 그건 환상적인 발명이야. 특히 독일에게는!" (IV. 467) 프랑스인 아내에게 불만이 많은 카쿠슈케는 감정이 격해져 이렇게 외친다 : "아, 난 프랑스 놈들을 잘 알아요! 프랑스 놈들은 남녀를 가리지 않고 모조리 독가스로 해치워야 합니다! 난 여자라고 해서 봐주지 않아요. 절대로!" (IV. 470)

코블러는 속으로 이런 카쿠슈케를 비웃으며 통일 유럽의 구상을 펼친다. "이 쓰레기 같은 놈, 이 썩어빠진 인간, 민족주의 이상주의자. 바보 천치. 히틀러 같은 놈. 정치선동꾼. 광신자. (…) 정치란 모름지기 건전한 인간의 이성의 규칙에 따라, 냉정하게, 사업원칙에 따라서 하는 거야. (…) 이런 상황에서는 모조리 독가스로 해치우면 좋겠지만, 내 돈 6백 마르크를 가지고는 어림도 없지! 제대로 된 가스와 제대로 된 작동 시스템이 있다고 해도, 그건 어디까지나 사업이거든. 그러면 우리 독일은 과거의 패권을 되찾기 위해 틀림없이 다시 선전포고를 할 거야. 그렇게 되면 우리 독일인들은 전세계를 상대로 우리의 고물 카브리올렛 차를 쉽게 팔아먹을 수 있겠지. 내가 포르쉥거에게 한 것처럼! 그렇게만 된다면 더 바랄 나위가 없지! 그렇지만 유감스럽게도 무력을 사용하지 않는 한, 그건 꿈에 지나지 않아" (IV. 471).

이런 대목은 소설 전체의 줄거리와는 별 상관이 없는, 일종의 삽화에 불과하다. 그렇지만, 여기 나타나는 카쿠슈케라는 한 독일 소시민의 허황한 구상은 10년 후, 나치 독일이 실제로 아우슈비츠를 비롯한 유대인 수용소에서 조직적으로 자행한 대량학살을 섬뜩하게 미리 보여주고 있다. 이런 카쿠슈케를 히틀러 같은 민족주의 광신자라고 비웃는 코블러도 통일 유럽의 이상을 꿈꾸지만, 그가 구상하는 통일 유럽은 결국 무력에 의한 통일이고, 그 궁극적 목적도 독일이 왕년의 패권을 되찾아 다른 나라를 상대로 마음껏 고물차를 팔아먹는 것이다. 코블러의 통일 유럽은 따지고 보면 장사꾼의 제국주의적 상품판매권 획득에 지나지 않는다. 그리고 그것을 위해서는 또 다른 전쟁도 불사한다는 점에서 코블러의 의식도 카쿠슈케의 의식과 오십보백보인 셈이다. 이처럼 의미심장한 대목이 작가의 자기검열에 의한 것인지, 아니면 출판사 측의 요구에 따른 것이지, 초고에서 삭제되어 독자들에게 전달되지 않은 것은 참으로 유감스러운 일이다. 사정이 허락한다면, 삭제되지 않은 초고대로 이 소설을 복원, 출판하여 독자들의 판단에 맡기는 것은 어떨까, 하는 생각이 들 정도이다.

9.3 소시민의식의 폭로와 교양은어

이 소설은 속물들에 대한 냉소적 표현들로 가득 차 있는데, 호르바트는 민중극에서와 마찬가지로 등장인물들이 나누는 대화를 통해 스스로 자신의 의식을 폭로하도록 하는 기법을 주로 사용한다. 예컨대 슈미츠와 코블러의 대화는 이런 사례의 하나이다. 코블러는 바르셀로나로 가는 열차 안에서 우연히 슈미츠라는 오스트리아 비인 출신의 기자를 만난다. 슈미츠는 거의 사흘 동안 제대로 된 담소를 나누지 못했다면서 코블러에게 말을 붙이려 한다. 코블러는 속으로 '이 개자식 때문에 잠자기는 틀렸구나, 저 자식의 아구통을 한 대 갈겼으면 좋겠다' 고 생각한다. 그러나 그는 상대방에게 신문을 좀 빌려 볼 수 있겠느냐고 묻는다. 슈미츠는 기꺼이 신문을 보라고 내주면서 독일어 신문을 제외한 나머지 이탈리아, 프랑스, 체코, 폴란드, 루마니아 등 각국어로 된 신문들을 창밖으로 내던진다. 잠시 후 창문을 통해 날아든 신문지에 얼굴을 맞은 검은 셔츠를 입은 이탈리아 파시스트가 나타나 당신이 신문지를 버렸느냐고 추궁하자 그는 유창한 이탈리아 말로 자기는 지금까지 일생 동안 단 한번도 신문지를 창밖으로 버린 적이 없다고 잡아뗀다. 그렇게 파시스트를 물리친 슈미츠는 의기양양하게 자랑한다. "난 누구한테도 약점을 잡히지 않지요. 난 노련한 여행자랍니다!" "그런데 자기 자랑이 심하면 구린내가 나는 법이지요" "난 원래 그렇게 돼 먹은 사람이랍니다. 그 때문에 기분이 상하지는 마시기를 바랍니다. 내가 잘못 보지 않았다면, 난 당신보다 20년은 나이가 많을 거요. 군대는 갔다 왔습니까?" "난 지금 밀라노까지 여행하는 중입니다." 군대 얘기가 나오자 코블러는 갑자기 말머리를 돌리면서 꼬리를 내린다. 그는 1차세계대전 때 코흘리개였으므로 군대에 간 적이 없었고, 나이든 사람들과 얘기할 때면 늘 군대 안 갔다 온 것에 대해 콤플렉스를 느끼기 때문이다.(III, 191~192)

이밖에도 작가는 의도적으로 등장인물들의 공공석상에서와는 다른 본모습을 슬며시 보여줌으로써 독자에게 즐거움을 제공한다. 가령 호기심 많은 하숙집 여주인이 열쇠 구멍을 통해 앞서 작가에 의해 "우아한 인물"로 소개된 블랑케즈 백작이 콧구멍을 후비고 여드름을 짜는 모습을 지켜보는 대목(III, 157~158) 이 그러하다.

이와 마찬가지로 작가는 작중 인물이 입 밖에 내어 말하지 않고 속으로 생각하는 것을 독자에게 슬쩍 알려준다. 가령 코블러와 슈미츠가 서로 인사를 튼 다음 침묵이 나타나는데, 이때 코블러는 이렇게 생각한다 : "이 침묵의 순간에 두 사람은 서로에 대해 곰곰이 생각했다. 나는 지금까지 문필가는 단 하나밖에 모르는데, 그는 언제나 제정신이 아닌 시인이었지. 이 문필가가 혹시 나에게 유익할지도 몰라. 잘하면 이 친구를 등쳐먹을 수도 있을지 몰라."(Ⅲ, 196)

작가가 이야기를 전해주는 역할에서 벗어나 갑자기 논평적 자세를 취하는 경우도 자주 나타난다. 가령 다음의 대목을 보자 : "난 지금까지 그런 병에 걸린 적이 없어요"라고 코블러는 말했다. **그건 거짓말이었다.** "나도 지금까지 그럼 병에 걸린 적이 없습니다."라고 슈미츠도 고개를 끄덕였다. **그것 역시 거짓말이었다.**(Ⅲ, 211. 강조는 인용자.) 여기서 '그런 병' 이란 성병을 가리킨다.

생각하기를 두려워하는 소시민은 이미 마련되거나 찍어낸 기성품적인 말에 기꺼이 의존한다. 그것이 부르조아적 교양을 나타내는 말이건, 아니면 전후맥락과는 어긋나거나 아무 생각없이 인용하는 이데올로기의 파편이건, 아무데서나 자의적으로 기성품적인 상투적 표현들을 남용한다. 소시민과 속물이 애용하는 이러한 특이한 말투를 호르바트는 '교양은어' 라고 부른다.[6)]

하층 계급 출신이 고상한 언어를 사용함으로써 사회적 상승을 촉진하거나 확고히 하려고 시도할 경우에, 흔히 말을 더듬거나 이미 극복했다고 생각한 예전의 말투로 돌아가는 일이 일어난다. 가령 코블러에게 속아 고물 오픈 카를 비싼 값에 사가는 포르쉉거는 기분이 좋아지자 더 이상 표준어를 쓰지 않고 시골 사투리로 떠든다. "내 차를 타고 가니 냄새나는 기차를 타고 가는 것보다 허벌나게 좋구먼"(Ⅲ, 150). 마찬가지로 상위계층에서 탈락한 사람들도 그들의 몰락을, 새로운 물질적 기반과는 더 이상 어울리지 않는 과장된 문화적 제스처로 은폐하려고 시도한다. 예컨대 영락한 의사의 미망인 페르츨 부인은 중산층 부르주아의 교양인 클래식 음악에 심취하는 척하고 자신의 처지로서는 불가능한 해외여행을 꿈꾼다. 계급탈락자인 페르츨 부인과 계급상승자인 코블러는 같은 지붕 밑에 살면서 '교양은어'를 통해 겉보기에는 깍듯이 예의를 차리지만, 상대방의 약점을 너무 잘 알고 있기 때문에 속으로는 경멸하고 조롱한다.

> "페르츨 부인, 말 좀 해 보세요. 왜 내가 손님을 맞을 때마다 몰래 엿듣지요?" "난 엿듣지 않았어요!" 페르츨 부인은 항의하면서 거세게 손을 내저었다. "난 막 라디오를 듣고 있었어요. 그렇지만 난 클라식 사중주를 전혀 들을 수 없었어요. 두 양반이 너무 큰 소리로 자기 의견을 말하는 통에 말이에요! 내 말을 믿으세요. 난 음악에 심취하고 싶었어요. 당신네들의 상스런 욕설을 듣기보다는!" "아 좋습니다, 페르츨 부인, 그런 뜻으로 한 말은 아닙니다." 코블러는 한 발짝 뒤로 물러섰다. 그러는 동안 그녀는 죄없이 박해를 받은 사람으로서 우쭐거리며 이렇게 말했다 "난 외국 여러 나라들을 생각할 때면 지상에서 붕 떠오른 것 같아요. 난 아바지아에 너무너무 가고 싶어요."(III, 161~162)

호르바트는 1901년 오스트리아 · 헝가리 제국의 아드리아 해안 도시 피우메에서 태어나 베오그라드, 부다페스트, 프레스부르크, 비인, 뮌헨 등지에서 자랐다. "나는 학교를 다니는 동안 학습언어를 4번 바꾸었고, 다른 도시의 거의 모든 학급에서 배웠다. 그 결과 나는 어떤 언어도 제대로 할 수 없었다. [...] 14살이 되어서야 나는 처음으로 독일어 문장을 썼다."(III, 7) 이런 특수한 성장환경 때문에 독일어 구사 능력에 관한 의구심을 자아낼 만큼 그의 독일어 문장들은 엉성하다. 라이히-라니츠키는 "그의 문장들은 색깔이 없고 삭막하며, 이런 서투르고 어색한 독일어는 의도된 것이 결코 아니다"[7]라고 말한다.

그러나 이를 뒤집어 생각하면, 그는 어린 시절부터 독일어를 모국어로 사용하지 않고, 여러가지 이질적인 언어로 교육받았기 때문에, 오히려 토박이 독일인들보다 더 예민하게 일상어의 뉘앙스와 특성, 음영을 느낄 수 있었을 것이라고 라이히-라니츠키는 지적한다.[8] 그리고 이런 언어적 민감성과 넝마주이처럼 부지런한 언어수집벽을 통해 호르바트는 1920년대 독일 소시민이 즐겨 사용하는 구어적인 일상어와 주워들은 교양은어들을 찾아내어 무대언어와 창작언어로 정착시켰다. 그 결과 작가 호르바트의 언어는 빈약하면서 또한 양식적으로 정교한 경지에 도달하게 되었다는 것이다.

그런데 작가 자신은 이러한 '교양은어'의 한 마디 한 마디가 "리얼리즘과 이로니의 종합"(IV, 663)이라고 강조했다는 점에 주목해야 한다. "방언 : 어떤 방언도 한마디도 해서는 안 된다. 모든 단어는 표준어로 말해야 한다. 그러나 다른 경우에는 방언을 사용하다가 지금은 표준어를 사용하려고 애쓰는 사람처럼 말해야 한다. 이것이 매우 중요하다! 왜냐하면 모든 이를 통해 모든 단어에는 리얼리즘과 이로니의 종합이 일어난다. 잠재의식의 코믹. 고전적인 화자(話者). 내 드라마들은 대화에 의해 성패가 좌우된다는 점을 잊지 말라."(같은 곳) 이것은 민중극의 연출가를 위한 조언이지만, 우리는 여기서 '교양은어'를 통해 소시민의 허위의식을 드러내려는 작가의 치밀한 계산을 읽을 수 있다. 결국 호르바트는 당시의 독일 소시민들의 특이한 언어인 '교양은어'를 통해 당시의 세태를 묘사하면서 동시에 풍자하려 했던 것이다.

그러나 호르바트는 소시민적 일상의 몰가치적인 모방적 묘사에 만족하지 않았다. 왜냐하면 그는 문학적 대상 이외에 잠재적 독자까지 염두에 두었기 때문이다. 그는 문학을 통해 독자에게 자기 자신의 존재에 대해 성찰하도록 강요하려고 했다. 단순한 모사적 리얼리즘에만 집착할 경우, 자칫하면 묘사된 것을 정당화하는 위험을 피하기 위해 그는 부단히 묘사된 것을 상대화한다. 다시 말해 그는 독자로 하여금 말해진 것과 진술된 것이 실제와 일치하는지 확신할 수 없도록 계속 불안정한 상황으로 내몬다.

호르바트는 현실의 모순을 있는 그대로 드러내려는 것을 문학의 목표로 삼았으므로 '리얼리즘과 이로니' 사이에서 줄타기를 한다. 이것은 한편으로는 모사된 것의 불안정성을 조장하고, 다른 한편으로는 독자들을 편안하게 내버려두지 않고 계속해서 괴롭힌다. 그는 소시민의 진부하고 속물적인 모습을 폭로함으로써 독자에게 짓궂은 조롱의 기쁨을 제공하는 데 만족하지 않는다. 말하자면 호르바트는 단순히 소시민을 모사하는 데 그치지 않고, 독자로 하여금 자신이 소시민의식에 물들어 있는 속물이 아닌지 성찰하도록 유도한다. 이것은 결코 만만한 일이 아니다. 왜냐하면 "우리는 타인에 대해서는 가끔씩 소시민적이라고 평가하지만, 자기 자신을 소시민적이라고 분류하는 일은 거의 없기 때문이다."[9)]

9.4 여성과 매춘

이 소설의 1부에는 "폴링거 양의 동화"라는 짤막한 이야기가 삽입되어 있는데(III, 168~170), 여기서 안나 폴링거는 수수한 용모의, 온순하고, 가난에 쪼들리는 젊은 여성으로 묘사된다. 남자들의 꼬임에 따라 오토바이 뒷자리에 타기도 하는데, 남자들은 그럴 경우 대개 그 대가로 다른 것을 기대한다. 그녀는 집 근처의 술집에서 코블러를 비롯한 단골 손님들과 알게 된다. 여기서 '동화'라는 제목은 다분히 반어적 표현이다. 이 동화의 내용은 사무원 아가씨인 폴링거 양이 창녀로 전락하는 과정이기 때문이다. 그녀의 이야기는 2부에서 본격적으로 전개된다.

이 작품의 진가를 처음 인정한 라이히-라니츠키는 특히 2부에 나오는 폴링거 양의 이야기에 주목한다. 그는 이것이 "호르바트의 드라마 걸작들과 어깨를 겨눌 수 있는 유일한 산문작품"[10] 이라고 격찬하면서 언어와 주제의 조화, 주관적 참여와 객관적 거리를 동시에 가능케 하는 시점의 견지 등 다른 소설에서 이루지 못한 성공을 거두었다고 평가했다.[11] 여기서 폴링거 양은 바이마르공화국 시대의 경제위기에 의해 다니던 직장에서 해고되자 처음에는 호기심 때문에, 다음에는 동정심에 끌려, 그 다음에는 사랑이라고 착각하고, 여러 남자들과 동침하다가 나중에는 돈 때문에 창녀로 전락한다. "호르바트의 작품에 등장하는 가장 멋진 인물들은 남자들의 탐욕과 허영심, 경제적 궁핍과 사회적 상황의 희생자로 그가 보여주는, 단순한 사고방식의 아가씨들"[12]이며 "인간 존재의 행복과 불행 – 그것은 호르바트의 경우 무엇보다도 여자들의 성격과 운명 속에서 드러난다."[13]

이 소설의 초고에는 언제나 '아가씨'가 중심에 자리 잡고 있는데, 그 이름은 샬로테, 우어술라, 아그네스, 안나 등으로 바뀌다가 출판된 최종본에서야 비로소 안나 폴링거로 정착된다. 안나는 당시 대부분의 노동자들처럼 고용주의 횡포에 속수무책으로 당할 수밖에 없다. 그녀의 고용주는 경제위기를 이용해 그녀를 착취한다. 즉 그녀에게 4일간 초과수당을 한푼도 주지 않고 밤늦게까지 일을 시키는데, 그녀는 해고의 위협 때문에 아무런 항의도 할 수 없다. (III, 169 참조)

그럼에도 불구하고 그녀는 직장을 잃는다. 대공황으로 그녀의 회사가 문을 닫았기 때문이다. "그녀는 마른하늘에서 날벼락을 맞듯이 갑자기 실업자가 되었는데, 게다가 그것은 전혀 그녀의 잘못이 아니었다. 그녀는 파멸적인 경제공황 때문에 자동차 임대회사의 일자리를 잃었다" (III, 240).

안나가 실직하자 카스트너라는, 옆방에 세들어 사는 가짜 영화인(실제는 포르노 잡지 밀매인)은 그녀에게 접근하여 실용적으로 처신하라고 충고한다. 결국 그가 말하는 '실용적' 이란 몸을 파는 일을 가리킨다. "물론 비밀은 보장합니다" 라고 그는 강조한다. "요즘은 자신의 감각을 생산적으로 가꿔야 합니다. 난 아가씨에게 창녀가 되라고 요구하지는 않겠어요. 그렇지만 제발 좀 아가씨는 나름대로 실용적으로 변해야 해요" (III, 244).

그리고 그녀를 판화가의 나체 모델이 되도록 알선한다. 카스트너는 자신의 동기가 오로지 이타적인 것이라고 강조하지만, 교묘한 수법으로 그녀를 유혹하거나 위협하여 점점 매춘의 수렁 속으로 끌어들인다. 처음에 안나는 카스트너의 감언이설에 강력하게 반발한다. "그렇지만 그녀는 격렬하게 반항했다. 왜냐하면 그녀는 그의 의치(義齒)가 겁났기 때문이다" (III, 242). 여기서 의치를 가진 카스트너는 그녀에게 죽음을 연상시킨다. 그리고 그가 '미래' 라는 말을 입에서 꺼내자 안나는 쭈그렁바가지 모습의 노파, 즉 운명의 여신이 그녀의 침대 모서리에 걸터앉아 "난 안나에게 줄 양말을 짜고 있어." (III, 244)라고 중얼거리는 환영을 보게 된다. 이것은 그녀에게 잠재되어 있던, 죽음과 미래에 대한 공포를 작동시키고, 그녀는 공포에 떠밀려 카스트너의 유혹에 흔들리기 시작한다.[14)]

그녀는 갑자기 자기를 도와주기 위해 애쓰는 카스트너에게 미안하다는 생각이 들고, 그의 의치도 무섭다기보다는 안 됐다는 느낌이 든다. "그렇지만 '실용적으로 변한다' 는 것은 따르기 힘든 충고였다. 그건 좀 더 심사숙고할 문제였다. 왜냐하면 일단 가난한 처녀가 갑자기 탈선을 하면, 제자리로 돌아오는 경우는 전혀 없기 때문이다. 카스트너의 유혹적인 예언은 그녀를 잠시도 쉴 수 없게 만들었지만, 다른 목소리도 들려왔다. […] 아주 서서히 그녀의 생각들은 보다 확고한 윤곽을 가지게 되었고, 점점 차분해졌고, 뭔가를 고대하는 자세를 취했다"(III, 247).

결국 그녀는 "모든 게 다 돈 때문"(III, 248)이라는 것을 깨닫고 모델로 일하기로 결심한다. 그녀는 모델 일이 매춘으로 연결된다는 것을 어렴풋이 짐작하면서도 이미 잠재의식 속에서 그것을 수락한다. 그녀는 '진정한' 사랑이란 언제나 고통만을 안겨준다는 옛날 애인의 말을 상기하면서, '진정한' 사랑에 대한 환상을 내던지고 몸을 팔기로 작정한다. 그녀는 젊고 부유한 아이스하키 선수 하리가 "난폭하게 그녀를 움켜잡았을 때 갑자기 '그렇게는 안 돼요!' 라고 소리쳤다. 그녀의 목소리는 새로운 안나의 목소리인 것처럼, 자기 자신이 듣기에도 이상하게 변한 것처럼 느껴졌다."(III, 261). 그들은 값을 흥정하고 그녀는 5마르크를 받는다. 여기서 독자는 '그렇게는' 이라는 말이 '폭력적으로' 가 아니라 '공짜로는' 이라는 뜻임을 뒤늦게 알아차린다.

3부에서 안나는 완전한 창녀가 되어 있다. 그녀의 이모는 헌책방에서 포르노 사진과 섹스 소설을 팔면서도 도덕적인 이유로 그녀에게 등을 돌리고 집에서 내쫓는다. 안나는 길거리에서 한 대학생을 유혹하다가 얼굴에 침 세례를 받는 수모를 당하고는 다시는 몸을 팔지 않겠다고 하나님에게 맹세한다. "그러나 자연이 그 권리를 요구하였으므로, 그녀는 그 맹세를 지킬 수 없었다. 요컨대 그녀는 먹을 게 아무 것도 없었기 때문이다"(III, 263).

이런 안나에게, 해고된 웨이터 라이트호퍼가 접근하여 조건없이 재봉사 일자리를 마련해주어 그녀를 창녀 생활로부터 구출한다. 그의 선행에는 아무런 동기도 없고 그는 대가도 바라지 않는다. 작가는 사회제도의 개선이나 혁명이 아니라 개인의 선행에서 구원의 희망을 찾는 것 같다. 그러나 따지고 보면 하리, 코블러 등 여러 속물들의 언행과 마찬가지로 라이트호퍼의 선행도 뚜렷한 인과관계로 설명할 수 없는 모순적인 사고와 행동일 뿐이다. 세상만사가 원래 다 그렇게 알다가도 모를 알쏭달쏭한 요지경 속이라고 작가는 말하는 듯하다.

한편, 이 소설에서는 안나 폴링거 양의 사례 이외에도, 자본주의 사회의 심각한 모순으로서 매춘이 심도 있게 다루어지고 있다. 특히 1부에서 마르세이유의 사창가로 걸어가면서 코블러에게 표명한 매춘에 관한 슈미츠의 견해는 그가 대표하고 있는 중산층 속물들의 위선을 보여준다. 민중극 『이탈리아의 밤』에 나오는 시의원 아메츠베르거와 마찬가지로 슈미츠는 젊었을 때 '공산당 선언'의 기본 원리들에 열렬하게 동조했었다. 그러나 '공산당 선언'이 부르주아의 타도를 예언하고, 이는 결국 부르주아인 자기 자신을 겨냥하고 있다는 것을 깨달은 슈미츠는 그의 동조적 태도를 바꾼다 :

> 난 젊었을 때 '공산당 성언'에 동조했었지. 우린 맑스를 무조건 뚫고 나와야 돼. 예컨대 맑스는 부루주아적 생산양식의 철폐와 더불어 매춘도 사라질 것이라고 주장하지. 난 그 말을 믿지 않네. 난 그럴 경우 단지 개혁을 할 수 있을 거라고 생각하지. 아무렴, 그렇고 말고. (III, 211~12)

이 구절은 사회적 양심에 대한 슈미츠의 공격과 마찬가지로 호르바트의 '의식의 폭로' 기법을 잘 보여준다. 슈미츠는 사회적으로 계몽되고 도덕적으로 의식을 가진 존재라고 자처하지만, 속으로는 코블러와 마찬가지로 사창가에 가고 싶어 안달을 한다. 실제로 그는 유럽 각지의 수많은 사창가의 위치를 정확하게 꿰고 있다.

결국 슈미츠는 편리하게 매춘의 존속을 여성의 탓으로 돌린다. 이를 정당화하기 위해 그는 외설적인 사진을 남편과 함께 보기를 거부하는 아내 때문에 그 남편이 창녀를 찾게 된다는 사례를 제시한다. "…수요가 있으면, 반드시 공급이 따르는 법이지. 그것이야말로 정말 원초적 본능이라는 거야"(III, 211). 슈미츠는 코블러와 마찬가지로 중산층이자 자본가이며, 남성중심주의에 사로잡힌 전형적 속물이다.

9.5 수용과 평가

헤르만 케스트의 서평 : "호르바트는 아주 재치있는 이야기꾼이고, 우리의 중간층 대도시의 중간층 존재들의 중간층 저속함에 대한 풍자적 관찰자이다. 그는 아주 단순한 줄거리 안에서 매력적이고 때로는 기괴한, 날카롭고 정확하게 관찰된, 언제나 유쾌한, 수많은 일화들을 들려준다. 그는 대개의 경우 일화를 수단으로 하여 인물들의 특징을 그려낸다. 그는 방언을 듬뿍 사용함으로써 문어체에 다양성을 부여한다. 그리고 이것이 그로 하여금 청산유수 같은 언변을 가능케 한다."[15] 그는 이런 서평으로는 부족했는지, 1931년 1월 6일 호르바트에게 보낸 엽서에서 이렇게 말했다. "토마와는 전혀 다르고 – 당신의 매력적인 책은 결코 아리스토파네스와 마크 트웨인, 돈 키호테, 볼테르, 스위프트와도 비교되지 않습니다."[16]

작가 안톤 쿠는 이렇게 평했다 : "그것은 글로 쓴 도미에(Daumier)[17]다. 살인범이나 수배자, 오스트리아 · 헝가리 제국의 군바리 같은 기묘한 이름을 가진 외된 호르바트는 그런 부류의 범칙자 가운데서 예외적 존재이다. 종잡을 수 없는 성격에다, 작가로 등단하지 못한 문학청년처럼 통속적이고, 은퇴한 작가처럼 능수능란하며, 원초적인 것과 딜레땅뜨적인 것이 혼합되어 있다. 그래서 위대한 풍자작가의 초고처럼 보이기도 하지만, 작가 행세를 하는 재주꾼의 완성된 원고처럼 보이기도 한다."[18]

이런 식의 평가가 나온 것은 호르바트의 이 작품이 당시의 독일 문단 풍토에서는 너무도 이질적인 세태소설이었기 때문이다. 이 작품은 심오한 주제나 깊이있는 통찰을 담고 있지 않다. 민중극들이 그렇듯이, 이 작품도 어떤 구호나 주의, 철학적 명제 등으로 분해할 수 없다. "한 마디로 호르바트는 오늘날 우리의 지배적인 의식으로 번역될 수 없"고 그 때문에 "문학적으로 소화될 수 없"으며, "문학생산의 교환시장에서 결코 시장가치를 지닐 수 없다."[19] 이런 소설이 '진지한' 독일문학으로 평가되기는 힘들었을 것이고, 그 때문에 심지어는 출판사의 편집자조차 작품의 진가를 제대로 알아보지 못하고 작품의 분량을 대폭 축소하라고 요구했던 것이다.

그러나 호르바트는 이 소설의 곳곳에서 드러나듯이 피학/가학증과 열등감, 잔인하고 폭력적인 권력욕이 뒤섞인 소시민의 의식으로부터 나치즘이 발생하는 것을 1933년 이전에 이미 날카롭게 포착하였고, 그의 이러한 통찰이 옳았다는 것은 역사적으로 증명되었다. 그렇지만 그는 이런 소시민의식을 브레히트처럼 맑스주의적인 경제결정론으로 설명하거나 자본주의 체제의 모순을 타파함으로써 해결될 것으로 보지 않았다. 비유하자면, 브레히트는 혈액형이나 사상체질 같은 단순명쾌한 이론적 틀로 인간의 의식을 분류했다면, 호르바트는 정교한 단층촬영법으로 소시민의 의식을 분석했다고 할 수 있다. 그리고 결정적인 의식의 변화는 이론이나 강령, 구호에 의해 실현될 수 없다는 것, 나치즘의 발생은 결코 완결되지 않았으며 오늘날의 모든 사회적, 정치적, 정신적 현상들 속에서 여전히 공공연하게 작동하고 있다는 것, 이러한 파시즘의 재앙을 근본적으로 방지하기 위해서는 우리의 사고와 판단과 행동이 동물적인 어리석음과 맹목적인 편견에 의해 좌우된다는 사실을 드러내고 고발하는 수밖에 없다는 것을 그의 작품은 깨닫게 한다.[20]

호르바트는 무엇보다도 독일민중극을 새로운 차원으로 쇄신한 극작가로 독일문학사에 기록되어 있다. 호르바트의 드라마들은 주로 1차세계대전과 히틀러의 제3제국 사이의 바이마르공화국(1919~1933) 시대 독일 소시민들의 의식을 드러낸다. 브레히트가 관객의 의식을 깨우치는 데 주력한다면, 호르바트는 당대 독일 소시민의 의식에 내장된 속물적 · 파시즘적 경향을 폭로하려 시도한다.

대체로 독일 평론가들과 작가들은 브레히트와 비교하여 호르바트가 바이마르 공화국의 현실 속에서 살아 움직이는 인간의 의식과 행동을 보다 정직하고 정교하게 포착하고 묘사했다는 점을 높이 평가한다. 가령 한트케(P. Handke) 같은 후배 작가는 맑스주의라는 틀로 인간과 사회를 단순화시켜 파악하고 사회주의라는 단순한 해결책을 제시한 브레히트보다 "호르바트의 무질서와 양식화되지 않은 감상(感傷)을 더 좋아한다"[21]고 고백한다. 그러면서 그는 "호르바트의 인물들이 내뱉는 횡설수설은 나를 놀라게 하고, 특정 사회의 사악함과 무기력과 무질서는 호르바트의 경우에 훨씬 더 분명히 드러난다"[22]고 평가한다.

우리의 경우, 20세기 전반의 독일 드라마를 대표하는 두 작가 가운데 호르바트는 브레히트에 비해 상대적으로 덜 알려지고 덜 주목받은 것이 사실이다. 그 이유 가운데 하나는 브레히트의 서사극과 저항적 시편들이 자본주의 체제와 파시즘에 대한 치열한 저항의식을 표출하고 있으므로 한국 민주화운동의 열띤 분위기에 더 잘 어울렸기 때문일지도 모른다. 이에 비해 호르바트의 드라마와 산문들은 자본주의의 모순에 의해 일그러지고 뒤틀린 소시민계층의 의식이 바로 파시즘의 온상이 되고 있음을 냉정하게 관찰하여 드러내기 때문에 1980~90년대의 한국 관객들에게는 호소력을 발휘하지 못했을 것이다.

그러나 최근 몇 년 사이 한국사회가 1920년대의 독일사회처럼 표면적인 민주화를 거슬러 역류하는 일종의 파시즘적 경향을 보이고 있다는 점에서 호르바트의 작품들을 다시 주목할 여건은 성숙된 듯하다. 바이마르공화국의 독일 소시민과 하층민들이 자신의 계급적 이익을 대변해줄 사민당 대신 나치스라는 극우 파시시트 정당을 지지한 것은 물질적 토대가 계급의식이라는 상부구조를 결정한다는 정통적인 맑스주의 이론에 의해 설명되지 않는다. 당시의 독일 국민들이 나치스를 지지한 것은 히틀러라는 괴물의 집단최면에 넘어갔기 때문이라기보다는 독일 국민 다수가 나는 중산교양층이라는 일종의 허위의식에 젖어 자신들의 사회경제적 현실을 배반하고, 허황한 욕망을 실현시켜줄 지도자로 히틀러를 선택했기 때문이다. 호르바트에 따르면 바이마르 공화국 시기에 급속히 확산된 파시즘적 경향은 히틀러라는 외부의 요인에 의해서가 아니라 독일 소시민 계층의 의식 속에 내장되어 있던 어떤 성향이 사회경제적 요인에 의해 허위의식으로 숙성되어 표출된 결과일 뿐이다.[23)]

호르바트는 대다수 독일 소시민들의 경우, 현실에서는 사회경제적 요인과는 어긋나고 때로는 정반대인 의식에 따라 정치적 행동을 하는 일이 많다는 사실에 주의를 환기시킨다. 호르바트는 이른바 물질적 토대와 정신적 의식 사이의 괴리에서 소시민의 허위의식이 나타나난다고 본다. 그리고 이것은 현실도피 심리와 현상고수의 보수주의, 근거 없는 열등감과 우월감, 가학증(사디즘)과 피학증(마조키즘)이 뒤섞인 복합적인 의식이라고 진단한다.[24) 『영원한 속물』은 이러한 호르바트의 진단을 뒷받침하는 사회학적 보고서이자 당대 소시민의 의식과 행동을 현장 촬영한 다큐멘타리로서, 진지하지만 무미건조한 독일문학에 늘 부족한 유쾌한 웃음과 쓰디쓴 실소를 보태고 있다.

호르바트와 관련하여 한국 문단에서 주목할 만한 작가는 박태원(1909~1986)이다. 그는 호르바트의 『영원한 속물』이 나온 얼마 후 『천변풍경』(1934)과 『소설가 구보씨의 일일』(1936~37) 같은 독특한 세태풍속소설로 1930년대 식민지 도시 경성의 잡다한 군상들과 그들의 비루하고 천박하고 위선적인 의식과 사고와 언행을 만화경처럼 묘사하였다. 기회가 된다면 두 작가의 속물소설과 세태소설을 나란히 놓고 비교해보는 것도 흥미진진한 작업이 될 터이지만, 여기서는 후일을 기약할 수밖에 없겠다.

부록

호르바트의 민중극 2편

이탈리아의 밤

Italienische Nacht

민중극

Volksstück

등장 인물 시의원
크란츠
엥겔베르트
베츠
술집 주인
칼
마틴
마틴의 동료들
막데부르크 출신의 동지
파시스트
중위
소령
체르노비츠
아델레
안나
레니
드보르작 부인
여자 2명
힌터베르거 부인
라임지더 쌍둥이 자매
공화파와 파시스트들

장소 : 남독의 한 소도시

첫째 마당

(요젭 레닝거의 술집. 크란츠, 엥겔베르트, 시의원 아메츠베르거가 타로크라는 이탈리아식 카드놀이를 하고 있다. 칼은 훈수를 둔다. 베츠는 느긋하게 자기 맥주를 마시고 있다. 마틴은 신문을 읽고, 술집 주인은 코를 후비고 있다. 일요일 오전, 화창한 날씨. 침묵)

베 츠 정치판의 새로운 소식은 없나?

마 틴 없습니다. 프롤레타리아들은 꼬박꼬박 세금을 내고, 기업가 나리들은 이리저리 공화국을 착취하고 있다는 건 뉴스 꺼리가 아니지요. 안 그렇습니까?

(베츠는 자기 맥주잔을 비운다.)

그리고 공화국의 연금을 받는 나리들이 황제 시대처럼 반동적인 분열행진을 벌이면서 진중 미사를 드리고 소총을 쏴대는데, 우리 공화파는 그런 걸 모두 눈감아 준다는 것, 그것도 뉴스 꺼리는 아니지요. 안 그렇습니까?

베 츠 이봐 마틴, 우리는 민주공화국에서 살고 있다네.

(그 순간 밖에서는 한 무리의 파시스트들이 악대와 함께 지나간다. 시의원과 술집 주인을 제외한 모든 사람들이 창가로 몰려가 말없이 행렬을 지켜본다. 행렬이 지나간 다음에야 비로소 그들은 다시 움직인다.)

시의원 (카드를 손에 쥔 채) 민주공화국에 대한 심각한 위협이란 어불성설이지. 왜냐하면 반동세력에겐 이데올로기적 하부구조가 없으니까 말이야.

엥겔베르트　옳소!

시의원　동지들! 공화국수호연맹이 존재하는 한, 그리고 본인이 영광스럽게도 이곳 지부의 의장으로 있는 한, 공화국은 발을 뻗고 편히 잠을 잘 수 있을 것입니다!

마　틴　그럼 편히 주무세요!

크란츠　발언권을 신청합니다! 본인은 이제 이렇게 제안하고자 합니다! 본인은 우리가 이제 카드놀이를 계속함으로써 이따위 게르만식 행진과 그들의 이른바 '독일의 날' 따위를 무시해버릴 것을 동의하는 바입니다!

엥겔베르트　그들의 제3제국도!

시의원　만장일치로 통과되었습니다! (카드를 섞어 패를 돌린다.)

칼　오늘 밤은 그럼 어떻게 되는 겁니까?

시의원　뭐라고?

칼　그러니까 오늘 밤에 열리는 우리의 '이탈리아의 밤' 에 관해…

시의원　(그의 말을 막으면서) 물론 우리의 '이탈리아의 밤' 은 오늘 밤 열리고말고! 아니, 공화국수호연맹이 여기 우리 친구 요젭 레닝거의 가게에서 '이탈리아의 밤' 을 개최하는 걸 어떤 반동세력이 막을 수 있다고 믿는 사람이 도대체 누구란 말인가? 더군다나 레닝거가 그러길 원하는데 말이야. 우리 공화국수호연맹의 '이탈리아의 밤' 은 무솔리니 일당에도 불구하고 오늘 밤 열리는 거야! 다이아몬드 에이스! (카드를 낸다.)

엥겔베르트　자네가 그걸 모르다니!

칼　그걸 도대체 내가 어떻게 알 수 있겠어요?

베　츠　내가 이미 공식 통보했는데.

엥겔베르트　그렇지만 칼 동지는 이번에도 결석했거든. 클로버!

칼　　한번도 안 빠지고 개근할 수는 없어요.

엥겔베르트　지난번 총소집 때도 결석했지, 순전히 여자문제 때문에 말이야.

크란츠　솔로!

시의원　섰어!

엥겔베르트　패를 까지 말고 한 장 더 줄까?

시의원　아무거나 한 장 줘!

칼　　(베츠에게) 내가 그걸 참으란 말입니까? 여자 문제 어쩌고 하는 얘기를요?

베　츠　여자들이 공화국에 대한 자네의 의무에 지장을 준다는 것을 부인할 수는 없을 텐데.

칼　　그러니까 그건 저의 가장 은밀한 프라이버시를 침해하는 겁니다. 이에 대해 강력하게 항의하는 바입니다.

(이 순간 밖에서는 다시 악대와 함께 한 무리의 파시스트가 지나간다. 모두 귀를 기울이지만 아무도 창가로 가지 않는다. 침묵)

베　츠　그래 모든 게 상대적이지.

마　틴　아니, 뭐라구요? 이건 수치스런 일입니다! 반동세력은 무장을 하는 판에, 우리 얌전한 공화파는 '이탈리아의 밤' 따위나 열다니!

베　츠　반동세력이 그렇게까지 막강해지다니, 믿을 수가 없어.

마　틴　뭐가 믿을 수 없다는 겁니까! 그건 누구나 쉽게 예측할 수 있는 문제지요. 알다시피 경제력을 가진 자가 언제나 옳은 겁니다. 그렇지만 당신네 간부진은 그걸 모르는 것 같군요. 아니면, 당신들이 그걸 알고 싶어 한다고 내가 착각하고 있는 건지도 모르지요. 그렇지만 간혹 난 그게 정말 힘들거든요 …

엥겔베르트　아, 그러셔!

베 츠 자넨 어쩔 수 없는 비관주의자구만!

마 틴 전 하잘 것 없는 쌍놈입니다.

시의원 그뿐만이 아니라 싸움꾼이기도 하지! 아주 야비한 싸움꾼!

(침묵)

마 틴 (천천히 일어선다.) 시의원님, 말씀 좀 해보시죠, 시의원님, 당신은 혹시 칼 맑스라는 분을 아시나요?

시의원 (탁자를 내리친다.) 물론이지. 난 맑스를 속속들이 잘 알지! 나한테 맑스를 아느냐고? 그런 질문은 사양하겠네!

엥겔베르트 옳소!

크란츠 솔로!

시의원 자넨 참 순진한 공상가로구만. 자넨 요컨대 맑시즘이 실현되면 지상낙원이 도래하리라고 믿는 건가?

마 틴 '요컨대' 라는 말을 어떤 의미로 사용하는지 모르겠군요. 그리고 당신이 '지상낙원' 을 어떤 식으로 이해하려고 하는지도 모르겠군요. 그렇지만 당신이 맑스주의를 어떻게 이해하고 있는지는 분명히 알 수 있겠군요. 알겠습니까? 난 내가 이해하는 것을 믿습니다.

크란츠 솔로, 빌어먹을! (카드를 나눈다. 침묵)

베 츠 내가 못하는 게 뭔지 아나?

(침묵)

마 틴 당신이 믿을 수 없다는 걸 난 잘 알고 있어요. 당신은 믿을 필요가 없으니까 믿지 않는 겁니다. 당신은 프롤레타리아가 아니고, 연금을 받는 서기관이니까요.

베 츠 난 서기관이지만 그건 당연히 이 문제와 아무 상관이 없어.

마 틴 당연히 상관이 있지요.

베 츠 그건 당연한 것이 아니야!

마 틴 (그를 물끄러미 바라본다.) 홍, 엿이나 먹으시오! (신문을 들고 재빨리 퇴장.)

시의원 참 예절바른 친구구만 …

(침묵)

술집 주인 또 비가 오려나? 내가 돼지를 잡을 때마다 비가 온다니까. 날씨가 우리 집에서 열리는 '이탈리아의 밤' 행사를 망치겠군.

베 츠 난 그렇게 생각하지 않네.

술집 주인 왜? 자네들이 하는 행사라서?

베 츠 아니야. 아일랜드 상공의 저기압이 비스카야 만 상공의 고기압에 밀렸기 때문이지.

시의원 좋았어!

술집 주인 누가 그런 소릴 하지?

베 츠 주립 기상대.

술집 주인 아니, 뭐라고? 관청이라면 난 신물이 나.

마 틴 (다시 등장. 베츠에게 다가가 전단 한 장을 들이민다.) 자, 보세요!

베 츠 날더러 이걸 어쩌란 말이야!

마 틴 읽어봐요!

베 츠 뭣 때문에 내가 바보같은 파시스트들의 찌라시를 읽어야 한단 말이야!

마 틴 당신에게 흥미있는 내용이 있을지도 모르죠.

베 츠 도대체 무슨 소린지 모르겠네.

마 틴 (목소리를 높여) 여기 계신 모든 분들에게도 흥미진진할 텐데요! (모두들 깜짝 놀란다.)

시의원 이 영원한 불평꾼은 도대체 왜 또 나타난 거야?

베 츠 (전단지를 기계적으로 훑어보다가 동작을 멈추고는 주먹으로 탁자를 내리친다.) 아니, 이럴 수가?! 이런 괘씸한 일이! 요젭, 이런 괘씸한 짓을 하다니! (불안해 하며 도망치려고 하는 술집 주인을 화가 나서 째려본다.) 꼼짝 마! … 요젭, 꼼짝 마! 이건 무엇보다도 자네한테 흥미진진할 텐데 … 거기 뭐라고 씌어 있는지 아나?

술집 주인 (당황해서) 모르겠는데 …

베 츠 자넨 읽을 줄도 모르나?

술집 주인 (자포자기 상태에서 미소를 짓는다.) 모른다니까 …

베 츠 까막눈이란 말인가?

시의원 (지금까지의 얘기를 열심히 듣고) 그래 대체 거기에 또 뭐라고 써 있는 거야?

술집 주인 아무 것도 아니야, 여보게들, 아무 것도 아니라니까 …

베 츠 아무 것도 아니라고? 요젭, 자네 무슨 말을 그렇게 하나?! 난 심지어 자네가 치사한 사기꾼이란 생각까지 드네!

술집 주인 자네 그런 식으로 말하면 안 돼, 하인리히!

베 츠 다시 한번 말하지, 친애하는 요젭.

시의원 뭐라고?

크란츠 이런 제기랄 …

마 틴 (그의 말을 가로막는다.) 잠깐만!

베 츠 잠깐만이라고! 여기에 이른바 특별명령이 실려 있군. 파시스트들이 오늘 '독일의 날'을 위해 발령한 특별명령 말이야. (전단을 칼에게 내민다.) 요젭, 우리 공화파는 자네의 단골손님들이지. 그런데 자네는 영혼을 팔아먹다니! 그까짓 돈 몇푼 때문에!

칼 이건 그야말로 파렴치한 짓이야! 동지들, 잘 들어보시오! (읽는다.) "16시부터 18시까지 요젭 레닝거의 정원식 맥주집에서 군악대

모임"…

크란츠 무슨 악대라고?

칼 파시스트 악대! 이런 빌어먹을!

베 츠 이건 치욕이야! 친애하는 동지 요젭 레닝거가 우리 단골손님들의 지정석을 반동세력에게 내주다니!

칼 그러면 우리 공화파는 그 다음에 와서 '이탈리아의 밤' 을 열고 군소리 없이 매상을 올려줄 거라고 생각하다니!

마 틴 반동분자 나리들이 처먹다 남긴 빵 부스러기를 사먹으라고!

엥겔베르트 들어봐요! 들어봐!

술집 주인 우리는 남의 얘기는 듣지 않고 각자 자기 얘기만 하고 있군요.

마 틴 도대체 어떻게 이런 일이!

칼 아, 돈에 눈이 멀었군!

술집 주인 난 돈에 눈이 멀지 않았어! 그건 내가 한 짓이 아니야, 여보게들, 그건 내 마누라 짓이야.

베 츠 말도 안 되는 개소리!

술집 주인 그건 개소리가 아니라고! 여보게들, 자네들은 내 마누라를 잘 몰라! 마누라는 정치적 상황 따위는 안중에도 없어. 그 여자는 누가 자기 순대를 처먹든 상관 안 하거든! 그런데 바보 같은 나는 안락한 노년을 꿈꾸었지! 그런데 이제 흑 · 백 · 적의 삼색기를 내걸지 않으면 60인분의 구운 돼지고기가 못쓰게 된단 말이야. 국기 색깔을 바꾼 건 정말 바보 같은 짓이었어. 어휴, 난 정말 뭐가 뭔지 헷갈린다니까!

크란츠 만약 자네가 내 친구가 아니라면 자네 얼굴에 침을 뱉고 싶네, 요젭!

엥겔베르트 옳소!

(침묵)

술집 주인 (절망적으로) 빌어먹을, 이제 한잔 하고 이놈의 할망구를 쏴 버려야지. 그런 다음 창문에서 뛰어내리는 거야. 그렇지만 그 전에 싸그리 불에 태워버려야지. (퇴장)

시의원 이런 제기랄! 내가 좋은 패를 잡을 때면 꼭 판이 깨진단 말이야! (목소리를 높여) 하지만 어떤 세력이 감히 오늘밤에 열리는 우리의 '이탈리아의 밤'을 막을 수 있을지 나는 알고 싶습니다! 동지들, 우리는 물러서지 않을 것입니다. 전세계의 반동세력이 한꺼번에 달려든다 해도 말입니다! 우리의 '이탈리아의 밤'은 예정대로 오늘밤 열릴 것입니다! 요젭 레닝거 씨는 우리의 계획에 아무런 장애도 되지 못할 것입니다! 자, 각자 자기 패를 기억해 두십시오. 우리 집 베란다에서 카드놀이를 계속합시다. 동지들, 갑시다!

마 틴 만세!

크란츠 자넨 메피스토 같은 친구야. (모두 술집을 떠난다.)

둘째 마당

(거리. 집집마다 흑 · 백 · 적의 삼색기가 걸려 있다. 광고판에 적혀 있듯이 오늘 현지의 파시스트 단체가 '독일의 날'을 개최하기 때문이다. 막 깃발과 소총을 든 한 무리가 악대와 함께 지나가고, 애국심에 불타는 시민들이 뒤를 따른다. 드보르작 부인과 레니 양도 함께 행진한다.)

레 니 이제 더 이상 같이 갈 수가 없군요.

드보르작 부인 그것 참 유감이군요, 아가씨!

레 니 악대는 멋지지만, 제복을 입은 분들은 썩 좋아 보이지 않는군요. 그들은 모두 천편일률적으로 똑같아 보이죠. 게다가 우쭐해서 잘난 척 하는 꼴이라니. 난 그걸 보면 속에서 두드러기가 난다니까요.

드보르작 부인 그건 내 생각에 아가씨가 우리의 전쟁 전 시대에 대한 기억이 전혀 없기 때문일 거예요.

레 니 난 이제 왼쪽으로 가야 해요.

드보르작 부인 아가씨, 귀찮은 부탁을 하나 해도 되겠어요?

레 니 되고말고요!

드보르작 부인 당신이 아는 그 소령은 틀림없이 아주 멋진 군복을 가지고 있을 텐데…

레 니 예, 맞아요. 그 사람은 진에 식민지에도 근무한 적이 있으니까요. 우리 독일인들이 빼앗긴 그 식민지 말이에요.

드보르작 부인 자, 소령님에게 혹시 옛날 군복을 나한테 파실 의향이 있는지 여쭤봐 주실래요? 아가씨한테 지장이 없다면 말이에요.

레 니 무슨 말씀인가요?

드보르작 부인 말 그대로예요.

(침묵)

레 니 그 군복을 가지고 뭘 하시려고요?

드보르작 부인 (미소를 짓는다.) 그저 걸어놓고 보려고요.

레 니 그게 전부예요?

드보르작 부인 생각하기에 따라서는…

(침묵)

레 니 안 되겠어요, 전 그게 영 꺼림직한 게…

드보르작 부인 (벌컥 화를 내며) 이 멍청한 계집년 같으니라고, 멍청한 년! 너희 젊은 것들은 더 이상 꿈이 없어! (재빨리 퇴장. 몰아치는 북소리.)

칼 (걸어오면서 그녀를 알아본다.) 이것 참 우연이군요!

레 니 어떻게 이런 일이! 칼 씨로군요!

칼 그렇지만 이건 분명해요.

레 니 뭐가요?

칼 우리가 그렇게 만났다는 것, 즉 순전히 우연에 의해 만났다는 것 말이에요.

레 니 아, 그럼요, 가끔 그런 일이 있지요.

칼 분명해요.

(침묵)

레 니 전 지금 시간이 많지 않아요, 칼 씨!

칼 저도 마찬가지예요. 그렇지만 당신에게 뭔가를 제안하고 싶어요, 아가씨!

레 니 대체 저한테 뭘 제안하고 싶어요?

칼　　우리 두 사람의 선남선녀가 가능하면 오늘밤 만나자고 제안하고 싶은데 … 어제 제안하고 싶었는데, 통 기회가 와야지요.

레 니　나한테 그런 식으로 거짓말 하지 말아요, 칼 씨.

(침묵)

칼　　(절도있게 허리를 굽힌다.) 아가씨, 난 지금까지 단 한 번도 여자에게 거짓말을 할 필요가 없었습니다. 왜냐하면 전 언제나 솔직한 성격이니까요. 이걸 알아주십시오!

레 니　당신 기분을 상하게 할 생각은 아니었는데…

칼　　당신은 내 기분을 상하게 할 수도 없습니다.

레 니　(그를 노려본다.) 아니 그게 무슨 말이에요, 칼 씨?

칼　　제 말은, 당신이 저에게 호감을 주기 때문에, 제 마음을 상하게 할 수 없다는 뜻입니다. 당신은 기껏해야 내 마음을 아프게 할 수 있지요, 아가씨. 제 말은 그런 뜻입니다. 용서하십시오!

(침묵)

레 니　난 당신이 나쁜 사람인줄 알았어요.

칼　　이 세상에 나쁜 사람이란 없답니다, 아가씨. 그저 아주 가난한 사람만이 있을 뿐이지요. 용서하십시오!

(침묵)

레 니　하지만 전 길어야 10분만 기다리면 돼요.

칼　　전 5분만 기다리면 됩니다.

레 니　(싱긋이 웃는다.) 그렇다면 전 완전히 자유롭군요, 이 나쁜 사람 같으니라구 … (퇴장)

(마틴과 베츠가 온다. 마틴은 재빨리 그를 지나친 레니의 뒤를 쳐다본다. 그리고 그는 칼을 비웃으며 관찰한다.)

칼　　마틴, 말좀 해보게. 오늘밤에 열리는 우리의 '이탈리아의 밤' 에는 등록된 정회원과 특별 회원뿐만 아니라 지지자들이 참석해 도 되는지…

마 틴 되고말고.

칼 왜냐하면 난 이제 막 누군가를 초대했거든. 내가 아는 나의 동조자인 여자를.

마 틴 아까 그 여자 말이야?

칼 아까 그 여자를 알아?

마 틴 유감스럽게도.

칼 뭐라고?

마 틴 아주 수구꼴통인 여자였으니까.

칼 그렇지만 그 여자는 뭔가 특별한 데가 있는 것 같아.

마 틴 물론 그 여자는 뭔가 특별한 데가 있지. 하지만 그 여자의 특별한 점이 여기서 논의의 대상은 아니지! 난 그 여자가 아주 수구꼴통이라고, 즉 정치적인 면에서 타고난 반동적인 여자라고 생각했지, 빌어먹을! 어떻게 그 따위 여자와 노닥거릴 수 있단 말인가?

칼 이봐, 마틴, 자넨 그걸 이해하지 못해. 우린 둘 다 정통 공화파지만, 그래도 다른 점이 있어. 즉 자네는 노동자고 나는 음악가거든. 자넨 말하자면 콘베이어 벨트 앞에 서 있고, 난 음악 까페에서 나의 모짜르트와 칼만을 연주하는 거지. 따라서 나는 분명 예술가 기질을 타고난 사람이기 때문에 자연히 더 개인주의적이지. 난 자네보다 개인주의적 성향이 강하지만 그건 겉보기에만 그런 거야. 왜냐하면 나의 경우엔 만사가 예술성으로 전환되거든.

마 틴 (싱긋이 웃는다.) 그렇지만 그건 교묘한 핑계에 불과해.

칼 내 잘못이라면 내가 에로스적인 측면에서는 정치적으로 자유분방한 생활을 한다는 거지. 실례! (퇴장한다.)

마 틴 그래, 잘해 봐!

(침묵)

베 츠 마틴, 자넨 때로 불편할 정도로 짓궂기는 하지만, 내가 자넬 높게 평가한다는 건 알겠지.그런데 자넨 내가 보기에 세계정세를 판단할 적에, 말하자면 자연 속의 애정생활을 판단함에 있어, 아주 중요한 요소를 간과하고 있는 것 같아. 내 자네한테 말하지만, 난 최근에 프로이트 교수의 저작에 심취했다네. 우리의 자아 주위에는 공격 충동이 도사리고 있는데, 그것은 우리의 에로스와 영원한 투쟁을 벌이고 있다는 거야. 그리고 그것이 예를 들면 자살로 나타나거나, 아니면 사디즘이나 마조히즘, 강간, 살인 등으로…

마 틴 그런 도착증들이 나와 무슨 상관이 있다는 겁니까? 이 멍청한 양반아!

베 츠 그건 어쨌든 자네한테도 해당되지!

마 틴 무슨 뚱딴지같은 소리에요!

베 츠 그렇지 않으면, 자네가 안나를 꼬집거나 하는 그따위 짓을 하지는 않았을 거야. 말하자면, 그러니까, 그 결정적인 순간에 …

마 틴 그건 당신하곤 아무 상관도 없는 일이에요.

베 츠 그렇다면 그건 도착증이 아니라 원초적 본능이지! 내 말은, 우리의 공격성이 사회주의의 실현에 직접적인 역할을 한다는 거야. 말하자면 장애로 작용한다는 거지. 난 자네가 이 점에서 무사안일주의로 나가는 것 같아 걱정이네.

마 틴 당신이 나를 지금 또다시 짜증나게 한다는 걸 아시겠어요? (그를 상대하지 않고 가버린다.)

셋째 마당

(시립공원. 숱한 깃발. 군악 소리로 시끄럽다. 구석에 여자 두 명이 서 있다. 이미 늦은 오후다. 시의원 아메츠베르거가 지나간다. 여자들은 윙크를 한다.)

여자 1 (늙고 깡말랐다.) 너 저 사람 아니?

여자 2 (젊고 뚱뚱하다.) 괜찮은 사람이야.

여자 1 시에서 뭐 하는 사람 같아. 행세깨나 하는 인물이지.

여자 2 그런 것 같아.

(깃발들이 바람에 펄럭인다.)

여자 1 (위를 본다.) 깃발들이 없으면 좋을 텐데 …

여자 2 깃발들은 그래도 기분을 좋게 하지.

여자 1 천만에 … 난 깃발을 보면 아직도 전쟁 중인 것 같거든.

여자 2 (립스틱을 들고) 난 세계대전에 반대하는 말을 할 수는 없어. 그건 배은망덕한 짓이야.

(침묵)

여자 2 (여전히 위를 쳐다보며) 저렇게 깃발들이 펄럭인다고 해서 … 뭔가 우리한테 도움되는 게 있어?

여자 1 나는 농업박람회나 예술 행사가 제일 좋아. 그리고 조국을 위한 축제도 나쁘진 않아.

(파시스트 한 명이 지나간다. 첫 번째 여자가 접근한다.)

파시스트 꺼져!

(사이)

여자 2 따지고 보면 전쟁은 그것 때문이야.

여자 1 무엇 때문이라고?

여자 2 나 때문이라고.

여자 1 웃기지 마! 너도나도 불쌍한 전쟁에 대해 함부로 말하는군! (안나가 나타나 두 여자를 등지고 벤치에 앉는다. 그녀는 기다린다.) 저건 누구지?

여자 2 모르는 여자야.

여자 1 저 여자는 신참인 것 같아. 그런데 말이야, 누구와 좀 닮은 것 같은데 …

여자 2 (싱긋이 웃는다.) 너랑 닮은 것 같은데 …

여자 1 (그녀를 노려본다.) 넌 참 못돼먹었어, 아그네스. (파시스트 세 명이 안나를 지나간다. 안나는 시선을 피한다. 파시스트들이 그녀 앞에 멈춰서서 싱긋이 웃는다. 안나는 일어나서 가려고 한다. 마틴이 앞을 가로막고 얼핏 인사를 한 다음 그녀와 얘기한다. 파시스트들과 여자들은 귀를 기울이지만, 잘 들리지 않는다.)

안 나 그래서요?

마 틴 '그래서'는 필요 없어. 그 사람이 또 사기를 쳤어, 시의원 나리 말이야. 그놈들의 '독일의 날' 때문에, 그리고 파렴치한 레닝거 때문에, 그의 '이탈리아의 밤'을 포기하는 건 공화파로서의 자기 체면을 손상한다는 거야. 엉터리 분장을 한 전형적인 의회주의자지. 세상만사가 어차피 필연적인 법칙에 따라 움직이기 마련이야.

안 나 썩어빠진 사람이군요.

마 틴 세상을 지배하는 건 이해득실이야. 말하자면 반사회적 요소들이 지배하는 거지. 그리고 그것들이 자신의 형상에 따라 세상을 창조하는 거지. 그렇지만 내 장담하지! 오늘 그들의 '이탈리아의 밤' 에서는 무도회가 열릴 거야! 멋진 추억을 만들기 위해.

(파시스트들은 여자들과 수작을 하고 있다.)

안 나 동지들이 뭐라고 하는지 알아요?

마 틴 뭐라고 그러는데?

안 나 당신은 장래가 촉망된대요.

마 틴 (어깨를 으쓱하며) 그들은 나를 속속들이 잘 알지. 그렇지만 난 떠나야 해. 어떤 큰 도시로.

안 나 나도 누군가가 당신을 기다리고 있다는 느낌이 들어요.

마 틴 여기선 내 활동 영역이 너무 좁아. 내가 여기서 하는 일은 다른 사람도 할 수 있을 거야.

안 나 아니에요, 그건 누구도 그렇게 할 수 없을 거예요!

마 틴 내가 그런 소리 듣기 싫어한다는 걸 알잖아!

안 나 그렇지만 사실이 그런 걸요! 세상 사람이 모두 당신만 같으면, 우리 인간은 형편이 나아질 거예요.

마 틴 그렇지만 내가 그렇게 생겨먹은 걸 어쩌란 말이야! 내가 남보다 머리가 좋고, 남다른 돌파력을 지니고 있다는 사실이 나로 하여금 보다 열심히 대의를 위해 투신하도록 의무를 지우는 거야! 난 특출나다는 말을 더 이상 듣고 싶지 않아. 제기랄! (그녀에게 호통을 친다.) 난 결코 특출난 인물이 아니야. 그걸 명심하라구!

안 나 그걸 다른 사람에게 달리 얘기할 수도 있잖아요. 당신이 결코 특출난 인물이 아니라고 …

(침묵)

마 틴 안나, 시간은 화살처럼 지나가고, 이 세상에는 형식 문제보다 시급한 문제들이 쌔고 쌨어. 당신의 임무를 잊어서는 안 돼!

안 나 내가요?

마 틴 주어진 임무를 완수해야지.

안 나 마틴. 당신은 날 임무도 잊어버리는 사람으로 아는군요…

마 틴 대체 왜 그러는 거야? 그건 뻔뻔한 짓이야. 아주 간단한 일을 복잡하게 만들지 말라구! 우리가 그저께 논의했던 것을 좀 되새겨 줄까? 자, 그럼 잘 해봐, 알았지? (퇴장)

(그 사이 두 명의 파시스트가 여자들과 함께 사라졌다. 세 번째 파시스트가 안나를 응시한다.)

안 나 (갑자기) 왜 그러세요?

(세 번째 파시스트가 빙긋이 웃는다. 안나도 미소를 짓는다.) 왜 그러세요?

(칼이 파시스트 뒤에서 나타난다. 안나는 화들짝 놀란다.)

칼 미안!

(세번째 파시스트는 빙긋이 웃는다. 그는 안나에게 우아하고 정중하게 인사를 하고 퇴장한다.)

(침묵)

(흥분을 억제하면서) 미안합니다, 아가씨!

안 나 당신 참 바보 멍청이군요!

칼 맙소사. 안나라는 여자가 이따위 파시스트랑 어울리다니, 내 가슴 속에서 한 세계가 무너져 내리는구나! 지금 누가 미친 거지? 나야, 아니면 당신이야?

안 나 이봐요! 난 지금 무슨 일을 꾸미려고 애를 쓰고 있는데, 당신은 또다시 내 일을 모조리 망쳐버리는군요, 이 경솔한 양반아!

칼 경솔하다니!

안 나 게다가 무책임하고!

칼 무책임하다니! 그 마틴이란 친구는 내가 비정치적인 여자에게 관심을 보인다고 날 모욕하더니, 그의 애인이란 여자는 파시시트와 놀아나는군. 맙소사, 이젠 내가 미친 게 틀림없어! 완전히 미친 거야! 완전히!

안 나 제발 좀 진정해요!

칼 아, 불쌍한 마틴!

안 나 하지만 난 마틴 없이는 아무 일도 하지 않아요!

칼 (그녀를 노려본다.) 뭐라구요?

안 나 난 절대 나쁜 짓은 하지 않는다구요!

칼 그래요?

안 나 모든 것이 정상이라고요. 마틴은 그들의 무기에 대한 보다 상세한 정보를 원하고 있어요. 그리고 그걸 위해 난 파시스트에게 접근해야 해요. 정보를 캐내려고 말이에요.

(침묵)

(칼은 담배를 피워 문다.)

당신 지금 대체 무슨 생각을 하는 거예요?

칼 나요? 미안합니다!

안 나 그건 심각한 모욕이에요!

칼 미안합니다!

안 나 부끄러운 줄 알아요!

(침묵)

칼 안나. 난 에로스의 세계에서 많은 경험을 했어요. 그러면 시간이 지나면서 쉽게 냉소적으로 변한답니다. 특히, 날카로운 관찰력을 타고 났을 경우에는 말입니다. 당신은 물론 도덕적으로 훌륭한 여자입니다. 당신은 정말 완전히 변했어요.

안 나 (미소짓는다.) 고마워요.

칼　　천만에요. 당신은 전에는 좀 달랐으니까요. 전에는 …

안 나 (고개를 끄덕인다.) 그래요, 전에는 …

칼　　당신은 그렇게 금욕적이지 않았지요.

(침묵)

안 나 (갑자기 진지하게) 그래서요?

칼　　당신을 보면, 난 곧장 어떤 도덕적인 남자를 떠올리게 돼요. 사람은 자기 맘대로 하도록 내버려 두어선 안 된다는 마틴의 말이 백번 옳았어요 … 난 지금 다른 데이트 약속이 있어요. 그 여자는 정치에는 관심이 없지만 말이죠. (그는 손목시계를 들여다본다.)

안 나 그렇다면 내가 당신 대신 그 여자에게 긍정적인 영향을 주도록 하지요.

칼　　뭐라고, 나도 그렇게 할 거요. 맹세코!

안 나 그 말을 벌써 몇 번이나 했는지 알아요?

칼　　안나. 잘못을 하지 않는 것보다 자신의 잘못을 아는 것이 더 중요하지요. 내가 오늘밤 우리의 '이탈리아의 밤'에서 모종의 수동적 저항을 하겠다고 맹세한다면 …

안 나 무슨 말인지 도무지 이해할 수가 없네요.

칼　　그러니까 예를 들면, 난 단 한 차례도 춤을 추지 않을 거요. 맹세코! 단 한 스텝도! 그 여자하고도 안 추겠어요! 짐승처럼 인생을 살면서 언제나 자신의 저열한 본능의 만족만을 생각하는 것은 무의미해 … (그는 자기도 모르게 안나의 허리를 껴안는다. 안나는 그의 팔을 천천히 떼어내고 한참 동안 그를 노려본다. 칼은 자기가 무슨 짓을 했는지 깨닫는다. 침묵. 짓궂게)

그렇지만 마틴이 그러는 건 웃긴다고 생각해요.

안 나 뭐가요?

칼　　나 같으면 절대로 …

안　나　대체 무슨 소리에요?

칼　　난 그가 당신을 어떻게 사랑할지 상상할 수가 없어. 내 얘기는 예의를 갖춰 정상적으로 …

안　나　당신 무슨 소리를 하려는 거예요?

칼　　난 그저 그게 궁금해서요. 이를테면 그가 당신에게 뭔가를 요구할 경우, 그는 당신에게 말하자면 정치적 접촉을 할 텐데 … 그럴 경우 그는 내적인 투쟁을 겪지 않아요?

안　나　내적인 투쟁이라고요?

칼　　예!

(침묵)

안　나　천만에요! 당신은 날 혼란스럽게 만들 수 없어요! 난 마틴을 더 잘 알아요! 그 사람은 우리 모두보다 훌륭해요. 나는 바보같고, 어리석고, 엉터리고, 왜소하고, 혐오스러웠어요 — 그런데 그가 나를 끌어 올렸어요. 난 한 번도 나 자신에게 만족한 적이 없었어요. 그렇지만 지금은 안 그래요.

(칼은 가볍게 허리를 굽혀 인사한다.)

이제 난 알맹이를 가지고 있어요. 알겠어요? (천천히 퇴장.)

칼　　실례! (손목시계를 들여다보고는 누군가를 기다리면서 왔다갔다 한다.)

레　니　(등장한다.) 안녕하세요, 칼 씨! 당신이 아직 가버리지 않아서 기뻐요! 난 유감스럽게도 더 일찍 올 수가 없었어요.

칼　　시간은 충분하답니다. 좀 늦는다고 해서 더 나빠지는 것도 아니고요.

레　니　대체 무엇 때문에 그렇게 우울하시죠?

칼　　우울하다니요?

레 니 아니요, 지금 목소리가 … 마치 무덤에서 나온 것 같아요. (빙긋이 웃는다.)

칼 난 방금 무슨 일을 겪었답니다. 말하자면 정치적인 경험이죠. 우리는 시대적인 문제들을 보다 중요하게 고려해야 합니다, 아가씨. 내 생각에, 난 저주를 받은 것 같아요.

레 니 천만에요, 칼 씨! 당신처럼 잘 나가는 사람이 어디 있다구요. (깔깔대고 웃는다.)

칼 뭐라구요? (그녀를 응시한다. 레니는 입을 다문다. 침묵)

그래요, 아가씨, 당신은 나를 이해하지 못하는 모양인데, 몇 시간 동안 당신에게 설명해야겠군요. 나는 미래를 비관적으로 본답니다, 아가씨.

레 니 힘내세요, 당신은 그래도 남자잖아요 …

칼 바로 남자이기 때문에, 오히려 절망할 수도 있지요. 난 매일매일의 정치적인 사건들에 보다 가까이 있기 때문에, 특히 더 그렇지요. 당신은 정치에 관심이 없나요?

레 니 없어요.

칼 그래도 관심을 가져야죠.

레 니 대체 뭣 때문에 지금 그 얘길 하는 거죠?

칼 당신을 위해서요.

레 니 날 화나게 만들고 싶어요?

칼 그건 시민으로서 당신의 의무입니다.

레 니 왜 지금 내 기분을 완전히 망치려는 거죠? 난 당신의 '이탈리아의 밤' 을 정말 설레는 마음으로 기다리고 있는데!

(침묵)

칼 나는 길가의 꽃을 아무렇지도 않게 꺾는 체질이 아니거든요. 난 또한 인간적인 접촉을 가지지 않으면 안 되지요. 그리고 그게 나에게는 정치보다 우선이지요.

레 니 웃기지 말아요. 당신 자신도 그걸 믿지 않으면서!

칼 천만에요! 난 예컨대 다른 세계관을 가진 여자와는 오랫동안 조화롭게 어울리지 못해요.

레 니 당신들 남자란 족속은 하나같이 비슷한 세계관을 가지고 있군요.

(침묵)

칼 그래도 당신은 독일인이잖아요?

레 니 그렇지요.

칼 이봐요, 아가씨, 우리가 정치에 관심이 없다는 것은 특별히 우리 독일인들의 저주지요. 우리는 결코 정치적인 민족이 아니지요. 우리들 중에는 누가 자신들을 다스리는지 전혀 모르는 사람이 부지기수랍니다.

레 니 나도 마찬가지죠. 더 나아지지 않을 겁니다. 난 그럭저럭 불편하지 않게 살고 있으니까요.

칼 내가 보기에 당신은 연대의식이 전혀 없군요.

레 니 그렇게 잘난 척 떠들지 마세요!

칼 당신은 독일 대통령이 누군지도 모르는 것 같은데?

레 니 난 사람들 이름을 일일이 다 기억하지는 못해요!

칼 내가 장담하는데, 당신은 독일 총리가 누군지도 모르지요?

레 니 그것도 몰라요!

칼 그것 참 대단하군요! 역시 전형적으로 독일적이군요! 그런 걸 모르는 프랑스 여자를 상상할 수 있습니까?

레 니 그러면 프랑스로 가지 그래요!

(침묵)

칼　　독일 내무장관이 누구지요? 아니면 독일의 장관은 몇 명이지요? 대략 말이에요.

레 니　그만두지 않으면, 가버리겠어요!

칼　　이해가 안 되는군!

(침묵)

레 니　난 오늘 밤은 다르다고 생각했어요.

칼　　나도 그래요.

레 니　일단 집 밖에 나오면 … 그렇게 뜻밖의 일을 당하기 마련이죠.

칼　　(손목시계를 쳐다보며) 이제 점점 시간이 다가오는군요.

레 니　난 더 이상 가고 싶지 않아요.

(칼은 갑자기 그녀를 껴안고 키스한다. 레니는 반항하지 않는다.)

칼　　(그녀의 눈을 깊숙이 들여다보고 씁쓸한 미소를 짓는다.)

그렇지요, 독일 내무장관은 … (그는 다시 그녀를 꼭 끌어안는다.)

넷째 마당

(시립공원, 옛날 군주의 동상 앞. 두 명의 청년이 군주의 얼굴에 붉은 색 페인트칠을 한다. 세 번째 청년은 망을 본다. 벌써 꽤 어두워졌다. 멀리서 파시시트들이 18세기 풍의 바이에른행진곡을 연주한다.)

청년 1　내일이면 대공 전하가 얼마나 몰라보게 변해버렸는지 보게 될 거야. 대공 전하의 머리는 붉게 물드는 거지 … 검붉은 색으로 …

청년 2　그 꼬락서니가 얼마나 멋질까!

청년 1　(붓으로 대공 전하의 얼굴을 찰싹 갈긴다.) 이 친구 머리가 하나인 게 유감이군!

청년 2　정지!

청년 1　뭐야?

청년 3　맙소사, 저기 두 사람이 와!

청년 2　튀자!

청년 1　알았어! (동료들과 함께 재빨리 퇴장)

(이제 곧 깜깜한 밤이 된다. 안나가 파시스트 한 명과 함께 온다.)

파시스트　여긴 정말 멋진 도시로군요, 당신의 도시 말이에요, 아가씨! 이 도시의 아이인 당신은 아주 특별한 자부심을 가져야 합니다.

안　나　나도 여기 출신이란 게 자랑스러워요.

파시스트　'당신의 고향을 소중히 알라!' 는 말이 있지요. 그리고 이건 정말 합목적적인 공원이군요.

안　나　앉지 않을래요?

파시스트　그러죠! (그들은 앉는다.)

안 나 전 좀 피곤하거든요. 하루 종일 함께 행진을 했더니.

파시스트 당신도 군악이 체질적으로 좋은가요?

안 나 전 군악 체질인 것 같아요. (그녀는 꾸며댄다.) 왜냐하면 저의 아버지가 현역 하사관이었거든요!

파시스트 차렷!

(침묵)

저쪽에 있는 건 대공 전하의 실물대 동상이지요?

안 나 예.

파시스트 영광스럽게도 난 이미 대공 전하의 동상을 만나 뵈었지요. 우리는 오늘 아침에 여기서 내부 토론회를 가졌는데… 정말 멋진 동상이었어요. 완벽한 작품이었죠. 벌써 너무 어두워져서 더 이상 감상을 할 수 없다는 게 유감이군요!

안 나 내부 토론회는 아주 진지했나요?

파시스트 진지하다마다요!

안 나 무슨 얘길 했는데요?

파시스트 우리의 임무에 대해서죠. 돈에 팔린 비겁한 용병이, 우리는 고통받고, 즐기고, 죽기 위해 이 세상에 던져졌다고 말한다면, 그건 진실이 아니죠! 우리는 완수해야 할 임무가 있습니다! 어떤 사람은 내면의 충동을 더 강하게 느끼고, 어떤 사람은 약하게 느끼지요. 우리의 내면에서는 그러한 충동이 제물을 태우는 불꽃처럼 타오릅니다! 우리는 최후까지 관철시킬 것입니다!

(침묵)

안 나 난 뭘 좀 알고 싶은데요.

파시스트 언제라도 말씀만 하세요!

안 나 뭐냐하면, 난 아직 정치적으로 매우 미미한 존재고, 당신들의 운동에 대해 아직 제대로 모르거든요.

파시스트 (그녀의 말을 막으며) 여자란 가정의 부엌을 지키고, 오직 싸우는 남편을 내조해야지요!

안 나 난 그저 미래에 대해 좀 알고 싶을 뿐이에요. 이를테면 …

파시스트 아가씨, 제발 나한테 꼬치꼬치 캐묻지 마세요. 그건 신성한 비밀이기 때문에 난 말할 수 없어요.

(침묵)

그리고 우리가 전혀 프롤레타리아 정당이 아니라는 주장은 정말 말도 안되는 헛소리에요! 난 자신있게 말할 수 있습니다! 나는 비교적 교양있는 계급 출신이고, 결코 바보가 아니거든요! 난 약사랍니다.

안 나 하지만 이젠 어두워지는군요.

파시스트 (퉁명스럽게) 그래요, 어두워지는군요.

(침묵)

나의 내면처럼 어둡군요. 아가씨, 난 당신을 더 이상 바라볼 수가 없어요. 당신의 금발을 …

안 나 내 머리는 금발이 아니라 흑갈색이에요.

파시스트 짙은 금발이죠, 짙은 금발 … 조심해요, 금발 아가씨, 조심해요! 누구를 조심할 것인지는 아시겠죠? 따지고 보면 그놈의 유태인이 우리를 전쟁으로 끌어들인 겁니다. 1914년은 유태인에게는 절호의 기회였지요! 왜냐하면 민중들이 혹시라도 정신을 차릴 수도 있는 호기였으니까요. 온 세상에 전염병이 퍼지면, 사람들은 틀림없이 그게 유태인들 때문이라는 걸 깨달을 거예요! 금발의 아가씨, 내가 말을 붙일 수 있도록 허락해 주셔서 정말 감사합니다.

안 나 난 다른 경우엔 그렇게 말을 붙이도록 허락하지 않지만, 특별히 …

파시스트 특별히?

안 나 특별히 당신 같은 분한테는 … 아니, 안 돼요! 제발, 안 돼요. 날 내버려 두세요, 제발!

파시스트 제발! 알겠습니다!

(침묵)

안 나 난 만나자마자 금방 그렇게 할 수는 없어요.

파시스트 그렇지만 그게 금방 그렇게 된 것은 아니에요! 우린 한참 동안 얘기를 했지요. 처음에는 예술에 대해서, 그 다음에는 당신의 아름다운 도시에 대해서, 그리고 지금은 우리의 개혁에 대해서 … (갑자기 그녀에게 호통을 친다.) 그런데 당신은 누가 우리를 망쳤는지 아십니까? 유물론입니다! 그게 어떻게 우리에게 왔는지 당신에게 말하고 싶습니다. 난 그걸 잘 아니까요! 왜냐하면 저의 아버지는 23년 전부터 자영업에 종사했으니까요. 말하자면 그렇습니다. 가는 곳마다 유태인들이 이미 모든 걸 다 팔아먹은 뒤였죠. 유태인들은 우르르 몰려와서 가장 싼값으로 팔아서 폭리를 취한답니다. 모든 게 그런식으로 소용돌이에 휘말려서 유물론적 정신이 점점 확산된 겁니다. 그렇지만 우리는 지금 너무 여성적으로 돼 버렸어요! 우리가 다시 바지를 입고 우리가 게르만족이라는 걸 깨달을 날이 올 겁니다!

(그녀를 덮친다.)

안 나 안 돼요! 안 돼! (그녀는 반항한다.)

(이제 동상에 빛이 떨어진다. 그리고 이제 빨간 머리의 대공 전하가 보인다.)

파시스트 (안나에게서 떨어지며, 찢어지는 목소리로) 이게 뭐야? … 아니, 이런 치욕스런 일이 … 이런 치욕스런 일이 … 신이여, 칼을 갈게 하소서! 복수다! 신이여 우리를 도우소서! 독일이여, 깨어나라!

(멀리서 나치스 노래가 들려온다.)

다섯째 마당

(요젭 레닝거의 정원식 맥주집. 음악 소리.)

파시스트들　(맥주를 마시며 '로렐라이'를 부른다.)

왜 그런지 그 까닭은 알 수 없지만
내 마음은 자꾸만 슬퍼진다네.
옛날부터 전해오는 이야기 하나
내 마음에서 지워지지 않네.
바람은 차고 날은 저무는데
라인 강은 유유히 흘러만 가네.

파시스트　라인 강을 위해, 라인 강을 위해, 독일의 라인 강을 위해 …

모든 파시스트들

우리 모두 파수꾼이 됩시다!
사랑하는 조국의 안녕을 위해,
사랑하는 조국의 안녕을 위해,
꿋꿋하고 충성스런 라인강의 파수꾼,
꿋꿋하고 충성스런 라인강의 파수꾼!

파시스트들　(맥주잔을 들고) 만세, 만세, 만세! (마신다.)

(음악이 연주된다. 곡목은 '독일제국의 삼색기는 자랑스럽게 휘날린다'.)

중　위　(지도를 들고, 파시스트 한 명을 자기 앞으로 부른다.)

자, 이것이 우리의 야간훈련이다. 이 습지 뒤에 이를테면 프랑스가 있다. 앵글로색슨의 대포 바로 옆에. 그리고 위쪽과 아래

쪽에는 볼쉐비키들이 있다. 알겠나?

파시스트 예!

중 위 그럼 우리는? 우리는 여기 이 숲속에 있다. 독일의 숲에. 사실 이건 상징적인 의미가 있어. 당연히 우리는 기습공격을 받는 거야. 세계사를 죽 훑어보면 우리 독일인들이 단 한 번도 다른 민족에게 나쁜 짓을 한 적이 없다는 것이 드러나거든. 자, 이제 가정해보자구. 전 세계가 우리에게 적대적으로 …

술집 주인 죄송합니다!

중 위 레닝거 씨!

술집 주인 중위님, 전 이제 가게를 …

중 위 무슨 소리요?

술집 주인 점점 시간이 돼 가거든요. 이제 저의 가게를 비워주셔야겠는데 …

중 위 이봐, 어따대고 감히 그런 소리를 해?!

술집 주인 이건 조국에 대한 저의 의무에서 하는 얘깁니다만, 이것을 상기시켜 드려야겠군요. 그렇지 않으면 중위님의 각종 야간훈련에 차질이 생길 것 같아서 …

(침묵)

중 위 (파시스트들을 철수시킨다. 소리친다.) 체르노비츠!

체르노비츠 (고등학생이다.) 여기 있습니다. 중위님!

중 위 소령님이 숲에서 우리를 기다리신다. 소령님은 우리의 독일 숲에서 훈시를 하실 예정이다. 그 훈시는 준비됐나?

체르노비츠 물론입니다, 중위님. (자기 공책에서 종이 몇 장을 꺼내 건네준다.)

중 위 제목은?

체르노비츠 '일본인들은 우리 독일인에게 무엇을 빚지고 있는가?' 입니다.

중 위 좋아! 이봐, 왜 그걸 정서하지 않았지?

체르노비츠 중위님은 저의 아버지를 모르십니다! 아버지는 저의 숙제에만 신경을 쓴답니다! 저의 가족들은 저를 이해하지 못합니다, 중위님. 얼마 전에 제가 우리에게 그렇게 적이 많다는 건 영광이니까 기쁜 일이라고 했더니, 저의 아버지는 따귀를 한 대 올려붙였어요. 어머니가 없었더라면, 중위님 … 어머니는 저를 이해해주는 유일한 분이지요. 저의 아버지는 자유주의자예요.

(침묵)

중 위 쉬어!

(체르노비츠는 돌아간다.)

집합!

(파시스트들이 집합한다.)

차렷! 우향우! 부대… 앞으로 가!

(파시스트들은 출발한다. 그리고 군악대는 바이에른 열병행진곡을 연주한다. 술집 주인은 흑 · 백 · 적 삼색기를 내리고 흑 · 적 · 황 삼색기를 올린다.)

(이제 날이 저물고 공화파의 '이탈리아의 밤' 이 열린다. 꽃장식과 장식등, 취주악과 춤 … 회원과 지지자들이 악대와 함께 정원이 딸린 술집으로 들어간다. 검투사행진곡에 맞추어. 맨 앞에 시의원 아메츠베르거, 크란츠, 베츠, 엥겔베르트가 부인들과 함께 앉아 있다. 칼과 레니도 끼여 있다. 마틴도 자기 동료들을 데리고 온다. 불쾌하고 단호한 표정으로 … 그리고 자기 패거리와 함께, 멀찌감치 떨어져 앉는다.)

시의원 신사 숙녀 여러분! 동지 여러분! 불과 몇 시간 전만해도 우리 인류에게, 본질적인 것은 아니지만, 우리 공화파에게 적대적인 성향의 불가항력적인 운명이, 우리의 뜨거운 소망이자 숙원인 '이탈리아의 밤' 이 실현되는 것을 원치 않는 것처럼 보였습니다. 동지들! 의장의 직권으로, 본인은 우리가 우리의 운명을 극복했다는 기쁜 소식을 전하는 바입니다! 여기서 본인은 이 정감이 넘치는 화사한 광경을 보면서, 노소를 불문하고, 기대감에 가득 찬 모두의 얼굴에서 이러한 환희를 보면서, 우리가 무엇을 극복했는지 깨닫게 됩니다! 그래서 본인은 우리의 이 즐거운 야외행사가, 즉 우리 공화파의 '이탈리아의 밤' 이, 참석하신 모든 분들에게 잊혀지지 않는 추억이 되기를 바랍니다! 공화국에 걸맞는 독일 민중을 위하여 술잔을 듭시다. 건배! 건배! 건배!

모 두 (마틴의 동료들을 제외하고 모두 일어선다.) 건배! 건배! 건배!

(화려한 나팔 취주)

시의원 앉아 주십시오!

엥겔베르트 신사 숙녀 여러분! 동지 여러분! 친애하는 지지자 여러분! 우리가 여기 모인 것을 기쁘게 생각합니다. 우리가 여기 모인 것을 기쁘게 생각합니다! 자, 프랑세즈 무도 대형으로!

(시의원과 베츠, 크란츠, 엥겔베르트 등이 각자 부인과 함께 프랑세즈 춤을 춘다. 마틴과 그의 동료들은 화가 나서 쳐다본다. 이제 악대가 왈츠를 연주한다.)

여자분들은 상대를 고르세요! 여자분들은 상대를 고르세요!

마 틴 (동료들에게) 우린 일체 춤을 추지 않는거야! 기율을 지키자고! 기율과 반대!

(몇 명의 아가씨들이 마틴의 동료들에게 춤을 추자고 청하지만, 거

절한다.)

레 니 (칼에게) 추실까요?

(칼은 대꾸하지 않는다.)

그럼 마지막으로 청할까요?

(칼은 대꾸하지 않는다.)

어떻게 여자가 이처럼 애원하게 만들 수가 있어요?

칼 내가 그렇게 쉽사리 넘어갈 것 같아요?

레 니 춤을 추지 않을 거면, 우린 대체 무엇 때문에 여기 온 거예요?

칼 보다 깊은 뜻이 있지요.

레 니 그러고도 남자라고 할 수 있어요? 감히 춤 출 용기도 없나요?

칼 남아일언은 중천금이지요.

레 니 진짜 남자라면 못 할 게 없죠. 안 돼요. 그 손 치워요.

칼 무슨 손 말입니까?

레 니 당신 손 말이에요.

칼 당신은 갈등이 무엇인지 아직 모르시는군요. 그렇지 않으면 그렇게 유혹하지는 않을텐데 … (그는 무의식중에 그녀와 함께 춤을 추기 시작하고, 왼쪽으로 돈다.)

동지 1 이봐, 마틴, 저 친구가 자네의 안나에게 자신이 우리 편이라고 맹세했다는데 …

마 틴 저 친구는 나의 안나에게 절대로 춤을 추지 않고, 우리의 맹세에 합류하겠다고, 그것도 철저하게 비타협적으로 그러겠다고 약속했지.

동지 2 사기꾼이군, 지조라곤 전혀 없는 놈이야.

동지 3 그 이상이지.

동지 1 그것도 언제나 여자 때문에…

동지 4 그렇지만 그 여자는 뭔가 착각하고 있다니까!

동지 3 그것 참, 멋지군!

동지 1 그 여자는 자기가 어디 속하는지 결코 알지 못할 거야.

동지 2 도대체 저 여자가 누구야?

동지 4 역시 프롤레타리아에 불과하지.

동지 1 아니야, 저 여자는 무언가 훨씬 세련된 데가 있어. 저건 사무실 여직원이야. (그는 싱긋이 웃고, 동지 3은 소리나게 웃는다.)

동지 4 도대체 언제 시작하는 거야?

(동지 3이 웃는다.)

마 틴 내가 자네들에게 신호를 하면 시작하는 거야! 내가 말이야! (그는 일어나서 춤추는 사람들에게 가까이 다가가 쳐다본다. 이제 악대가 왈츠를 연주하고, 몇 쌍은 춤을 멈추는데 … 시의원 아메츠베르거도 춤을 그만둔다.)

시의원 그런데 그건 도대체 무슨 아이디어야?

엥겔베르트 기똥찬 아이디어지.

시의원 난 이런 자유로운 사교 모임이 우리 공화파를 인간적으로 보다 긴밀하게 결속시킬 것을 진작에 알고 있었어.

크란츠 (약간 취한 상태로) 나는 우리가 이따위 하찮은 반동세력에게 위축되지 않고, 우리 친애하는 요젭의 이루 말할 수 없는 나약함을 손바닥 뒤집듯이 가볍게 일거에 제거했다는 것이 기쁘기만 하다네. 그건 내적인 위대함의 발로야.

시의원 기똥찬 아이디어지!

엥겔베르트 선전적 행동이지!

크란츠 이 흉악한 파시스트들은 엄청 열을 받을 거야. 우리 공화파가 여기서 아무 거리낌 없이 활보하는 것을 본다면 말이야! (그는 약간 비틀거린다.)

엥겔베르트　도대체 이놈의 파시스트들은 지금 어디 처박혀 있는 거야?

베　츠　야간훈련인지 뭔지를 한다는군.

엥겔베르트　그래 잘 해보시라지!

크란츠　건배!

시의원　이 유치한 소총놀이라니.

베　츠　하지만 그들은 기관총도 …

시의원　(그의 말을 막으며) 헛소리야, 헛소리! 제발 겁먹지 말게, 동지들! 자네들에게 내 마누라를 소개하겠네, 나보다 훌륭한 나의 반쪽을!

크란츠　뵙게 되어 영광입니다!

엥겔베르트　만나서 반갑습니다!

베　츠　이제 보니 우리는 구면이군요.

(시의원의 '더 훌륭한 반쪽'은 어색하게 미소짓는다.)

시의원　그래 … 자네들은 어떻게 해서 서로 알지?

베　츠　난 언젠가 자네가 부인과 함께 가는 걸 보았지.

시의원　나를 보았다고? 마누라와 함께 가는 걸? 우린 결코 함께 외출하지 않는다네.

베　츠　천만에. 그게 아마 크리스마스 전날이었을 걸…

시의원　맞아! 그건 마누라의 생일날이었어! 마누라가 함께 영화관에 갈 수 있는, 일 년 중 유일한 날이지. (그는 웃으며 그녀의 볼을 꼬집는다.) 이 사람 이름은 아델레야. 오늘은 이를테면 예외적인 날이지, 특별한 예외지. 아델레는 대중 앞에 나서는 걸 좋아하지 않고, 집에 있는 걸 좋아하거든. (그는 빙긋이 웃는다.) 현모양처형이지.

크란츠 (아델레에게) 평안한 가정에만 행복이 깃들지요. 가정의 부엌은 황금처럼 값지구요. 국가의 기초는 가정이랍니다. 비엔나의 노래보다 아름다운 것은 없지요. (그는 콧노래를 흥얼거리며 자기 맥주를 향해 비틀거리며 걸어간다.)

베 츠 이런 개구쟁이.

엥겔베르트 (아델레에게) 추실까요?

시의원 고맙네! 아델레는 춤을 못 춘다네. 울렁증이 있어서.

(사이)

(엥겔베르트는 열다섯 살짜리와 춤을 춘다.)

아델레 (조심스럽게) 여보!

시의원 왜?

아델레 난 울렁증이 없어요.

시의원 그건 나한테 맡겨, 알았지?

아델레 내가 왜 춤추면 안 되지요?

시의원 당신은 춤 출 줄도 모르잖아!

아델레 내가요? 난 춤을 출 수 있어요.

시의원 대체 언제부터?

아델레 진작부터요.

시의원 당신은 춤이라곤 전혀 추지 못했잖아! 새파랗게 젊은 처녀 때부터 말이야. 그걸 명심하라구! 날 모욕하지 마, 시의원 사모님! (그는 시가를 한 대 붙여 문다.)

(사이)

아델레 여보, 당신은 왜 내가 여러 사람 앞에 나서는 걸 좋아하지 않는다고 말했어요? 난 종종 당신과 함께 나가는 걸 좋아했는데… 왜 그렇게 말했어요?

시의원 그 때문이지.

(침묵)

아델레 난 당신이 공직생활을 하는 공인이란 걸 알아요.

시의원 조용히, 시의원 사모님!

아델레 당신은 언제나 사람을 이상하게 만들어요. 당신은 내가 당신과 함께 나들이를 하지 않았다고 말하는데 …

시의원 (말을 막으며) 이걸 알아야지!

아델레 (증오에 가득차서) 뭘 말이에요?

시의원 당신은 내 발치에도 미치지 못한다는 걸.

(침묵)

아델레 난 더 이상 아무데도 가고 싶지 않아요.

시의원 그거 아주 멋진 생각이야! (그녀를 무시하고 베츠에게) 과연 내 마누라야, 안 그래? (싱긋이 웃으면서 집게손가락으로 마누라를 짓궂게 위협한다.) 자네, 여자한테 갈때는 채찍을 잊지 말게.

베 츠 그건 니체의 말이지.

시의원 그건 아무래도 상관없어. 마누라는 내 말이라면 그대로 따르거든. 여긴 참 멋진 곳이로군! 이 태고의 나무둥치들과 오존이 풍부한 공기 … (심호흡을 한다.)

베 츠 이건 정말 자연의 경이야.

시의원 자연의 경이 … 그보다 황홀한 건 없지. 난 농부의 아들로 태어났기 때문에 그런 걸 더 잘 알 수 있지. 하늘을 쳐다볼 때마다 우리 인간은 그야말로 왜소하다는 느낌이 들어. 이 영원한 별들! 거기 비하면 우린 뭐란 말인가?

베 츠 아무 것도 아니지.

시의원 아무 것도 아니지. 신은 정말 섬세한 미적 감각을 지니고 있거든.

베　츠　모든 게 다 상대적이지.

(침묵)

시의원　이봐, 베츠, 난 땅을 샀다네.

베　츠　대체 어디에?

시의원　대략 하루갈이 크기지. 숲속에 간벌지도 하나 있어. 이봐, 친구, 이 세상은 15억이 살만큼 넓은데, 왜 이 넓은 세상에서 난 조그만 땅뙈기만 가져야 한단 말인가.

동지 1　(무의식중에 그 말을 듣고) 우아한 맑스주의자로군!

(침묵)

시의원　저 친구가 뭐라고 했어?

베　츠　그냥 내버려두게!

아델레　우아한 맑스주의자라고 말했어요.

시의원　당신은 어떻게 감히 면전에 대고 그런 말을 하는 거야. 나 참, 기가 막혀서!

아델레　난 그 사람이 한 말을 그대로 전했을 뿐이에요.

시의원　누구라고? 이런 머리에 피도 마르지 않은 애송이가 함부로 까불다니! 도대체! (그는 마틴과 그의 동료들을 가리킨다.) 저기 있는 녀석들은 한 사람도 춤을 추지 않았어 … 싸가지 없는 젊은 것들 같으니라구! 무조건 반대만 한다니까. 대들기나 하고 말이야. 분파현상이지. 권위가 필요해. 모름지기 … (그는 자기 맥주 테이블로 가려다가 마틴과 그의 동료들이 함께 모여 소근소근 토론하는 모습을 보자 발길을 멈춘다. 그는 무슨 얘기를 하나 엿들으려고 한다. 갑자기 그는 마틴에게 달려든다.) 마틴, 자네 뭐라고 그랬어? 우아한 맑스주의자라고 자네가 말했지?

마　틴　난 그런 얘기를 한 적은 없지만, 그렇게 말했을 지도 모르죠.

시의원 그렇게 말했을 지도 모른다니, 그게 무슨 말인가?

마 틴 우리끼리 좀 할 얘기가 있어서요. (그를 무시한다.)

(징소리와 꽹가리 소리.)

엥겔베르트 (연단에서) 신사 숙녀 여러분! 동지 여러분! 여러분에게 아주 기쁘고도 놀라운 소식을 전해 드리겠습니다. 여러분은 이제 진기한 예술을 감상하게 되겠습니다. 우리의 친애하고 존경하는 회계 힌터베르거 씨의 부인인 힌터베르거 여사께서 친절하게도 그녀의 알토 성악으로 우리를 즐겁게 해주시겠다고 합니다! ('브라보' 하는 소리와 박수갈채) 힌터베르거 여사를 위해 정숙해 주실 것을 부탁드립니다.

힌터베르거 부인 (환호성에 답례를 하면서 연단에 등장.) 뢰베의 발라드 '새잡이 하인리히' 를 들려드리겠습니다.

(그녀는 그 발라드를 노래한다. 떠나갈 듯한 박수갈채. 마틴과 그 동료들만 여전히 박수갈채에 가담하지 않는다. 이제 다시 춤판이 벌어진다.)

레 니 (칼에게) 그것 참 멋지군요. 난 정말 음악을 좋아하거든요.

칼 저도 벌써 눈치챘어요.

레 니 대체 무얼 보고요?

칼 당신이 춤추는 것을 보고요. 당신은 정말 탁월한 리듬 감각을 가지고 있어요.

레 니 그렇지만 그건 나 혼자만 잘 해서 그런 건 아니죠. 그건 당신 때문이기도 하지요.

칼 그럼 저를 따라 여기 오신 것을 후회하지 않나요?

레 니 (미소짓는다.) 난 다시 정치 얘기로 돌아가고 싶지는 않아요. 맹세코 다시는 그러지 않겠다고 약속하세요.

칼　　그건 그렇게 간단하지 않아요.

레 니　왜요?

칼　　왜냐하면, 난 약속을 지킬 수 있을 때만 맹세를 하고 싶으니까요. 우리는 맹세를 지키기보다는 그것을 깨뜨리기가 훨씬 더 쉬우니까요.

레 니　당신이 내게 맹세를 하면, 나도 당신에게 맹세를 하죠.

칼　　당신이?

레 니　여자는 약속할 것이 많지 않아요. 그렇지만 일단 여자가 뭔가를 약속할 경우에는, 남자를 왕으로 만들어 드리죠.

마 틴　(칼에게) 칼, 잠깐만 …

칼　　알았어요. (레니에게) 실례! (마틴에게) 무슨 일이지?

마 틴　자넨 춤추지 않겠다고 안나에게 약속했지. 그러고 나서 쾌락 때문에 정치적 맹세를 깨뜨렸다는 걸 확인하고 싶군.

칼　　(당황해서) 내가 그랬나?

마 틴　그래. 자넨 심지어 이런 약속까지 했지. 지금 곧 있을 세계관에 관한 토론에서 …

칼　　(그의 말을 막으며) 제발 부탁인데, 또 도덕군자처럼 굴지 말게!

마 틴　자넨 또다시 자신의 명예를 더럽혔어.

칼　　진심으로 하는 말인가?

마 틴　물론이지, 이 예술가양반 …

(사이)

칼　　(짓궂게 웃는다.) 마틴, 자네 안나는 대체 어디 숨어 있는 거지?

마 틴　그게 무슨 소리야?

칼　　그녀가 곧 나타날까?

마 틴　자네가 그 여자를 봤나?

칼　　봤지.

마 틴　혼자 있던가, 아니면 누구와 함께 있던가?

칼　　함께 있더군.

마 틴　(미소짓는다.) 그럼 잘 됐군.

칼　　정말 그렇게 생각하나?

마 틴　그럼.

(사이)

칼　　(싱긋이 웃으며) 오니 수와 끼 말 빵스!

마 틴　그게 무슨 소리지?

칼　　(심술궂게) 불어지.

(사이)

마 틴　난 자네한테 화가 난 것이 아니라 자네가 안타까울 따름이야. 자네의 재능이 아깝기 때문이지. 하지만 자넨 늘 핑계를 대지. 덜 떨어진 사람 같으니라구 … (그를 무시하고 가버린다. 징과 꽹과리 소리.)

엥겔베르트　(단상에서) 존경하는 여러분! 동지 여러분! 다시 한번 여러분을 즐겁게 할 깜짝 프로그램을 소개하겠습니다! 우리의 예술적인 윤무 공연에 뒤이어 우리 라임지더 동지의 귀여운 쌍둥이 두 자매가 선보일 최고급 발레, 제목은 '꽃과 나비' 입니다!

(열세살짜리 귀여운 쌍둥이 자매가 무대에 등장하고, 떠나갈 듯한 박수갈채.)

시의원　멋져, 라임지디!

(귀여운 쌍둥이 자매는 상투적이고 가식적인 춤을 선보이는데, 갑자기 마틴 패거리가 모여있는 곳에서 날카로운 휘파람소리가 들리고, 귀여운 두 쌍둥이 자매는 위축된다. 아직은 계속 춤을 추지만 좀 흐

트러진다. 춤이 마음에 드는 사람들은 화가 나서 마틴을 노려보고, 다시 한번 휘파람 소리가 들린다. 이번엔 전보다 더 날카롭다.)

크란츠 (호통친다.) 빌어먹을, 조용히 못해! 거기 어떤 싸가지 없는 놈이 휘파람을 부는 거야?! 더럽고 치사한 놈 같으니라구!

엥겔베르트 맘에 들지 않는 사람은 나가라구!

고함 소리들 나가! 나가!

(소란. 귀여운 쌍둥이 자매는 큰 소리로 운다.)

동지 1 (주먹으로 탁자를 친다.) 유치원 무용 따위는 집어치워!

크란츠 이봐, 입 닥쳐!

동지 2 당신이나 입 닥쳐!

아주머니 저 애들이 우는 걸 좀 보라구, 이 불한당들아!

동지 3 궁정연극이구나!

동지 4 궁정 오페라야, 오페라!

시의원 어이구, 머리가 띵 하구나!

동지들 우 —

시의원 아, 난 결코 묵과하지 않겠어!

동지들 우 —

시의원 이제 대가를 치를 날이 올 거야!

동지 3 뛰뛰 빵빵!

아주머니 오, 이런 젊은 것들 같으니!

동지 4 우아한 맑스주의자!

동지들 (목소리를 합쳐) 우아한 맑스주의자! 우아한 맑스주의자! 우아한 맑스주의자!

시의원 누가 우아한 맑스주의자라고? 내가 그렇다고? 너희들이 아직 기저귀를 차고 있을 때 난 이미 공산당선언을 암송할 수 있었어, 이 싸가지 없는 애송이들아! (휘파람 소리.)

아주머니 이 야만인들이 예술 감상을 완전히 망치는군!

동지 4 예술 감상 좋아하시네!

동지 3 꽃과 나비 좋아하시네!

동지 1 이건 쓰레기야, 쓰레기, 쓰레기!

크란츠 아, 예술을 모르는 야만인들 같으니! (너무 취해서 넘어질 뻔한다.)

엥겔베르트 보라구. 너희들이 무슨 짓을 저질렀는지! 어린애들을 울리다니! 그러고도 전혀 부끄럽지 않아?! 아니면 얼마나 공을 들여 연습을 했는지 너희들은 전혀 모른단 말야? 몇 주 동안 라임지더 동지 부부는 여기서 우리를 즐겁게 해주려고 여가 시간을 모두 바쳤다는 것을!

막데부르크 출신의 낯선 동지 차라리 우리 조직의 타격력을 강화하기 위해 여가 시간을 모두 바쳤으면 좋았을 것을!

(죽음 같은 정적. 낯선 말투에 크게 경악한다.)

시의원 아, 프로이센 친구로구만 …

(엄청난 소란)

드보르작 부인 우리의 밤을 망치지 마세요!

마 틴 이따위 밤들은 집어치워야 합니다!

낯선 동지 친애하는 동지 여러분!

마 틴 이젠 내가 발언하겠소! 동지들! 우리가 여기서 공화파의 어린이 발레를 감상하며 가족잔치를 벌이고 있는 동안, 반동세력은 기관총을 울러메고 야간훈련을 벌이고 있습니다!

낯선 동지 친애하는 동지 여러분! 여러분은 그들이 과거 어느 때보다 더 악랄하게 프롤레타리아를 부정하고, 조롱하고, 착취하는 것을 외면하려는 겁니까? 여러분 …

마 틴 (말을 막으며) 여러분, '이탈리아의 밤' 이라니요! 여러분은 벌써 이 문장을 잊어버렸단 말입니까? '아, 모든 프롤레리아가 즐거움을 찾을 수 있다면, 공화주의적인 …'

낯선 동지 (말을 막으며) '혁명적인 행동 속에서 즐거움을 찾을 수 있다면!' 우리는 이것이 필요합니다.

시의원 필요한 것은 없습니다!

마 틴 이것이 필요합니다. 즉각 간부들을 소집하여 그 제안에 대한 결정을 해야 합니다.

낯선 동지 소총으로 무장할 것을!

크란츠 입 닥쳐, 이 더러운 프로이센 놈아!

고함소리 내쫓아라! 내쫓아!

낯선 동지 친애하는 동지 여러분!

마 틴 집어치워요, 이제 내가 발언할 테니까! 당신은 날 아주 곤혹스럽게 만드는군요. 나도 역시 똑같은 것을 원하지만, 이렇게 해서는 우리는 결코 성공하지 못합니다! 그러니까 여기서는 종전의 지도자들이 말하도록 해주시오!

시의원 동지들! 한 악당이 여기서 감히 우리의 축제를 망치고, 귀여운 꼬마들을 울리려고 합니다. 동지들, 마틴의 요구는 실현 불가능합니다! 우리는 반동세력의 전철을 밟지 맙시다. 우리는 결코 대포에 손을 대지는 않지만, 감히 우리 민주공화국을 심각하게 위협하는 자는 격퇴할 것입니다!

마 틴 대체 무엇으로 말입니까?

시의원 우리의 확고부동한 평화의지 앞에 국제적인 반동세력의 총검은 모조리 분쇄될 것입니다!

(동지 3이 비웃는다.)

자, 도덕적 이념의 힘을 부인하는 사람들의 모습을 보십시오!

동지 1 헛소리 하시네, 이 인도주의의 사도 같으니라구!

시의원 이건 헛소리가 아닙니다! 우린 더 이상 무기를 보고 싶지 않습니다. 나 자신 전쟁에서 직접 처남 두 명을 잃었단 말입니다!

동지 4 다음 전쟁에선 우리가 희생될 겁니다. 나와 슈티글러가, 그리고 이 사람과 저 사람이!

크란츠 (흉내낸다.) 그리고 여기 있는 나와 여기 있는 나와 여기 있는 나가!

시의원 더 이상 전쟁은 일어나지 말아야 합니다! 이런 범죄를 우리는 분쇄해야 합니다! 난 반드시 그럴 것입니다.

마 틴 1차 세계대전이 시작된 1914년과 똑같군!

시의원 그건 상황이 전혀 다릅니다!

낯선 동지 언제나 똑같아요, 언제나 똑같아!

시의원 그래 당신은 1914년에 어디 있었소? 유치원에 있었지!

낯선 동지 그러는 당신은? 당신은 1914년에 당신 조상들의 업적을 자랑하고 있었지요. 그렇지만 우리 같은 어린애들은 그런 짓을 할 수 없었어요!

마 틴 동지들! 이런 식으로 나간다면, 우리는 내일 아침 '신성 로마제국' 이 아니라 '신성 로마-무솔리니제국' 을 맞이할 것입니다!

낯선 동지 친애하는 동지 여러분!

크란츠 (제정신이 아니다.) 저놈을 내쫓아라! 저 술주정뱅이 프로이센 놈을, 저 굴러들어온 돌을! 내쫓으라구! 내쫓아!

마 틴 조용히 해요! 프로이센 놈이 오든 가든, 그게 무슨 상관입니까! 요컨대, 연설은 길지만 의미는 간단합니다. 이따위 '이탈리아의 밤' 은 자폭해야 합니다! 단호하게, 단호하게!

시의원　긴급 동의합니다! 본인은 회칙에 의거, 마틴 동지를 즉각 제명할 것을 요청합니다!

엥겔베르트　옳소!

시의원　동지답지 않은 행동 때문입니다!

마　틴　옳소! 가자! (자기 동료들과 함께 퇴장.)

시의원　우리의 '이탈리아의 밤' 을 분열시키지 맙시다, 동지들! 2주 전부터 나는 이 밤을 학수고대했습니다. 나는 분열을 용납하지 않겠습니다! 음악! 시작!

여섯째 마당

(요젭 레닝거의 술집 앞. 마틴과 그의 동료들은 '이탈리아의 밤' 을 떠난다. 오른쪽에 공중 변소가 있다.)

마 틴 결국 제명됐군. 동지답지 않은 행동 때문에. 만천하가 웃을 일이야.

(침묵)

동지 2 어디로 가지?

마 틴 내 옆으로.

낯선 동지 일을 시작합시다! 우리는 잠시도 지체해선 안 됩니다!

마 틴 곧 부르주아가 독재의 탑으로 되돌아올 겁니다.

낯선 동지 준비합시다!

(침묵)

마 틴 (나지막하게, 미심쩍은 듯이) 저 친구는 도대체 누구야?

동지 1 난 저 사람을 모르겠어.

동지 3 나도 처음 보는 사람이야.

(모두들 공중변소로 몰려간다.)

낯선 동지 (그들을 따라가며) 난 막데부르크에서 왔습니다.

마틴의 목소리 (공중변소에서) 그래, 막데부르크에서 왔다고? 그럼 당신은 프로이센 출신이구만 … 자, 그렇다면, 나는 당신에게 통고하겠소. 내가 이곳의 공식적인 지도자라는 것을. 그리고 여기서 우리들의 경우엔, 다른 어떤 사람도 안 되고, 그가 막데부르크에서 왔든, 오지 않았든, 오직 자격이 있는 지도자만이 작전을 이끌 수 있다는 것을. (다시 동료들과 함께 등장.)

(침묵)

마 틴 (동지 1에게) 그런데 자네가 대공 전하의 동상을 더럽힌 것은 사실인가?

동지 2 (표준말을 쓰려고 애쓰면서) 우리는 약간의 붉은 페인트로 대공 전하의 동상의 미관을 해치는 일을 감행했지.

마 틴 '우리' 가 누구야?

동지 2 나야.

동지 4 나도.

마 틴 그렇군. 자네도 했구만. 그건 당연히 용서할 수 없는 불경스런 짓이야. 안 그렇소, 여러분!

낯선 동지 동상모독은 당연히 유치한 짓에 불과합니다. 동지들, 여러분은 아직도 쫓겨난 왕조 따위에 신경을 씁니까! 그럴 바엔 차라리 자본가 나리들이 앞으로 그따위 동상 같은 걸 세워주는 일이 없도록 신경을 씁시다!

(침묵)

마 틴 (자기 동료들과 소근소근 상의한다. 그런 다음 낯선 동지를 향해) 당신에게 할 얘기가 있소. 난 당신이 프락지라고 생각하는데 …

낯선 동지 (깜짝 놀라) 동지들!

마 틴 자, 잔말 말고 꺼져버려, 막데부르크에서 온 낯선 프락치야!

낯선 동지 이거 미치겠군.

마 틴 아직도 버티고 있을래? 너, 아직도 안 갈 거야? (위협적으로 그에게 접근한다.)

낯선 동지 (재빨리 퇴장)

칼 (레니와 함께 술집에서 나온다.) 저 안은 엉망진창이야.

동지 3 잘 됐군!

레 니 모두 가 버렸어요. 전체 분위기가 썰렁해요.

동지 6 제 갈 갈로 간 거지!

칼 마틴, 자네한테 정말 미안해.

마 틴 뭣 때문에?

칼 내가 약속을 깨뜨려서. 그건 물론 나쁜 짓이었어. 난 곰곰이 생각해 보았지. 그러나 그건 그저 겉보기에만 나쁜 짓이었어. 난 그저 겉보기에만 약속을 깨뜨린 거야.

마 틴 무슨 소리를 하려는 거야?

칼 이봐, 난 어쩔 수 없이 춤을 춘 거야! 왜냐하면, 난 자네의 안나에게 약속했거든. 내 뒤에 있는 이 아가씨를 우리의 이상으로 개종시키겠다고 말이야. 그리고 이런 아가씨에게 접근하려면 차근차근 …

마 틴 자네가 언제나 아가씨들만 개종시키는 건 …

칼 사람마다 자기 특기가 있지. 난 분명히 자네보다 윗세대에 속하는 것 같아. 그게 분명히 모종의 작용을 하는 것 같아. 비록 우리가 나이 차이는 다섯 살밖에 안 되지만, 전쟁 중의 5년이란 …

마 틴 역사의 법칙은 개인의 운명 따위는 아랑곳하지 않고, 그것을 넘어서서 가차없이 전진하는 법이지.

칼 그래, 자네 말에 백 퍼센트 동의하네.

마 틴 자네를 믿을 수만 있다면, 자넨 정말 쓸모 있는 사람이 될 텐데. 그렇지만 자넨 딜 떨어진 사람이라, 그럴 수가 없어.

칼 자넨 성적인 문제로 전혀 갈등을 겪지 않는군. 아, 정말 때때로 나는 자네가 부러워.

마 틴 참 안 됐군. 나는 계속해서 자넬 시험해 보았지만, 이젠 끝났어.

나는 자네의 동참에 더 이상 아무런 가치를 부여하지 않겠네.

칼 (가볍게 허리를 굽힌다.) 그럼, 실례! (레니와 함께 퇴장. 마틴의 동료들도 그동안 사라져 버렸다. 안나가 온다.)

마 틴 안나!

안 나 아이 깜짝이야!

마 틴 자기, 왜 그래?

안 나 난 자기가 아니라 다른 사람인줄 알고 …

마 틴 그랬군.

안 나 좀 전에는 자기가 영 딴 사람 같았어.

마 틴 (거의 비웃는 투로) 그랬어? 뭐 좀 알아냈어?

안 나 여러 가지야.

마 틴 첫 번째는?

안 나 첫 번째는 여기 파시스트들이 우리 '이탈리아의 밤' 을 깽판치려고 …

마 틴 (그녀의 말을 막으며) 첫 번째로, 그건 우리의 '이탈리아의 밤' 이 아니라는 거야! 그리고 두 번째로 그들의 '이탈리아의 밤' 은 이미 깽판이 났다는 거야. 바로 내가 그걸 깽판쳤거든.

안 나 그래요?

마 틴 그 얘긴 나중에 하자고! 그리고 또 다른 얘기는?

안 나 파시스트들이 여기 있는 사람들을 모조리 두들겨 패려고 해요.

마 틴 그건 아무래도 상관없어! 이 간부들은 그런 걸 당해도 싸! 이 속물들은 그들의 반역적인 전술의 결과를 몸으로 직접 당해봐야 해! 우리 젊은 사람들은 그들을 자기네 운명에 내맡기고 우리 운명을 스스로 결정할 거야!

안 나 그렇지만 난 그렇게 하지 않을래요.

마 틴 그게 대체 무슨 소리야?

안 나 난 그렇게 하지 않을래요. 난 그들을 돕겠어요. 그래도 그들은 여전히 다른 사람들보다 우리와 훨씬 가까운 사람들이잖아요.

마 틴 못 하는 소리가 없구만!

안 나 비록 그 시의원은 두들겨 맞도록 내버려 둔다고 해도, 다른 사람들도 함께 있잖아요. 내 생각에 이건 솔직히 말해 …

마 틴 (비꼬듯이) 당신은 어떻게 생각하는데?

안 나 그리고 결국 따지고 보면, 우리 사이에 무슨 갈등이 있든, 그건 제3자에게는 아무 상관이 없는 거잖아요! 그건 우리들끼리의 갈등이죠!

마 틴 (증오심에 가득 차서) 내 생각에 그건 당신의 개인적 견해야.

안 나 제발 그렇게 정나미 떨어지게 말하지 말아요.

(침묵)

마 틴 그래서?

안 나 그밖에는 아무것도 없어요. 그 파시스트들은 아주 머리끝까지 화가 났어요. 오늘 저녁에 어떤 동상이 더럽혀졌대요 …

마 틴 그래, 슈티글러 짓이지, 이 바보 같은 놈 …

안 나 마틴!

마 틴 (깜짝 놀라) 왜 그래?

안 나 마틴, 우리 가운데 한 사람이 동상을 더럽혔다는 이유로, 저 안에 있는 사람들이 두들겨 맞아야 한단 말이에요? 그건 비겁한 짓이에요! 그건 우리의 품위에 어울리지 않아요! 그건 부당한 … (그녀는 말을 멈춘다. 마틴이 갑자기 무엇에 홀린 것처럼 그녀의 목덜미를 뚫어지게 쳐다보기 때문이다. 침묵)

마 틴 (나지막한 목소리로) 그 반점은 어떻게 된 거야?

안 나 어디요?

마 틴 거기.

안 나 여기요? 그건 반점이죠.

(침묵)

내일이면 퍼렇게 변할 거예요.

마 틴 그렇군.

안 나 그 사람은 정말 거칠었어요.

마 틴 (약간 머뭇거리며) 그래, 그 놈이 그랬군…

안 나 다 그래요, 남자들은.

(침묵)

마 틴 날 똑바로 봐.

(안나는 그를 똑바로 쳐다보지 않는다.)

왜 나를 똑바로 쳐다보지 않지?

안 나 난 당신을 똑바로 쳐다볼 수 없으니까요.

마 틴 그럼 왜 나를 똑바로 쳐다볼 수 없는 거지? 그렇게 바보같이 날 쳐다보지 마, 빌어먹을!

(침묵)

안 나 난 지금 갑자기 이건 말도 안 된다는 생각이 들었어요.

마 틴 뭐가 말이야?

안 나 뭐냐하면, 당신이 나한테 어떤 파시스트를 사귀라고 요구했잖아요. 그리고 바로 당신이 그걸 요구해 놓고서…

마 틴 이것 참, 못 보던 성질을 부리시네.

안 나 아뇨. 옛날부터 있던 성질이에요.

마 틴 내가 이따위 유치한 감상(感傷)을 좋아하지 않는다는 걸 당신도 알잖아. 이미 극복된 이따위 문제들이 뭐란 말이야? 제발 착각하지 마!

안 나 지금도 또 그렇게 정나미 떨어지게 말하는군요.

(침묵)

마 틴 안나, 그러니까 그 친구가 당신한테 거칠게 굴었다 이거지 … 그 파시스트가.

안 나 그래요.

마 틴 몹시 거칠게 굴었나?

안 나 아주 심하게 그런 건 아니에요.

(침묵)

마 틴 그렇지만 그 친구가 거칠게 군 것은 사실이구만… 그건 우리의 품위에 어울리지 않는 일이야.

안 나 뭐가요?

마 틴 우리가 대공 전하를 더럽힌 일 때문에 저 안에 있는 간부들이 이따위 파시스트 놈들한테 얻어터지도록 내버려 둔다는 것 말이야.

안 나 드디어 보이는군요!

마 틴 도대체 내 눈에 뭐가 보이냐고?! 난 아무 것도 안 보여! 아무 것도! 결단코 아무 것도! 그렇지만 이건 알아둬. 파시스트 놈들에게 이런 승리를 허용하지는 말자구! 가자! (안나와 함께 퇴장. 칼이 레니와 함께 등장. 두 사람은 기분이 상한 것처럼 보인다. 그들은 공중변소 옆의 벤치에 앉는다.)

레 니 왜 그렇게 오랫동안 아무 말도 하지 않는 거에요?

칼 가슴이 아프기 때문이에요.

레 니 그렇지만 오늘 '이탈리아의 밤' 이 싸움으로 끝난 것이 당신 탓은 아니에요!

칼　　고마워요. (그는 그녀의 손을 꼭 잡은 다음 두 손으로 머리를 감싼다.) (침묵)

레 니　당신 동료인 마틴을 보니까 내가 아는 어떤 사람이 생각나는군요. 그 사람 얘기는 할 게 없어요. 왜냐하면 그 사람은 오토바이밖에 몰랐으니까요. 그는 수많은 경주에서 이겼고, 난 그가 훈련하는 걸 방해했거든요. 너무 슬퍼하지 말아요.

칼　　난 정말 더 이상 살고 싶지 않아요.

레 니　대체 무엇 때문에요?

칼　　난 날카로운 눈을 가지고 있어요. 난 세상이 어떻게 돌아가는지 보인답니다. 그러면 나는 이렇게 생각하지요. 내가 2, 3년만 더 젊었으면, 세상을 개선하는 데 적극적으로 동참할 수 있을 텐데, 하고 말이에요. 그렇지만 난 글러먹었어요. 그리고 지쳤어요.

레 니　당신 자신도 믿지 않으면서 그런 말을 하는군요.

칼　　반쪼가리 인간! 반쪽만 선에 대한 감각이 있고, 나머지 반쪽은 반동적이죠.

레 니　당신은 신을 믿나요? (칼은 아무 말이 없다.) 신은 하나밖에 없지요. 그리고 또한 구원도 하나밖에 없지요.

칼　　누가 날 저주했는지를 알기만 하면 좋겠어요.

레 니　내가 당신을 구원하도록 해 주세요.

칼　　당신이? 나를?

레 니　난 4천 마르크를 가지고 있어요. 그러니 우리가 식민지상품 가게를 하나 내면 …

칼　　우리라고요?

레 니　저 교외의 아저씨 댁에서 …

칼　　우리가요?

레 니 나하고 당신하고요.

(침묵)

칼 현금인가요?

레 니 예

(침묵)

칼 당신은 지금 무슨 생각을 하는 거예요? 당신은 결혼공동체를 생각하는 건가요? 안됩니다. 그건 나에게 너무 과분합니다!

레 니 오, 맙소사, 그렇게 매정한 말은 하지 마세요! 난 당신을 속속들이 잘 알아요. 비록 당신을 안 지는 얼마 되지 않았지만! (그녀는 그의 목을 껴안는다. 오랜 키스 신.)

칼 난 사실 언제나 여성에 의한 구원을 꿈꿔왔어요. 그렇지만 정말 믿을 수가 없었어요. - 왜냐하면 난 원한에 가득 차 있었으니까요. 알겠어요?

레 니 (그의 이마에 키스한다.) 예, 세상은 질투심으로 가득 차 있으니까요.

일곱째 마당

(요젭 레닝거의 정원식 맥주집. 공화파의 '이탈리아의 밤' 은 이제 완전히 깽판이 났다. … 간부들만 아직도 제등 밑에 앉아 있다. 즉 시의원 아메츠베르거와 아델레, 베츠, 엥겔베르트, 크란츠 등이다. 크란츠는 탁자 위에 엎어져 코를 골고 있다. 자정 가까운 시간이고, 찬바람 때문에 아델레는 오들오들 떤다.)

베 츠 이제 어떡하지, 제기랄.

엥겔베르트 집으로 가?

시의원 (벌떡 일어난다.) 이 세상이 악마로 가득 찬다고 해도, 그건 안 돼! 우리의 '이탈리아의 밤' 이 깽판이 나게 내버려두지 맙시다! 동지들, 우린 여기 남아서, 버팁시다 … 문 닫을 때까지! (다시 앉는다.)

엥겔베르트 주목! 주목!

(시의원은 신경질적으로 시가를 한 대 붙여 문다.)

크란츠 (잠에서 깨어나 늘어지게 하품을 한다. 베츠에게) 이봐, 난 방금 아주 멋진 꿈을 꿨어.

베 츠 근사했나?

크란츠 엄청. 뭐냐하면 난 어떤 공화국에 관해 꿈을 꾸었는데, 그건 완벽한 공화국이었어. 심지어는 왕당파까지도 위장 공화파였으니까 …

베 츠 그렇다면 그거야말로 이른바 소망을 담은 꿈이로군.

크란츠 뭐라고?

엥겔베르트 잠시 이탈리아식 타로크 카드놀이를 하는 건 어떤가?

크란츠 약식 타로크 게임을 합시다!

시의원 그게 가장 합리적인 방안 같은데…

엥겔베르트 나한테 카드가 있지… (그는 시의원, 크란츠와 함께 가장 밝은 제등 밑에 앉아 카드를 섞어 패를 돌린다.)

좋은 생각이야!

(베츠가 훈수를 한다.)

시의원 1 번!

엥겔베르트 2번!

크란츠 끝번!

시의원 솔로!

크란츠 이건 어둠 속의 불빛처럼 확실한 패로군. (그는 패를 내놓는다. 이제 바람이 더 세게 분다.)

아델레 (일어나서 오들오들 떤다.) 여보!

시의원 (개의치 않는다.) 뭐라고?

아델레 나 감기 걸리겠어요.

시의원 그거 안 됐군, 하트!

크란츠 나도 하트!

엥겔베르트 나도 하트!

베 츠 (아델레에게 접근한다.) 우리는 문 닫을 때까지 있을 겁니다, 시의원 사모님.

아델레 문 닫을 시간이 언제지요?

베 츠 두 십니다.

아델레 지금은요?

베 츠 지금은 열두시 경입니다.

아델레　맙소사.

시의원　(베츠에게) 내 마누라를 제발 내버려 두게!

(침묵)

아델레　여기 있다간 제 명에 못 죽겠군요.

베　츠　아니면 폐렴에 걸리든가.

(사이)

가장 멋진 죽음은 이상을 위해 죽는 거지요.

아델레　난 목숨을 바칠만한 이상이 없어요.

베　츠　(나직하게 웃는다.) 당신 부군께서 몸바쳐 헌신하는 이상을 위해서도 죽고 싶지 않습니까?

아델레　그 사람이 몸 바쳐 헌신하나요?

베　츠　밤낮으로 헌신하고 있지요.

아델레　당신은 정말 잘도 알고 있군요.

베　츠　물론 모든 것은 다 상대적이죠.

(사이)

아델레　내 생각엔, 이런 공식적인 이상을 전혀 가지고 있지 않은 사람이 자기 가족에게는 훨씬 친절하답니다. 내 얘기는, 진짜 인간적이라는 거죠. 당신은 똑똑한 분이에요, 베츠 씨, 난 그걸 진작에 알아봤어요.

시의원　둘이 거기서 뭘 그리 진지하게 얘기하는 거야?

베　츠　자네 얘길 하고 있지.

시의원　정말로? 좀더 영양가 있는 얘기꺼리는 없나?

아델레　(짓궂게) 여보!

시의원　아니, 또 무슨 얘길 하려고?

아델레　나 햄 샌드위치를 하나 더 먹고 싶어요.

시의원 당신은 이미 햄 샌드위치 두 개를 먹었잖아! 내 생각엔 그걸로 충분할 텐데! (새로 시가에 불을 붙인다.)

아델레 당신 시가를 또 피우면 …

시의원 (그녀의 말을 막으며) 아, 대책없는 여자 같으니라구! 어휴! … 당신이 나에게 아무것도 허락해주지 않으니 시가도 맘대로 못 피우겠군! (그는 화가 나서 시가를 내던진다.) 시가도 못 피운다니까!

아델레 (일어나서) 난 지금 집에 가고 싶어요.

시의원 제발 심술 좀 부리지 마!

아델레 난 갈래요.

시의원 난 안 가.

아델레 제발 좀 가요!

시의원 안 돼! 잠자코 있으라고!

아델레 안 돼요, 난 여섯 시면 다시 밖에 나가야 한다구요, 당신 내복도 빨고, 또 …

시의원 가만 좀 있으라니까!

아델레 여기 있다간 얼어 죽겠어요.

시의원 여기 있으란 말이야, 빌어먹을! 알았어?
(아델레는 다시 앉아 고통스런 미소를 짓는다.)
카드 계속하자고!

엥겔베르트 계속하자고!

크란츠 계속 놀자고!

엥겔베르트 그럼에도 불구하고?

크란츠 죽었어.

시의원 뭘 꾸물거려! 한 장 더 줘! 옳거니! 더 줘! 자 내가 패를 까지. (그

는 금방 돈을 따고, 요란하게 웃어댄다. 침묵)

베 츠 왜 혼자 집에 가지 않으세요?

아델레 저이가 나를 혼자 내버려두지 않는 걸요.

베 츠 내버려 두지 않는다고요? 혼자 내버려 두지 않는다고요? 그가 당신의 인격에 대한 권리를 가지고 있는 건 아니죠. 맙소사, 이제 갑자기 저 친구가 전혀 다르게 보이는군. 내가 그걸 기다려 오긴 했지만 말이야. 알폰스 아메츠베르거, 내 오랜 전우 … 35년 동안이나 사귀어온 전우가 … 그래, 그래, 그건 아마 나이 탓일 거야. 나도 저렇게 변해 버렸단 말인가?

시의원 (베츠에게) 이봐, 베츠, 제발 내 마누라를 가만 내버려두게!

술집 주인 (나타난다. 그는 만취하여 비틀거리며 인사하지만, 아무도 그를 상대해주지 않는다. 싱긋이 웃으며) 날 왕따시키려면 왕따시켜! 난 이제 만사가 어찌 되든 상관없어. 난 자네들과 헤어져도 눈물 한 방울 흘리지 않을 거야! 따지고보면 반동세력이 훨씬 싹싹한 손님이라니까 … 너희들 젊은 것들은 기껏해야 레몬 주스나 마시잖아! 우아한 공화파들! 레몬 주스, 레몬 주스나 마시는 것들이!

크란츠 입 닥쳐!

술집 주인 (갑자기 꿈꾸듯이) 난 지금 우리 집 변소 생각을 하고 있어. 알다시피 전에는 변소 벽면에 야한 낙서들만 씌어 있었는데, 그 후 전쟁 중에는 오로지 애국적인 낙서들만이 등장했고, 지금은 온통 정치적인 낙서들만 판을 친다니까 …. 내 말을 들어봐. 다시 야한 낙서가 등장하지 않는 한, 독일 민족은 다시 건강해지지 않을 거야

크란츠 입 닥쳐, 이 더러운 돼지 새끼야!

술집 주인 뭐라고? 하인리히, 자네가 여기서는 유일하게 이성적인 인물이지. 저 친구가 뭐라고 말했나?

베 츠 자네더러 입 닥치라고 말했어.

술집 주인 그랬어? 나쁜 놈 같으니라구 … 그건 그렇고, 난 자네들에게 귀가 솔깃한 소식을 가지고 있네, 친애하는 친구들!

크란츠 우린 자네의 친애하는 친구들이 아니야.

술집 주인 저 친구가 뭐라고 말했나?

베 츠 우리가 자네의 친애하는 친구들이 아니라고 말했어.

술집 주인 그렇게 말했어? 그렇다면, 여러분! 나는 영광스럽게도 여러분에게 아주 기쁜 소식을 전해드리겠습니다. 여러분은 포위되었습니다, 여러분. 완전히 포위되었습니다.

(시의원이 열심히 듣는다.)

베 츠 누가 포위됐다고?

술집 주인 당신들이.

엥겔베르트 무슨 이유로?

술집 주인 여러분, 난 파시시트들이 여러분을 두들겨 패려고 한다는 소식을 방금 들었습니다. 파시스트들은 여러분이 그 동상을 훼손했다고 주장한답니다.

시의원 어떤 동상 말인가?

술집 주인 대공 전하의 동상 말이야.

엥겔베르트 난 도무지 무슨 얘긴지 모르겠어.

술집 주인 파시시트들은 분노로 길길이 날뛰면서, 대공 전하의 명예를 회복시키려고 벼른답니다. 피로써! 만세!

크란츠 아, 서른 세 살에 못 박힌 예수님!

술집 주인 부인해보았자 아무 소용이 없습니다, 여러분! 여러분들은 이미 유죄판결을 받았으니까요! 모든 간접증거가 여러분에게 불리합니다! 반대신문 등등이!

시의원 거짓말이야! 비열한 거짓말이야! 여기 있는 누구도 대공 전하를 훼손하지 않았어. 그 말을 꼭 전해 주게!

술집 주인 (잔을 치켜들며) 여러분의 안녕을 위하여! (잔을 비운다. 침묵)

베 츠 요젭, 우리가 이제 여기서 두들겨 맞을 거라는 말을 누가 자네한테 했나?

술집 주인 마틴한테 그의 애인인 안나가 말했지.

시의원 (날카롭게) 마틴이라고? 재미있는데!

술집 주인 은밀하게 처리할 사안이야!

크란츠 난 도대체 뭐가 뭔지 알 수가 없다니까!

엥겔베르트 그건 논리적 법칙에 따르면, 오류일 가능성이 있어.

시의원 (날카롭게) 아니면 배신이든가! 우린 결백해.

술집 주인 결백하든 않든 … 이제 매타작이 벌어질 겁니다, 여러분!

크란츠 이 유다같은 놈!

술집 주인 (울먹이며) 하지만 저는 유다가 아닙니다, 여러분! 나는 내면적으로는 언제나 여러분에게 신의를 지켰습니다. 심지어는 혁명 후에도! 그렇지만 지금은 얼마나 세상이 뒤집혔습니까! 전에는, 일요일이 순수한 즐거움이었고, 신의 이름으로 머리카락을 잡아뽑는다 해도, 그건 어떤 못된 여자 때문이었지, 빌어먹을 정치 때문은 아니었지요, 절대로! 그건 아주 병적인 징후입니다, 여러분!

크란츠 발언권을 신청합니다! 본인은 지금 모종의 제안을 하고자 합니다! 본인은 우리가 여기서 앞으로 일어날 일들을 의연하게 기다릴 것을 동의하는 바입니다. 왜냐하면 우리는 절대적으로 결백하므로 당당하게 우리의 무죄를 밝힐 것이기 때문입니다!

엥겔베르트 들어봐요! 들어봐!

시의원 웃기는 소리!

베 츠 (크란츠에게) 자넨 또다시 우리의 공격충동을 망각하고 있어 …

크란츠 그러셔?

술집 주인 이제 매타작이 벌어지겠군 …

베 츠 이제 나는 보다 고차원적인 관점에서 말하겠네. 인간이란 본래 잔인한 본성을 타고 났고 … 우리는 그런 진실을 감내할 수 있어야 해, 이 친구야!

술집 주인 아, 지당하신 말씀!

시의원 동지들! 인간은, 왕당파든 공화파든, 운명 앞에서는 바람에 흔들리는 연약한 갈대와 같습니다. 인생을 살다보면, 용감무쌍한 사람도 자신의 감정에 반해 이성의 목소리에 고개를 숙이지 않으면 안 되는 순간들이 있는 법입니다! 자기 부대를 피치못할 패배로 몰아넣는 자는 용렬한 지휘관일 것입니다! 이런 의미에서 본인은 이제 우리 '이탈리아의 밤' 의 폐회를 선언하는 바입니다! 이건 불가항력입니다, 불가항력! 내 모자 어디 갔지?

베 츠 난 남겠네.

시의원 뭣 때문에?

베 츠 왜냐하면 난, 말하자면, 난 의견이 다르니까 …

시의원 그렇지만 이견은 있을 수 없어!

베 츠 자넨 그렇게 생각하나? 우리는 그 동상 훼손과 관련해서 털끝만큼도 양심에 거리낄 게 없어.

엥겔베르트 백번 옳은 말이야!

베 츠 그래서 나는 우리가 도망치는 것이 옳지 않다고 생각하네.

시의원 그건 옳지 않은 것이 아니고 현명한 행동이야! 이놈의 파시스트들은 알다시피 우리보다 숫자도 많고, 그 결과 알다시피 어떤 만행이라도 서슴지 않고 저지를 태세를 언제나 갖추고 있단 말이야! 내 모자 어디 갔지?

베 츠 난 남겠네. 그놈들이 날 두들겨 팬다고 해도!

(침묵)

시의원 (그를 비웃으며 응시한다.) 아하, 낭떠러지 전술을 구사하는 정치가 나리시군. 잘 해 보게!

베 츠 고맙네!

시의원 (싱긋이 웃는다.) 와, 정말 영웅적이군!

베 츠 비겁하게 굴복하느니 차라리 매를 맞겠네.

(침묵)

시의원 자넨 그렇게 생각하나?

아델레 나도 그렇게 생각해요.

시의원 당신은 여기서 생각하고 자시고 할 건덕지가 없어!

아델레 그렇지만 난 그렇게 생각한다구요!

시의원 (천천히 그녀에게 다가온다. 화를 억누르며) 당신은 여기서 아무 것도 생각할 게 없어, 알겠어?

아델레 난 그저 내가 생각하는 걸 말하는 것뿐이에요.

시의원 당신은 여기서 생각할 게 아무 것도 없어.

아델레 (짓궂게) 당신은 생각하고?

시의원 날 모욕하지 마, 알았어!

아델레 난 당신을 모욕하지 않아요.

(시의원은 그녀를 꼬집는다.)

아야! 아파요!

시의원 이제 좀 자제하라구!

아델레 아이구 아파, 여보! 아파요!

시의원 당신이 자제하라고 그런 거야! 자제하라고 …

아델레 (비명을 지르며 그를 뿌리친다.) 아이고 아파! 이상주의 좋아하시네!

시의원 아, 이런 대책없는 여자 같으니!

아델레 아, 이런 대책없는 남자 같으니! 겉은 프롤레타리아지만 속은 자본가인 주제에! 여기 계신 양반들이 당신을 정확하게 알면 좋을 텐데! 이 사람은 나를 착취하고 있어요, 나를! 30년 동안이나, 30년 동안이나! (흐느낀다.)

시의원 (손을 눈 위에 대고) 이봐! 이봐 …

(침묵. 천천히 손을 눈에서 떼면서) 내 모자 어디 갔지?

술집 주인 (힘겹게 일어난다.) 모자가 있든 없든 … 자넨 포위되어 있고 포위를 벗어나지 못할 거야. (트림을 하고 비틀거리며 퇴장. 아델레는 갑자기 웃음을 터뜨린다.)

시의원 웃지 마!

아델레 이렇게 당신을 볼 때마다, 당신이 거기서 젊은 사람들의 앞길을 가로막고 있는 게 너무 웃긴다는 생각이 들어요. (그녀는 다시 훌쩍거리며 운다.)

시의원 울지 마!

아델레 속이 상해서 그래요.

시의원 전형적인 여자들의 논리군.

아델레 (울면서) 당신이 아까 젊은이들을 내치지 않았더라면, 지금 누구도 감히 처들어오지는 못할 텐데 … 지금 우리는 온통 노약자들뿐이니 …

엥겔베르트 이를 어쩐담!

시의원 하늘에 계신 주님!

아델레 우리 주님을 끌어들이지 말아요!

크란츠 신은 존재하지 않습니다.

(침묵)

발언권을 신청합니다! 저는 지금 모종의 제안을 하고자 합니다! 본인은 마틴을 제명시킨 것은 말하자면 좀 성급했다는 것을 동의합니다. 마틴을 그의 지지자들과 함께 제명시켰는데… 마틴에겐 상당한 지지자들이, 강력한 지지자들이 있지요. 그리고 그는 따지고 보면 그렇게 나쁜 짓을 한 것은 아닙니다.

시의원 자넨 그렇게 생각하나?

크란츠 만약 우리도 이 파시스트들처럼 그런 소총들을 가지고 있다면, 우리는 지금 아무 죄도 없이 두들겨 맞지 않고, 자신을 지킬 수 있을 텐데 … 암, 지키고말고 … 논리적으로 그렇지 않아?

엥겔베르트 논리적이든 아니든 그게 무슨 상관이야! 회칙에 따르면 우리는 마틴을 제명하지 않을 수가 없었어!

크란츠 논리적이든 아니든 상관없다고! 그 따위 회칙은 집어치워!

엥겔베르트 들어봐요! 들어봐!

크란츠 그건 아주 케케묵은 회칙이지.

시의원 갑자기 무슨 생뚱맞은 소리야?

크란츠 본인은 우리 마틴 동지의 성급한 제명을 철회할 것을 정식으로 제안합니다!

시의원 철회라고?

크란츠 물론이지.

시의원 (사방을 보며 찬반을 묻는다.) 여러분 의견은 어떻습니까?

베　츠　찬성!

엥겔베르트　흠

시의원　(엥겔베르트에게 나지막하게) 찬성이야, 반대야?

엥겔베르트　찬성!

(침묵)

시의원　내 모자가 어디 갔지?

아델레　(그에게 모자를 건네준다.) 여기 있어요.

시의원　(모자를 이마까지 깊숙이 눌러 쓴다. 맥없이) 난 정계에서 은퇴할 거야. 이제 더 이상 아무 데도 가지 않고 … 기껏해야 볼링을 치든가 노래를 할 거야.

아델레　여보, 드디어 결단을 내렸군요!

(나팔 신호. 소령이 옛날 식민지 군복 차림으로 두 명의 파시스트와 함께 재빨리 정원으로 들어온다. 그는 시의원의 코앞에서 발길을 멈추고 잡아먹을 것처럼 노려본다. 침묵)

소　령　이게 영광인지 모르겠지만, 우리 인사나 트지.

(시의원은 얼이 빠져 고개를 끄덕인다.)

당신의 불안한 시선과 당신의 잘난 동료들의 죄책감에 사로잡힌 표정을 보니 당신은 내가 온 목적을 이미 알고 있는 것 같군.

엥겔베르트　우리는 정말 아무 잘못도 없습니다!

소　령　찍소리 마! 도둑놈이 제 발이 저린다더니 너희 죄를 스스로 자백했구나!

(죽음 같은 정적. 고함친다.) 찍소리 마! 즉결처분이다! 이 빨갱이 새끼들!

베　츠　정말 모든 건 상대적이지요.

소　령　입 닥쳐! 빌어먹을, 너희 놈들은 끝장을 낼 테니까! 슈투라스부르크에 대한 복수다! 동상을 더럽히다니, 네놈들의 버릇을 가르쳐주지. 너희들은 우리의 명예를 훼손했고, 우리의 명예에는 피가 묻어 있어!

베 츠 터무니없는 소립니다!

소 령 뭐라고?

(베츠는 시가에 불을 붙인다.)

담배 불 꺼!

베 츠 알겠습니다. (그는 시가를 치운다.)

(침묵)

소 령 체르노비츠!

체르노비츠 예, 소령님!

소 령 자, 말해 보게! 자네 아버지는 야전에서 수동적 저항을 한 전쟁 포로들을 어떻게 다루었지?

체르노비츠 아버지는 벽에 못을 박듯이, 탄환을 놈들의 엉덩이에 박아 넣었습니다, 소령님!

소 령 (베츠에게) 알겠나?

베 츠 난 엉덩이가 없는데…

소 령 (시의원의 주위를 돌다가 갑자기 호통을 친다.)

차렷, 두 손을 바지 솔기에 대! 앉아!

(시의원은 정신이 나간 것처럼 자리에 앉는다. 소령은 한 파시스트에게 신호를 한다. 그 파시스트가 시의원에게 종이와 펜과 잉크를 가져온다.)

자, 내가 불러주는 대로 써!

(시의원은 얼이 빠져 순순히 따른다. 소령이 불러준다.)

'빨갱이 시의원인 나 알폰스 아메츠베르거는 이제 맹세코' , 받

아썼나? '맹세코 … 선언하는 바입니다. 나는 비열하기 짝이 없는 …'

(시의원이 동작을 멈춘다.)

쓰라니까!

(시의원은 다시 쓴다. 소령이 불러준다.) '나는 비열하기 짝이 없는… 개새끼입니다!'

(시의원은 다시 멈춘다.)

자, 빨리 쓰지 않고 뭐해?

(시의원은 꼼짝도 하지 않는다.)

이봐, 당신 내 말에 복종하지 않으면, 혼뜨검이 날 줄 알아! 쓰란 말야! 당장!

시의원 (천천히 종이 위로 고개를 숙이다가 갑자기 흑흑거리고 훌쩍거리며 울기 시작한다.) 안 돼요, 난 도저히 …

소 령 (호통을 쳐서 그의 말을 막으며) 당신은 개새끼야, 아주 비열한 개새끼!

아델레 이봐요! 그 사람은 절대 개새끼가 아니에요! 알았어요? 그 사람은 내 남편이란 말이에요! 알았어요? 당신이 뭔데 감히 그따위 짓을 하는 거예요? 온갖 고물딱지들을 주렁주렁 매달고 설치는 양반, 내 남편을 내버려 둬요!

베 츠 도대체 무슨 권리로 …

소 령 (그의 말을 막으며) 입 닥쳐!

아델레 당신이나 입 닥쳐요! 그리고 그따위 고물딱지들은 제발 좀 벗어 던져요, 이 어릿광대 양반아! 전쟁으로 불구가 된 사람들을 위해 당신 연금을 내놓고 뭔가 좀 점잖은 일을 하세요! 불쌍한 사람들의 야외행사를 방해하지 말고. 당신이야말로 정말 비열한 개새끼군요!

소 령 못돼먹은 계집년 같으니! 자, 너희들 각오해! 밖에 40명의 독일 사나이들이 대기하고 있으니까! (부하 파시스트들과 함께 재빨리 퇴장.)

아델레 (그의 뒤에 대고 소리친다.) 이 사람은 내 남편이에요, 알겠어요?! (술집 앞에서 엄청난 소란이 일어난다. 마틴이 안나와 함께 급하게 정원으로 들어서고 그의 동료들이 뒤따라온다.) 그 마틴이구나!

마 틴 그렇습니다, 부인. 여러분, 말하자면 공기가 정화된 셈이군요. 여러분, 저 파시스트 나리들의 방문은 우리를 노린 것이었다는 사실을 아셔야 합니다. 저와 저의 동지들을 노린 것이지, 저기 있는 간부들을 노린 것은 아니었습니다. 그리고 우리는 우리의 행위에 대해 책임을 질 용의가 있습니다. 그러나 저는 여기 있는 어느 누구도 더 이상 불안해 떨 필요가 없다는 것을 감히 알려드리는 바입니다. 왜냐하면 그 파시스트 나리들은 밖에서 우리를 보자 재편성을 위해 줄행랑을 쳤기 때문입니다. 그것도 전면적으로! 우리는 결국 또다시 해냈습니다!

시의원 그것 봐, 내가 뭐랬어! 민주공화국에 대한 심각한 위협이란 어불성설이지. 동지들! 공화국수호연맹이 존재하는 한, 그리고 본인이 영광스럽게도 이곳 지부의 의장으로 있는 한, 공화국은 발을 뻗고 편히 잠을 잘 수 있을 것입니다!

마 틴 그럼 편히 주무세요!

(끝)

믿음 사랑 소망

다섯 마당으로 된 작은 죽음의 무도

Glaube Liebe Hoffnung – Ein kleiner Totentanz in fünf Bildern

이 희곡은 루카스 크리스틀과의 공동 작업에 의해 씌어졌다.

등장 인물 엘리자베트

보안경찰 알폰스 클로스터마이어

연구소장

부소장

연구원

검은 상장(喪章)을 단 남작

이레네 프란틀

판사 부인

판사

산재 장애자

노동자의 아내

경리사원

마리아

형사

경감

보안경찰2

보안경찰3

요아힘 용감무쌍하게 엘리자베트의 목숨을 구한 시민

[주석]

1932년 2월 여행중 나는 뮌헨에서 몇 년 전부터 법원 출입 기자로 있는 루카스 크리스틀(Lukas Kristl)이라는 아는 사람을 만났다. 그는 그때 대략 다음과 같은 얘기를 나에게 들려 주었다 : 나(크리스틀)는 극작가들을 이해하지 못하겠다. 왜 그들이 어떤 범죄의 내막과 결과를 극화할 경우, 거의 언제나 상대적으로 드물게밖에 일어나지 않는 이른바 중범죄만을 선호하는지. 그리고 이들 극작가들이 왜 우리가 도처에서 수백, 수천 배나 많이 마주치는 사소한 범죄들에 대해서는 나 몰라라 하는지. 이런 경범죄들의 내용이란 대부분 그저 잘 몰라서 생기는 것인데도 불구하고 십중팔구 시민권의 박탈을 수반하는 종신형이나 심지어는 사형과 비슷한 결과를 낳는다.

그런 뒤 크리스틀 기자는 자신이 직접 경험한 사건 하나를 나에게 얘기해 주었다. 그리고 이러한 일상적인 사건으로부터 「믿음 사랑 소망」이라는 작은 죽음의 무도가 태어났다. 극중 인물인 엘리자베트와 보안경찰(알폰스 클로스터마이어), 부장판사 부인, 경감은 크리스틀 기자가 개인적으로 아는 사람들이었다. 나는 이 자리를 빌어 그가 나에게 자료를 제공해 주고 많은 자극을 준 데 대해 감사를 표시하지 않을 수 없다.

크리스틀 기자의 주문은 사소한 법조문들의 관료적이고 무책임한 적용에 반대하는 드라마를 쓰라는 것이었다. 그러나 그는 물론 사소한 법조문들은 언제나 존재할 것임을 잘 알고 있었다. 왜냐하면 사람들이 모여 사는 사회에서는 언제나 이런 법조문들이 존재할 것이 틀림없기 때문이다. 그렇다면 결국 크리스틀 기자가 바랐던 것은 이러한 법조문들을 혹시 보다 인간적으로(이처럼 가혹한 말을 쓰는 것을 용서하시길!)

적용할 수는 없을까, 하는 희망이었던 셈이다.

그리고 이것은 또한 나의 의도이기도 했다. 그러면서도 물론 나는 이러한 '사소한 법조문들에 대한 저항'이 또다시 개인과 사회 사이의 거대한 투쟁을 보여 줄 수 있는 구체적인 자료임을 분명히 알고 있었다. 이러한 영원한 싸움에는 결코 평화가 찾아오지 않으리라. 기껏해야 어쩌다가 한 개인이 잠시 동안 휴전이라는 환상을 즐기는 일은 있겠지만.

나의 모든 극작품에서와 마찬가지로 나는 이 작은 죽음의 무도에서도 이러한 가망 없는 개인의 투쟁이 야수와 같은 충동을 바탕으로 하고 있다는 것, 그리고 알다시피 영웅적으로 투쟁하든 비겁하게 투쟁하든, 그러한 투쟁이 결국은 선한 것도 악한 것도 아닌 이러한 야수성의 형식 문제에 불과한 것으로 보일 수도 있다는 사실을 잊지 않으려고 노력했다. 나의 모든 극작품에서와 마찬가지로 나는 이번에도 역시 아무 것도 미화(美化)하거나 추화(醜化)하지 않았다. 우리 인간을 세심하게 형상화하려고 하는 사람은 틀림없이 (만약 그가 인간을 간접적으로 알게 되지 않았다면) 인간의 감정 표현이 키치화되어 있다는 것, 즉 허위로 치장되고, 우아하게 꾸며져 있다는 것, 혹시 남에게 인정받으면 편리하기 때문에 마조키즘적인 수법으로 자기연민에 탐닉하고 있다는 것, 따라서 인간을 정직하게 형상화하려고 하는 사람은 십중팔구 언제나 거울에 비친 모습들만을 형상화할 수밖에 없다는 것을 확인하게 될 것이다. 나는 여기서 서둘러 다음과 같은 사실을 강조하고자 한다. 즉 나는 지금까지 한 번도 사물을 일그러뜨려 비추는 거울 속의 모습들을 형상화한 적이 없으며, 앞으로도 결코 그런 짓을 하지 않을 것임을. 왜냐하면 나는 모든 희화적인 것을 거부하기 때문이다. 다른 모든 극작품에서와 마찬가지로 나는 이번에도 가능한 한 어리석음과 거짓을 가차없이 묘사하려고 노력했다. 왜냐하면 이러한 가차없음이야말로, 사람들로 하여금 자신을 인식하도록 하기 위해서만 글을 쓴다고 입버릇처럼 떠드는 문필가의 가장 중요한 과제일 것이기 때문이다. 너 자신을 알라! 자신의 생사를 건 싸움을 견디기 쉽게 해 주는 그러한 가벼움을 획득하기를! 그러한 정직함을 자신에 대해서가 아니라 (왜냐하면 자신에게 정직하기란 불가능한 망상일 테니까) 자신의 주변에 들이댐으로써 저 높은 곳에서가 아니라 자신의 전후좌우에서, 그리고 밑에서도 관찰할 수 있기를!

「믿음 사랑 소망」은 나의 모든 극작품의 압축판이라 할 수 있다. 그리고 나의 모든 극작품들에 대해 나는 다음과 같은 성경 구절을 모토로 내세울 수 있을 것이다.

여호와께서 그 향기를 흠향(歆饗)하시고 그 중심에 이르시되 내가 다시는 사람으로 인하여 땅을 저주하지 아니하리니 이는 사람의 마음의 계획하는 바가 어려서부터 악함이라. 내가 전에 행한 것 같이 모든 생물을 멸하지 아니하리니 땅이 있을 동안에는 심음과 거둠과 추위와 더위와 여름과 겨울과 낮과 밤이 쉬지 아니하리라.

창세기 8장 21, 22절

첫째 마당

제 1 장

(무대 : 젖빛 유리가 있는 해부학 연구소 앞.
엘리자베트는 안으로 들어가려다가 다시 한 번 미심쩍은 듯이 주변을 둘러보지만 아무도 없다. 멀리서 오케스트라가 귀에 익은 쇼팽의 '장송행진곡'을 연주한다. 젊은 보안경찰 알폰스 클로스터마이어가 천천히 엘리자베트 옆을 지나가고 겉으로는 무관심한 척 하며 그녀를 관찰한다. 때는 봄이다.)

제 2 장

엘리자베트 (멀리서 '장송행진곡'이 점점 잦아지는 사이, 갑자기 보안경찰에게 말을 건다.) 죄송하지만 전 해부학을 찾는데요.

보안경찰 해부학 연구소 말씀이신가요?

엘리자베트 시체를 톱으로 잘게 써는 데 말이에요.

보안경찰 저기가 바로 거깁니다.

엘리자베트 아, 그렇군요. (침묵)

보안경찰 (웃는다.) 아가씨, 조심해요. 저 안에는 사람 머리들이 줄 맞춰 놓여 있어요.

엘리자베트 시체는 하나도 겁나지 않아요.

보안경찰 나도 그래요.

제 3 장

(엘리자베트는 비웃듯이 보안경찰의 뒷모습을 쳐다본다. 그러다가 결심을 하고 해부학 연구소의 초인종을 누른다. 안에서 초인종 소리가 들리고 곧바로 흰 가운을 입은 연구원이 나타난다. 그는 문간에 서서 망설이는 것처럼 보이는 엘리자베트를 찬찬히 뜯어본다.)

제 4 장

연구원　무슨 일로 오셨습니까?

엘리자베트　여기 담당자를 만나고 싶은데요.

연구원　어떤 일입니까?

엘리자베트　급한 일입니다.

연구원　여기에 죽은 가족이 있나요?

엘리자베트　죽은 가족 문제가 아니라 제 자신의 문제랍니다.

연구원　그래서요?

엘리자베트　선생님이 담당자신가요?

연구원　전 연구원입니다. 안심하고 저한테 말씀하십시오. (침묵)

엘리자베트　뭐냐 하면, 누가 그러는데 여기서 자기 몸을 팔 수 있다고 해서요. 그러니까 언젠가 제가 죽게 되면 이 안에 계신 분들이 원하시는 대로 과학을 위해 제 시체를 사용할 수 있을 테고 … 그리고 전 사례금을 금방 지급 받을 것이라고 … 지금 당장 말이에요.

연구원　그런 얘긴 금시초문인데요.

엘리자베트　하지만 누군가가 나한테 분명히 귀띔해 주던데요.

연구원 도대체 누가 그런 말을 하던가요?

엘리자베트 제 직장 동료가요.

연구원 당신 직업이 뭔데요?

엘리자베트 지금 현재는 아무 직업도 없어요. 사정이 더 나빠질지도 모르죠. 하지만 전 기가 죽어 목을 축 늘어뜨리지는 않을 거예요. (침묵)

연구원 자기 시체를 팔겠다 … 이러다간 세상이 대체 어디까지 갈지 모르겠어.

엘리자베트 누군 그러고 싶어 그러는 줄 아세요?

연구원 말도 안 되는 착오입니다. (그는 주머니에서 새 모이 봉지를 꺼내 해부학 연구소의 지붕에서 날아 내려오는 비둘기들에게 모이를 준다. 비둘기들은 연구원과 친숙하여 그의 어깨 위에 앉아 그의 손에 있는 모이를 쪼아 먹는다.)

제 5 장

(이때 연구소장이 상장을 단 남작과 함께 해부학 연구소에서 나온다.)

소 장 그 문제는 즉각 해결하겠습니다, 남작님. 다시 한 번 심심한 조의를 표하는 바입니다.

남 작 고맙습니다, 소장님. 전 자신을 심하게 책망하고 있습니다.

소 장 하지만 검찰 당국의 조사 결과 남작님에게 제기된 모종의 혐의는 전혀 사실 무근임이 밝혀졌잖습니까! 우린 모두 하나님의 손 안에 있습니다.

남 작 난 베르당과 솜므 전투에도 참전했었지만, 어제 일어난 참사만큼 나에게 충격을 주진 않았습니다. 우린 이제 결혼한 지 3개월 밖에 되지 않았고 제가 그 사고 차를 운전했지요. 사고다발 지역인 그 커브 길에서요. 레히브룩과 슈타인가든 사이였지요. 그나마 시체가 풀려난다니 다행이군요.

소　장　(그 사이 연구원을 발견하고) 잠깐만 기다려주세요! (연구원에게 가까이 다가가 면전에 대고 소리친다.) 또 비둘기 모이를 주는 거야? 당신 도대체 생각이 있는 사람이요? 그 따위 짓거리는 집어치워요! 저 안엔 여기저기 손가락과 목구멍들이 흩어져서 할 일이 태산 같은데! 제발 심장 두 개와 비장 반 개를 보관함 속에 넣어요! 기가 차군. 이건 엉망진창이야!

연구원　그렇지만 저 아가씨가 자기 시체를 팔려고 해서요, 소장님.

소　장　자기 시체를? 또 그 얘기요? (침묵)

남　작　듣도 보도 못한 일이군.

소　장　우린 이 따위 살아 있는 시체는 사지 않는다고 이미 수도 없이 부인했는데도 사람들이 그런 공고를 전혀 믿지 않는군요. 심지어 국가가 자기네 시체를 예매할 거라고 생각한다니까요. 어떻게 그런 기발한 생각을 하는지! 항상 국가가 도와줘야 한다는 거죠, 국가가!

남　작　국가의 의무에 대한 듣도 보도 못한 견해로군요.

소　장　그렇지만 틀림없이 달라지겠죠, 남작님.

남　작　그러길 바랍니다.

제 6 장

부소장　(소장의 모자를 들고 황급히 해부학 연구소 문간에 나타난다.) 전화

왔습니다, 소장님!

소 장 누구라고요? 나요?

부소장 브뤼에서 온 레오폴디네 하킹어 건의 소견에 관한 겁니다. 소장님께 즉각 병원 교수한테로 출두하도록 전하라는데요. (소장에게 모자를 건네준다.)

소 장 당장 가야겠군. (서둘러 흰 가운을 벗어 부소장에게 건네준다. 부소장은 연구소 안으로 사라진다. 남작을 향해) 죄송합니다, 남작님! 담당자들이 이 주데텐 출신 독일 여성의 사인(死因)을 이해하지 못하는 모양입니다. 그럼 일 때문에…

남 작 어서 가 보시죠!

소 장 다시 한 번 심심한 조의를 표하는 바입니다.

남 작 감사합니다!

소 장 안녕히 가십시오, 남작님! (급히 오른쪽으로 퇴장.)

남 작 또 봅시다! (천천히 왼쪽으로 퇴장. 다시 멀리서 쇼팽의 '장송행진곡' 몇 대목이 울려퍼진다. 이미 오후 늦은 시간이 되었으므로 서서히 어두워진다.)

제 7 장

연구원 (소장의 뒤를 바라보면서) 에이, 못된 놈. 가엾은 비둘기들아 … 아가씨, 내 말좀 들어 보세요. 최선의 방법은 창문에서 뛰어내리는 겁니다.

엘리자베트 참 친절하기도 하시군요, 소장님.

연구원 난 당신을 위해 하는 말입니다. 누가 시체를 사겠습니까? 요즘 세상에!

엘리자베트 오늘만 날인가요.

연구원 내일이라고 사정이 달라지진 않을 거요.

엘리자베트 난 그렇게 생각하지 않아요.

연구원 그럼 어떻게 생각하시죠? (침묵)

엘리자베트 (웃는다.) 아니에요. 내가 다시 한 번 행운을 잡으리라는 희망을 당신 때문에 빼앗기지는 않을 거예요. 가령 내가 지금 내 시체를 팔 수 있다면 말예요. 말하자면 150마르크에…

연구원 (그녀의 말을 가로막으면서) 150마르크라구요?

엘리자베트 물론이죠. (침묵)

연구원 (빙긋이 웃는다.) 당신 참 어린애 같군.

엘리자베트 뭐라구요?

연구원 당신 아버지는 뭐하는 분이죠?

엘리자베트 검사관이에요.

연구원 검사관이라고요? 대단하군요!

엘리자베트 그렇지만 아버지는 날 도와줄 수 없어요. 왜냐하면 엄마가 3월에 돌아가셔서 아버지는 많은 돈을 썼으니까요.

연구원 시시한 연구소장 따위는 검사관에 비하면 아무 것도 아니죠. 존경합니다, 아가씨!

엘리자베트 자, 내가 지금 150마르크가 있다면, 난 당장 외판원 허가증을 얻을 수 있고 그럼 나에겐 새 세상이 열리는 거죠. 왜냐하면 외판원 허가증이 있으면 난 내일 당장 원래 분야에서, 말하자면 거의 독립적인 지위를 차지하게 될 거예요. 피치 못할 사정 때문에 쫓겨난 분야에서 말예요. (침묵)

연구원 어떤 분야인데요?

엘리자베트　허리받침과 코르셋을 취급하죠, 도매로. 브래지어 같은 것들도 …

연구원　재미있군요. (침묵)

엘리자베트　쨍 하고 해뜰 날이 언제 오지? (침묵)

연구원　(지갑에서 사진을 한 장 꺼낸다.) 자, 이것 좀 보세요.

엘리자베트　(사진을 들여다본다.) 멋진 개로군요.

연구원　제 노루 사냥개죠.

엘리자베트　힘이 넘치는군요.

연구원　그리고 날쌔지요! 유감스럽게도 죽어 버렸어요.

엘리자베트　안됐군요.

연구원　(휘파람을 분다.) 이게 그 녀석을 부르는 휘파람이었죠. 그러면 언제나 달려왔답니 다. (이제 사진을 들고 말한다.) 부르쉬, 부르쉬, 너는 가 버렸구나. 함께 거닐던 시절은 지나갔구나. (다시 사진을 집어넣고 엘리자베트를 향해) 나의 불쌍한 부르쉬에게 동정을 표해주시니 정말 감사합니다. 성함이 어떻게 되시죠?

엘리자베트　엘리자베트예요.

연구원　오스트리아의 엘리자베트 황후, 그분 역시 착하고 훌륭한 여성이었죠. 그런데도 흉악한 암살자의 총탄에 쓰러졌지요, 제네바에서. 국제연맹인지 뭔지, 모든 게 다 흉악하죠! 그렇지만 전 지금 그래도 나비 컬렉션과 카나리아를 가지고 있죠. 어제 고양이 한 마리가 도망쳤어요. 수족관에 관심이 있나요?

엘리자베트　뭐라구요?

연구원　도마뱀 사육관도…

엘리자베트　테라리움이 낫겠군요.

연구원　그렇다면 언제 저의 집에 놀러 오십시오, 검사관 영애님.

엘리자베트　봐서요.

제 8 장

(이때 느닷없이 소장이 병원에서 돌아온다. 그의 집게손가락에는 붕대가 칭칭 감겨 있다. 그는 연구원을 보고는 화가 나서 발길을 멈추고 노려본다. 연구원은 뒷걸음질치려고 하며, 엘리자베트는 그 사이 뒤로 물러선다.)

제 9 장

소　장　(천천히 연구원에게 다가가 바로 코앞에서 멈춰 선다.) 또 그 모양이야? 당신 또 비둘기에게 모이를 주는 거야? (갑자기 연구원에게 호통을 친다.) 지금 당장 내 눈앞에서 꺼져요! (엘리자베트에게) 알았어요!

엘리자베트　물론이죠. (퇴장한다.)

제 10 장

소　장　(엘리자베트의 뒤를 바라보며) 허이구, 이것 참 어처구니없는 일이군. 종양의 목록은 작성하지 않고 여자와 노닥거리다니!

연구원　그렇지 않습니다, 소장님! 저 아가씨는 가난한 세관 검사관의 따님입니다.

소 장 세관 검사관이라고?

연구원 그렇습니다. 그리고 이 세관 검사관의 따님이 지금 150마르크를 가지고 있다면 외판원 허가증을 얻게 되고 그러면 다시 그녀에겐 새 세상이 열릴 거랍니다. 제가 수족관을 가지고 있고 비둘기에게 모이를 주고 마음이 모질지 못하기 때문에, 소장님이 절 무능하다고 생각하신다는 걸 잘 알고 있습니다.

소 장 본론만 얘기해요!

연구원 본론만 말씀드리죠. 전 이 세관 검사관의 따님을 도와줄 생각입니다. 제 결심은 확고합니다. 150마르크를 …

소 장 150마르크라고?

연구원 그 아가씨는 틀림없이 갚을 겁니다.

소 장 내가 보기에 당신은 기적을 믿고 있는 것 같소, 이 경솔한 후원자 양반. 만약 당신이 내 마누라라면 난 당신을 패 죽일 거요. (그는 칭칭 붕대를 감은 집게손가락으로 그를 짓궂게 위협한다.)

연구원 그 손가락은 어떻게 된 겁니까? 다치셨나요?

소 장 감염됐소.

연구원 시체에서 감염된 건 아니겠죠?

소 장 바로 그렇소. 얼만 전에 말이오. 골치 아픈 브륀 사건 당시에.

연구원 조심하십시오, 소장님! (침묵)

소 장 (붕대를 칭칭 감은 집게손가락을 찬찬히 관찰한다.) 아프진 않은데, 그게 의심스럽단 말이야 …

연구원 전 가령 제 나비 수집품을 관찰할 때면 항상 이렇게 생각하죠. 모든 것이 보다 높은 질서에 따라 운행된다고.

소 장 본론만 말하죠. 당신 할 일이나 제대로 하시오! (연구원과 함께 해부학 연구소 안으로 퇴장.)

둘째 마당

제 1 장

(무대 : 이레네 프란틀 상사 사무실.
프란틀 여사는 업무중에 잔소리가 많은 여자이다. 지금 그녀는 책상 앞에 앉아 결산을 하고 있는데 꽤나 거들먹거린다. 그녀 앞에는 판사 부인이 앉아 있다. 무대 뒤쪽에는 코르셋과 허리받침, 브래지어 같은 것들을 착용한 밀랍 인형들이 해부학 연구소의 머리들처럼 줄을 지어 서 있다.)

프란틀 여사 대단하십니다, 판사 사모님! 허리받침 일곱 개, 코르셋 여섯 개, 스타킹 대님 열 한 쌍을 사흘 만에 파시다니 … 축하합니다, 축하해요! 대단한 수완이군요! 많은 직업 외판원들보다 낫습니다! 천부적인 재능이군요!

판사 부인 별 말씀을, 우리 같은 사람들은 일정한 사회적 연줄이 있죠. 판사 사모님의 청을 웬만하면 거절하지 않는 사람들 말예요.

프란틀 여사 너무 겸손하시군요, 너무 겸손해요! 요즘은 물건 파는 게 어린애 장난이 아니죠. 사람들이 바로 면전에서 문을 쾅 닫아 버린다니까요!

판사 부인 하지만 이건 분명히 해야겠군요. 혹시 누가 물어 보면 알아듣게 얘기 좀 해 주세요. 난 그저 개인적인 취미로 물건을 판다는 걸 말예요.

프란틀 여사 그거야 두말하면 잔소리죠. 전 이렇게 말하고 싶군요. "우리가 남입니까!"

판사 부인 요즘처럼 힘든 때에는 바깥양반을 내조해야지요. 저의 집 양반은 그래도 꼬박 600마르크를 받지요. 그게 점점 줄어들고 있는데도, 지방법원장과 부처의 참사관들은 … (전화 벨 소리에 말이 중단된다.)

프란틀 여사 (전화에 대고) 예, 금방 들여보내요! 잠시만요, 판사 사모님. 곧 끝날 겁니다!

제 2 장

(엘리자베트 등장.)

프란틀 여사 안녕하세요? 자, 이리로 들어오세요. 과제를 완수했나요?

엘리자베트 여기 있습니다. (프란틀 여사에게 주문 장부를 내민다.)

프란틀 여사 (넘겨본다.) 아니, 이게 뭐야? 스타킹 대님 두 쌍에 허리받침 하나, 코르셋 하나라니, 이건 너무하군요!

엘리자베트 요즘은 물건 파는 게 어린애 장난이 아니지요. 사람들이 바로 면전에서 문을 쾅 닫아 버린다니까요.

프란틀 여사 그 따위 상투적인 변명은 집어 치워요! 당신은 우리 회사의 위탁 판매원으로서 고객들의 미의식을 계발해야 합니다. 너도나도 체조를 하고 사방에서 벌거벗은 여자들을 볼 수 있는 지금이야말로 우리 업계를 위해서는 최상의 호기가 아닙니까! 당신은 좀 더 창조의 주인인 남자들을 꽉 붙잡아야 해요! 난 스타킹 대님에 대한 감식안이 없는 남성을 본 적이 없어요! 카우프보이렌에서는 어땠어요?

엘리자베트 카우프보이렌에서는 공쳤어요.

프란틀 여사 어떻게 해서 공을 친단 말예요? 카우프보이렌은 항상 대박이었어요!

엘리자베트 하지만 전 카우프보이렌에선 한 건도 못했어요.

프란틀 여사 그럼 다른 데서는?

엘리자베트 전 시간을 절약하려고 자동차를 몰고 갔어요. 지름길로요. 하지만 갑자기 연료 공급이 중지되는 바람에 숲 속의 헛간에서 하룻밤을 지냈지요.

프란틀 여사 (그녀에게 호통을 친다.) 숲 속에서라고? 내가 거저 돈을 주는 줄 알아? 당신이 그런 식으로 계속 지름길을 가면, 난 최후의 심판이 닥쳐올 때까지 당신의 외판원 허가증 대금으로 선불한 150마르크를 받지 못할 거야!

엘리자베트 하지만 그건 불가항력이었어요.

프란틀 여사 종업원들이 불가항력을 들고 나오면 난 두 손 들고 말지! 그러면 난 죽고 말거야! 패혈증으로 죽든, 전차에서 떨어져 죽든, 다리가 부러져 죽든 아무래도 좋아. 그렇지만 그놈의 불가항력 따위를 나 이레네 프란틀은 지금까지 용납한 적이 없어!

엘리자베트 아무래도 전 어떻게 해 볼 수가 없어요.

프란틀 여사 그렇게 죽을상은 짓지 말아요, 불가항력양! 이 부장판사 사모님을 좀 보세요! 판사 사모님은 꼭 필요하지도 않고 그저 순전히 소일거리로 하는데도 네 배의 실적을 올렸어요.

제 3 장

(연구원이 뛰어들어와 엘리자베트를 향해 달려든다. 그는 거의 제정신이 아니다.)

연구원 당신 여기 있군, 이 거짓말쟁이 같으니! 이 사기꾼! 당신 아버진 세관 검사관이 아니잖아. 당신 아버지가 세관 검사관이 아니고 그저 보험 회사 검사관이라고 곧바로 말했더라면, 도대체 내가 당신 밥벌이를 마련해 줬을 것 같아?

엘리자베트 하지만 전 한 번도 그렇게 주장한 적이 없어요.

연구원 (그녀의 말을 가로막으면서) 천만에! 당신은 그렇게 주장했어!

엘리자베트 아니에요! 그런 적 없어요!

연구원 (지팡이로 프란틀 여사의 책상을 내리치는 바람에 사무용 서류들이 사방으로 흩어진다. 다시 고함을 지른다.) 세관 검사관이라고 했잖아! 세관 검사관! 세관 검사관!

프란틀 여사 (흩어진 서류들을 주워 모으면서 꽥 소리 지른다.) 그만둬요! 그만둬! (침묵)

연구원 (프란틀 여사와 부장판사 부인에게 공손히 인사를 한다.) 용서하십시오, 제가 느닷없이 소란을 피운 것을. 하지만 보험 회사 검사관에 비하면 시시한 연구소장도 전문가 축에 낀다고 할 수 있죠. 그런데 저 위험한 여자가 내 생돈을 갈취했지 뭐예요.

엘리자베트 (그의 말을 막으면서) 전혀 사실이 아니에요!

프란틀 여사 조용히 해요!

연구원 조용히 해요!

프란틀 여사 (집게손가락으로 위협한다.) 아가씨, 아가씨, 잘못한 사람이 목소리가 큰 법이지요.

연구원 (고함친다.) 잘못한 사람이 목소리가 크다고! 맞아요! (침묵)

엘리자베트 이제 난 한 마디도 더 하지 않겠어요.

연구원 (원한에 가득 차서) 아무렴 그래야지.

프란틀 여사 (연구원에게) 좀 앉으시죠!

연구원 고맙습니다. (앉는다.) 난 마음 착한 사람이지만 누가 날 속이는 것은 절대 못 참아요.

엘리자베트 난 속이지 않았어요.

프란틀 여사 제발 입 좀 닥쳐요, 아가씨!

연구원 한 대만 부탁할까요?

프란틀 여사 (연구원에게 담배를 내민다.) 자.

연구원 이제 좀 숨통이 트이는군요. (담배 한 대를 물고 편안하게 뒤로 기댄 다음 맛있게 연기를 내뿜는다.) 그럼 여러분께 말씀드리겠습니다. 이 여자가 내 방으로 들어와서 저의 부성애(父性愛)를 파고 들었죠. 전 이 여자에게 제 수족관을 보여 주었고 티베트에 관한 책을 빌려 주고 게다가 외판원 허가증까지 사 주었죠. 그런데 이 여자의 아버지는 세관 검사관이 아니라는 겁니다! 전 신원조회를 해 보았습니다. 바로 저의 인간적인 천성 때문에, 제 주변 세상이 항상 저의 연약한 마음을 이용해먹었기 때문에 말입니다.

프란틀 여사 외판원 허가증이라고요? 어떤 허가증 말인가요? 그건 저 아가씨가 나한테 받아 갔는데요.

연구원 뭐라구요? 당신한테서도 받아 갔다구요?

프란틀 여사 그건 영업의 관행이랍니다. 회사측이 종업원들에게 미리 일할 기회를 주고 종업원들은 일을 해서 나중에 갚는 거죠. [150]

마르크를 …

연구원 (제정신이 아니다.) 150마르크라구요? (침묵)

프란틀 여사 그건 사기예요.

엘리자베트 (갑자기 뛰쳐나오면서) 난 절대 사기꾼이 아니에요!

판사 부인 중요한 건 그게 아니에요, 아가씨! 사기죄의 구성 요건이 성립되는지의 여부가 중요한 거예요. 그렇지 않다면 사법부 전체가 무너지고 말 거예요!

프란틀 여사 그렇고말고요.

판사 부인 나하곤 상관없는 일이고, 난 개인적으로 판사와 결혼했다는 것밖에는 법원과 아무런 관계도 없었지요. 하지만 당신은 여기 이 양반의 돈으로 당신의 외판원 허가증을 사지 않았고, 따라서 난 우리 남편이 이렇게 말하는 소리가 들리는군요. "허위 사실을 사실처럼 꾸미는 것, 사기죄의 구성 요건이 성립되는군."

연구원 (절망에 빠져 주저앉는다. 울먹이는 목소리로) 난 가난한 연구원이고 착한 일을 한 것뿐인데…

엘리자베트 연구원 선생님! 당신 돈은 틀림없이 돌려드리겠어요.

연구원 헛소리!

엘리자베트 천만에요. 한 푼도 남기지 않고 돌려드리겠어요.

연구원 언제?

엘리자베트 제가 일을 해서 틀림없이 갚겠어요.

프란틀 여사 어떻게 말예요? (엘리자베트의 주문 장부를 읽는다.) 스타킹 대님 두 쌍에 허리받침 하나, 코르셋 하나, 그리고 불가항력.

연구원 (펄쩍 뛰어 일어난다.) '불가항력' 이라니! 사기예요! 지금 당장 내 돈 내놔요, 아가씨!

엘리자베트 지금은 없어요.

프란틀 여사 하지만 외판원 허가증은 나한테서 받아 갔잖아요!

엘리자베트 그건 그렇지요.

연구원 아, 그랬군요!

엘리자베트 하지만 이분한테 받은 돈은 급한 일에 썼어요.

프란틀 여사 갈수록 태산이군!

엘리자베트 마음대로 생각하세요. 난 그걸 벌금 내는 데 썼어요.

연구원 (다시 제정신이 아니다.) 뭐라고? 당신은 이미 법원과 무슨 일이 있다고?! 그러니까 당신은 전과자란 말이지?! 그렇지만 난 당신을 틀림없이 교도소로 보내고야 말겠어! 내가 당신의 마지막 희생자가 될 거요! (서둘러 퇴장)

제 4 장

프란틀 여사 기가 차군, 정말 기가 차!

판사 부인 저 양반이 세관 검사관과 보험 검사관 건이 진실이라고 선서하면, 당신은 유죄 판결을 받게 돼요.

프란틀 여사 교도소 행이군.

판사 부인 그렇진 않아요! 그저 구류형일 뿐이죠! 대략 보름쯤.

엘리자베트 이제 모두가 날 엄청난 범죄자로 생각하겠군요.

프란틀 여사 생각하는 거야 돈 드는 일이 아니지요. 특히 이미 전과가 있다는 것을 말하지 않으면 말이죠.

엘리자베트 허기야 내가 그걸 당신한테 말할 의무는 없지요.

프란틀 여사 그렇다면 크게 나빠질 건 없군요! 이건 수치스런 사건이에요. 당신은 당연히 즉각 해고고 … 이제 경찰이 올 때까지 잠자

코 거기서 기다려요! (퇴장)

제 5 장

판사 부인 나하곤 아무 상관도 없지만, 전과란 항상 고약하지요.

엘리자베트 (초등학교 학생처럼 혼자서 주워섬긴다.) 난 이 회사에 오기 전에 외판원 허가증 없이 일했다는 이유로 전과자가 됐지요. 그리고 150마르크의 벌금형을 먹었어요. 분납 조건으로요. 하지만 이것저것 지불 일자는 닥치고, 난 돈을 못 내서 감옥에 가야 할 판이었지요. 그러면 내 장래는 다시 엉망진창이 될 거구요. 그래서 난 그 대신 그 연구원 선생님의 돈을 써 버린 거예요.

판사 부인 그러니까 너무 많이 부인하지 말고 판사보다 똑똑한 척하지 말아요. 내 남편은 정말 착한 사람이지만, 불필요한 변론으로 재판이 지연되는 건 딱 질색이죠! 내가 집에서 점심 식탁에 앉아 그 양반을 하염없이 기다리고 있는데 재판을 질질 끌어 자리를 뜰 수 없게 되면, 그 양반도 이해심이 없어지거든요. 이걸 명심해요. 따지고 보면 판사도 역시 인간에 불과하다는 사실을 피고인들은 꼭 알아야 해요.

셋째 마당

제 1 장

(무대 : 조그만 앞뜰이 딸린 복지국 앞.

복지국의 단골손님들인 노동자의 아내와 중년의 경리사원, '마리아' 라는 이름의 아가씨가 토론을 벌인다. 엘리자베트도 끼여 있다. 그녀는 앞뜰의 울타리에 기대어 늦은 오후의 약한 햇볕을 쬐고 있다. 이때 한 산재(産災) 장애자가 절뚝거리면서 복지국에서 나온다.)

제 2 장

산재 장애자 잘한다, 잘해! 저 안에 있는 복지국 놈들도 자기네 소관 사항이 아니라는구만. 그래서 나더러 다른 데 가서 알아보라는 거야. 빌어먹을!

노동자의 아내 산재 보험국에 가 봐야겠군요.

산재 장애자 산재 보험국에선 그게 자기네 소관 사항이 아니고 동업 조합 소관이라는 거예요. 동업 조합에선 내가 사고 전에 이미 부정맥(不整脈)과 편평족을 가지고 있었기 때문에 내 다리가 그 전부터 병들어 있었다는 거예요. 그리고 담당자 나리는 내 면전에다 대고 내가 하려고만 하면 지팡이 없이도 벌써 오래 전부터 걸을 수 있었을 거라지 뭐예요!

경리사원 그렇다면 소청심사위원회에는 가 봤나요?

산재 장애자 그들은 동업 조합이 내 연금 지급률을 60퍼센트에서 40퍼센트로 낮췄다는 걸 확인해 주었죠. 그들이 내 판결문 속에 직접 써 넣었죠. 소청인이 그 이전에 일을 해서 받은 돈이 지금 연금으로 받는 돈보다 많지 않기 때문에 소청 요인이 성립되지 않는다고!

제 3 장

(모두들 입을 다물고 꼼짝도 하지 않는다. 왜냐하면 보안경찰 알폰스 클로스터마이어가 천천히 지나가면서 겉으로는 아무도 지켜보지 않는 것처럼 하면서 그들을 관찰하기 때문이다. 서서히 날이 저물기 시작한다.)

제 4 장

노동자의 아내 (보안경찰의 뒷모습을 쳐다보면서) 장군님은 …

경리사원 오늘 우리가 일용할 양식을 주시죠.

마리아 전 사정이 더 나쁘답니다.

산재 장애자 어떤데요?

마리아 우린 식구가 일곱인데다 여덟 번째 식구가 곧 태어날 판이죠. 하지만 저의 아버지가 주당 40마르크를 집에 가져오신다는 이유로 제 실업 수당마저 일부를 깎는답니다.

산재 장애자 모조리 사기야!

엘리자베트 전 아버지가 몇 푼 버신다고 저에겐 한 푼도 안 주려고 한답니다.

경리사원 아버지가 뭘 하시는데요?

엘리자베트 보험 검사관이지요. 죄송하지만, 전 지금 웃음을 참을 수가 없군요. (웃는다.)

노동자의 아내 왜 그렇게 웃는 거예요, 얌전한 아가씨? (엘리자베트가 갑자기 웃음을 뚝 그친다.) 어서 집에나 가요!

엘리자베트 안 돼요!

노동자의 아내 그러니까 그건 당신 잘못이에요! 검사관 아버지가 있으면서 …

엘리자베트 (그녀의 말을 가로채며) 보험 검사관이란 말이에요!

노동자의 아내 그게 그거지!

엘리자베트 (싱긋이 웃는다.) 그래요?

경리사원 어리석음과 자만심은 한 나무에서 자란다더니…

노동자의 아내 편안한 집이 있는데 그걸로도 모자라는 모양이지!

엘리자베트 제 경우엔 특별한 사정이 있어요.

노동자의 아내 아가씬 무슨 일을 저질렀나요?

엘리자베트 (어색하게 미소를 짓는다.) 제가 그렇게 보여요? (침묵)

경리사원 (싱긋이 웃는다.) 반짝이는 것이 모두 금은 아니야. (퇴장)

제 5 장

마리아 (엘리자베트에게) 만사는 참는 게 제일이지요.

엘리자베트 다시는 그 생각을 하고 싶지도 않아요.

제 6 장

산재 장애자 (혼자서 꿉는다.) 복지국, 노동국, 동업 조합, 산재 보험국, 소청심사위원회 … 모두 공동묘지에나 가 버려라! (퇴장)

제 7 장

노동자의 아내 (혼잣말로) 공동묘지라고? 당신 소관 부처를 찾을 때까지 얼마나 시간이 걸릴지 모르지. (퇴장)

제 8 장

마리아 무슨 일을 저질렀어요?

엘리자베트 아무 것도 아니에요.

마리아 그렇지만 감옥살이를 했잖아요? (엘리자베트는 아무 말도 하지 않고 가만히 있다.) 나한테는 마음놓고 얘기해도 괜찮아요. 난 어떻게 그런 일이 일어나는지 아니까요. 그건 정말 사소한 법조문들이지만 당신은 계속해서 거미줄에 얽혀드는 겁니다. 당신은 무슨 일인지도 모르는 새 벌써 끝장이 나 버린 거죠. 내 얘길 들어보세요. 저의 아버지는 건축 공시장에서 나무판자 몇 개를 훔쳤다고 즉각 10일간의 구류를 먹었어요 … 그 판자들은 그저 거기 놓여 있었고, 우리 판잣집에선 침대 속으로 빗물이 떨어졌어요. 일단 무슨 일이든 저질렀다 하면, 틀림없이 새끼를 치게 되거든요. (엘리자베트는 여전히 침묵을 지킨다. 그 사이에 밤이 되었고 두 아가씨는 복지국 창문에서 비치는 불빛을 받으며 단둘이 앞뜰의 울타리 받침대 위에 앉아 있다.) 결혼한 적 있어요?

엘리자베트 아니요. (침묵) 사실 우리 아버지와 나는, 우린 서로 다른 사람들이지요. 가령 내가 태어났을 때, 아버지는 내가 계집애라고 길길이 날뛰었지요. 그리고 계속해서 나한테 원한을 품었죠. 그렇지만 겉으로는 점잖은 신사처럼 처신했어요. 우리 어머니가 돌아가시지 않았다면 그 일로 꽤나 잔소리를 했을 거예요. 남자들이란 모두 철저한 이기주의자들이죠.

마리아 당신에겐 아직 좋은 사람이 나타나지 않았군요.

엘리자베트 혹시 모르죠.

마리아 그런 남자는 갑자기 나타나는 법이지요. 전혀 예상도 하지 않을 때 말이에요. (침묵)

엘리자베트 아마 기껏해야 만 명의 남자들 가운데 한 명쯤이나 나에게 호감을 가지려나…

마리아 그건 그래요.

엘리자베트 난 항상 독립적으로 살려고 했어요. 내 일은 내 뜻대로 처리하려고요.

마리아 그건 불가능해요. (침묵) 어떤 남자가 나와 결혼하길 원한다면 난 반대하지 않을거예요. 다만 그가 날 때리면 안 되지요. 그런데 지금 무슨 일을 하고 있죠?

엘리자베트 아무 것도 안 해요. (침묵)

마리아 우린 구제불능일지도 몰라요.

엘리자베트 맞아요. (침묵)

마리아 (벌떡 일어난다.) 나랑 같이 가요! 자, 저 앞을 좀 살펴봅시다. 저기 우리에게 밥 한끼 사 줄 사람이 틀림없이 저 안에 앉아 있을 거예요!

엘리자베트 하지만 그것만은 안 돼요! (침묵)

마리아 왜요?

엘리자베트 안 돼요. 자기보존의 법칙 때문에 안 돼요. (침묵)

마리아 서울 안 가 본 사람이 서울 사람보다 남대문을 더 잘 안다더니 …

제 9 장

(상장을 단 남작이 나타난다. 그는 다소 허물어지고, 지치고, 기분 나쁜 것처럼 보인다. 마리아가 그를 보고는 홀린 듯이 뚫어지게 쳐다본다.)

제 10 장

남 작 (우아하게 인사한다.) 안녕하십니까, 부인! 나는 혹시 당신이 나타나지 않을까 봐 걱정했습니다.

마리아 (기계적으로) 영광이군요. (침묵)

남 작 (엘리자베트를 알아보고) 아, 누구시라고! (가볍게 모자를 들어 인사하고는 심술궂은 미소를 짓는다.)

마리아 이게 어떻게 된 거야? 당신 저기 있는 내 낯선 친구를 잘 알아요?

남 작 '낯선' 친구라고? (엘리자베트에게) 애당초 당신은 소중한 당신의 시체를 팔려고 하지 않았습니까?

마리아　시체라고?

남　작　(약간 구겨진 상장을 펴면서) 그래요. 그땐 그래도 형편이 나았었지요. 그땐 나도 총대리점을 운영했었으니까.

엘리자베트　(빙긋이 웃는다.) 혹시 코르셋 총대리점이었나요?

남　작　아뇨. 주류 총대리점이었지요. 난 지금 맨 밑바닥 인생을 살고 있답니다.

마리아　(복지국 창문을 통해 흘러나오는 불빛으로 손거울 속에 비친 자신의 얼굴을 들여다본다.) 후고! 혹시 나한테서 달라진 것이 뭔지 아직 모르겠어요?

남　작　지금은 모르겠는데요.

마리아　자, (이빨을 드러내 보인다.) 그저께 저 위쪽에 의치 두 개를 해 박았어요. 있잖아요, 신경이 이미 죽어 버렸기 때문에 내 이빨 두 개가 완전히 망가져서 시커멓게 변했거든요.

남　작　(심술궂게 웃는다.) 당신한테 유리하도록 변신을 했군요.

마리아　내 맘이죠.

제 11 장

(이때 마리아 뒤로 형사 한 명이 나타난다. 마리아는 여전히 손거울을 통해 의치를 들여다 보고 있다. 남작은 약간 뒷걸음질치고 형사는 마리아가 돌아설 때까지 기다린다. 그녀는 이제 형사를 보고는 어깨를 으쓱한다.)

제 12 장

형　사　같이 좀 갑시다. 그 이유는 잘 아시겠지.

마리아　(기어 들어가는 목소리로) 전혀 모르겠는데요.

형　사　그래요? 전혀 모른다고요?

남　작　그럼 내 커프스 단추도 모른단 말이오? (침묵)

마리아　(나지막하게) 맙소사.

남　작　그럼 누가 나한테서 그걸 훔쳤을까?

형　사　경찰입니다. 같이 좀 가실까요?

마리아　(남작을 노려본다) 당신이 날 밀고했지?

형　사　당장 조용히 해요!

마리아　당신이지? 내가 3마르크를 빌려 준 당신이? 3마르크를!

형　사　입 닥쳐요!

남　작　(다시 공손하게 인사를 한다.) 안녕, 아가씨! (퇴장.)

마리아　이 나쁜 놈, 개새끼!

형　사　(재빨리 그녀에게 수갑을 채운다.) 입 닥쳐! 자, 가자! (그녀를 끌고 간다.)

마리아　아야!

제 13 장

(보안경찰 알폰스 클로스터마이어가 비명 소리를 듣고 재빨리 달려와서는 걸음을 멈추고 엘리자베트를 쳐다본다. 그녀도 그를 쳐다본다.)

제 14 장

보안경찰 대체 무슨 일입니까?

엘리자베트 (심술궂게 웃는다.) 아무 것도 아녜요. 아가씨 하나가 체포됐을 뿐이에요, 아무것도 아닌 일로.

보안경찰 뭐라구요? 그런 일은 있을 수가 없지요!

엘리자베트 그래도 그런 일이 있는데요. (침묵) 왜 날 그렇게 빤히 쳐다보는 거죠?

보안경찰 (웃는다.) 그래선 안 되나요? (침묵) 당신을 보니 누가 생각이 나서요. 특히 당신의 전체적인 모습이 말이에요. 죽은 내 애인이 생각나서요.

엘리자베트 당신 참 알쏭달쏭한 얘길 하는군요. (침묵)

보안경찰 이제 어느 방향으로 가시죠?

엘리자베트 날 바래다 주시려고요?

보안경찰 전 오늘 근무가 끝났거든요.

엘리자베트 전 혼자 가고 싶은데요.

보안경찰 (별 생각 없이) 경찰을 좋아하지 않는 모양이죠?

엘리자베트 (약간 움찔한다.) 뭐라구요?

보안경찰 제가 바래다 주는 걸 당신이 싫어하시니 말에요. 그래도 경찰은 있어야 합니다. 아가씨! 우리 모두의 내부에는 이를테면 철도 암살범이 숨어 있으니까요.

엘리자베트 난 안 그래요.

보안경찰 아무렴, 그럴 리가 있나요!

엘리자베트 (그를 흉내 낸다.) "아무렴, 그럴 리가 있나요!"

보안경찰 (웃는다.) 당신은 마치 한 번 죽었다 살아난 사람처럼 행동하시는군요.

엘리자베트 그런 걸 마음 아파하는 사람은 아무도 없어요.

보안경찰 희망을 버려선 안 되지요.

엘리자베트 그건 헛소리예요. (침묵)

보안경찰 믿음과 사랑과 소망이 없으면 논리적으로 인생이란 존재하지 않지요. 모든 게 서로 인과 관계로 얽혀 있지요.

엘리자베트 당신은 안정된 신분인 공무원이니까 쉽게 그런 말을 하는 거예요.

보안경찰 결국 우린 모두 언젠가는 죽을 수밖에 없는 운명이지요.

엘리자베트 나에게 사랑이니 뭐니 하는 얘기는 집어 치워요! (침묵)

보안경찰 아가씨, 그렇지만 내 말을 잘 들어 봐요. 그러니까 난 여기 복지국 앞에서 이미 며칠 전부터 당신을 지켜보았어요. 왜냐하면 당신이 내 기억을 되살려주었기 때문이죠. 이미 말했듯이 죽은 애인을 말이에요.

엘리자베트 그 죽은 애인이 대체 누군데요?

보안경찰 내 약혼자였죠. (침묵) 말하자면 우린 일심동체였죠. 하지만 그녀는 간에 문제가 있었고 이제 나의 몸 한 구석이 떨어져 나가는 듯 하답니다. 당신은 왜 웃습니까?

엘리자베트 그저요. (침묵)

보안경찰 당신은 매우 기분이 상한 것 같군요.

엘리자베트 전 걸음이 빨라요.

보안경찰 당신은 빨리 걸을 수 있지만 나도 빨리 걸을 수 있지요.

(멀리서 한 발의 총성이 들린다. 그러고 나서 또 한 번, 또 한 번의 총성이 들린다. 누군가 고함을 친다.)

보안경찰 (귀 기울여 듣는다.) 이게 무슨 일이지? 그놈들이 또다시 서로 총질을 하는 것같군. 그러니까 이건 틀림없이 미쳐 버린 거야. 이 잠재적인 내전이…… 제가 가서 살펴보고 금방 돌아올 테니까 절 꼭 좀 기다려 줘요!

엘리자베트 알았어요.

(보안경찰 오른쪽으로 퇴장.)

제 15 장

(이때 판사 부인과 함께 판사 자신도 그녀의 왼쪽에 서서 나타난다.)

판사 부인 여보, 내 뒤를 꼭 따라와요! 자, 이제 복지국 안으로 들어가서 참사관님에게 말해요. 당신은 오늘 저녁에 유감스럽게도 그 양반을 만날 수 없다고 말예요. 왜냐하면 당신은 아내를 위해 봉사해야 하기 때문이라고요.

판 사 하지만 난 영화관에 가기 싫은데. 두 시간 동안 시가를 한 대도 못 피우다니…

판사 부인 아, 그건 당신한테 잘된 일이에요! 당신 장(腸)을 생각해 봐요!

판 사 나도 생각하고 있소. 의사가 바로 어제 나에게 다시 경고를 했소.

판사 부인 나에게도 경고를 했죠. 나는 선통(腺痛) 때문에 계단을 많이 오르내리면 안 된다고…

판 사 (그녀의 말을 가로막으면서) 당신 꼭 코르셋을 팔아야겠소? 그건 말도 안 되는 짓이야!

판사 부인 하지만 난 당신한테 땡전 한 푼도 구걸하고 싶지 않아요!

판 사 죄 짓지 말아요! 당신이 도대체 대공황에 대해 뭘 안다고 그래? 난 날이면 날마다 불쌍한 사람들에게 유죄 판결을 내려야 한다구. 그들은 결국 따지고 보면 단지 먹고살 길이 없기 때문에 그런 건데도 말이오!

판사 부인 그렇다면 나는 그런 사람들에게 유죄 판결을 내리지 않을 거예요.

판 사 여보! (침묵) 알았어. 지금 당장 난 참사관에게 내가 아내에게 봉사하고 싶으니까 오늘은 우리의 트럼프 놀이를 할 수 없다고 말하지. 하지만 또 저질 영화면 각오해, 이 미키마우스 같으니라구. (복지국 건물 안으로 사라진다.)

제 16 장

(판사 부인은 이제 엘리자베트를 본다. 두 사람은 서로를 응시하지만, 엘리자베트는 과거의 어느 누구와도 아는 척하기가 싫다. 그러나 판사 부인은 쉽게 물러서지 않는다.)

제 17 장

판사 부인 우습군요. 우린 서로 잘 알잖아요.

엘리자베트 (불안하게 주변을 둘러본다.) 제발 절 아는 척하지 마세요, 판사 사모님.

판사 부인 전혀 겁낼 거 없어요, 아가씨! 나하곤 상관없는 일이지만, 그때 얼마를 받았죠?

엘리자베트 14일요.

판사 부인 거 봐요. 내가 말했던 그대로잖아요!

엘리자베트 하지만 집행유예는 없었어요.

판사 부인 없었다구요?

엘리자베트 내가 그 전에 벌금형을 받았었기 때문에. (싱긋이 웃는다.) 내가 무슨 범법 행위를 저질렀는지 알기만 하면 좋으련만…

판사 부인 아, 난 그런 일이 어떻게 일어나는지 잘 알죠! 나한테 그걸 설명할 필요는 없어요! 세상만사가 불공평하다는 걸… 그런데 새 직장은 구했나요? 아니면 아직 못 구했나요?

엘리자베트 못 구했어요. 하지만 좀 전에 어떤 남자를 사귀었어요. 그런데 이 남자는 나에게 죽은 자기 애인 얘기를 했죠. (그녀는 다시 빙긋이 웃는다.)

판사 부인 당신에게 최선의 길은 어쨌든 결혼일 거예요.

엘리자베트 (심드렁하게) 아니라고는 말하지 않겠어요.

판사 부인 당신에게 축하를 해도 되겠군요.

엘리자베트 우린 우연히 서로 알게 되었죠.

판사 부인 그렇게 시작되는 거지. 난 잘 알지, 아가씨. 잘 알고말고!

엘리자베트 아마 이건 내 생애 최대의 우연일 거예요.

판사 부인 그 사람 직업이 뭐죠? 예비 신랑 말이에요.

엘리자베트 공무원이에요.

판사 부인 공무원이요? 그 사람이 당신의 14일 구류 건을 알고 있나요?

엘리자베트 아뇨.

판사 부인 흠, 하지만 그걸 그 사람한테 꼭 얘기해야 할 텐데 … 그렇지 않으면 그 사람은 경우에 따라서는 자기 경력에 지장을 받을 지도 모르지요.

엘리자베트 그럴 수가 있을까요?

판사 부인 물론이죠.

엘리자베트 저기 그 사람이 돌아오는군요.

판사 부인 어디? 어머나, 경찰이잖아? 허긴 나하곤 아무 상관없는 일이지. 잘해 봐요, 아가씨! (그녀에게서 물러난다.)

제 18 장

보안경찰 (다시 나타난다. 엘리자베트에게) 자, 이제 난 자유예요. 그놈들이 무고한 사람을 쏘았어요. 우리가 왜 하필 이런 시대에 살아야 하나, 하고 전 종종 생각한답니다, 아가씨. (그는 갑자기 판사 부인을 가리킨다.) 저 여자가 당신에게 뭘 원하는 거죠?

엘리자베트 (거짓말을 한다.) 난 저 여자를 알지 못해요.

보안경찰 저 여자가 우릴 빤히 쳐다보고 있어서요.

엘리자베트 아마 우릴 아는 사람으로 착각하는 모양이죠. 자칫하면 사람을 잘못 보기가 쉬우니까요.

보안경찰 허긴 그렇죠. 하지만 내가 공권력 집행자로서 두 사람을 혼동한다면, 그건 내 경력에 좋지 않을 겁니다.

엘리자베트 당신 근무처에선 그렇게도 빡빡한가요?

보안경찰 엄청나답니다. 때로는 그야말로 도가 넘을 정도지요. 정말 추운 모양이죠? 이빨을 맞부딪칠 정도로 떠는 걸 보니.

엘리자베트 네.

보안경찰 몹시?

엘리자베트 상당히요.

보안경찰 당신에게 내 외투를 걸쳐 드리고 싶은데요. 전 그게 필요 없거든요. 하지만 전 그렇게 하는 것이 금지돼 있어요.

엘리자베트 (웃는다.) 그 외투는 언제나 근무중이군요.

보안경찰 의무는 의무지요.

엘리자베트 자, 가요. 여긴 너무 무서워요. (천천히 보안경찰과 함께 퇴장.)

제 19 장

(이때 판사가 다시 복지국에서 나온다.)

판사 부인 (갑자기 냉랭하게) 여보, 저 건너편에 프란틀 회사의 그 아가씨가 가요. 그건 보험 검사관과 세관 검사관이 관련된 사기 사건이었어요.

판 사 전혀 모르겠는데!

판사 부인 하지만 당신이 그녀에게 유죄 판결을 내렸잖아요.

판 사 그럴지도 모르지! (침묵)

판사 부인 하지만 당신은 그녀에게 집행 유예를 주지 않았어요. 그건 당신이 잘못한 거예요.

판 사 (화가 나서) 당신 잘못이나 신경 써요, 여보!

넷째 마당

제 1 장

(무대 : 엘리자베트의 가구 딸린 방.
보안경찰 알폰스 클로스터마이어는 내복 차림으로 침대에 누워 졸고 있다. 엘리자베트는 커피를 끓이면서 때때로 알콜 버너 옆에 놓여 있는 흰 과꽃을 쳐다본다. 밖에서는 시월의 햇살이 비치지만 커튼은 반쯤 내려져 있고, 전체적으로 사랑하는 두 사람의 행복하고 평화로운 정경이다.)

제 2 장

엘리자베트 (흰 과꽃의 향기를 맡는다.) 참 오래도 가는군. 벌써 닷새째야. 사실 난 애당초 그런 생각은 하지도 못했어. 당신이 나에게 흰 과꽃을 사다 줄 줄은…

보안경찰 내면의 목소리가 나에게 그러라고 말했지.

엘리자베트 그렇지만 그럴 줄은…

보안경찰 당신은 그처럼 깔끔한 보안경찰은 경박한 바람둥이라고만 생각했었지? 돈 많은 여자만 좋아할 거라고 말이지. 당치도 않은 소리! 난 나에게 의존하는 여자를 그 반대인 여자보다 높게 평가하지. 한 번 더 키스해 주겠소?

엘리자베트 그럼요.

보안경찰 커피가 곧 준비되겠소?

엘리자베트 곧 돼요.

보안경찰 (침대머리 화장대에서 이어폰을 집어들고 귀에 꽂는다.) 힘차군! 절도 있어. (그는 라디오에서 군악대가 연주하는 '라데츠키 행진곡' 을 따라 흥얼거린다.)

엘리자베트 여보, 알폰스, 어젯밤엔 멋진 오페라 중계가 있었어요. '아이다' 말이에요.

보안경찰 (이어폰을 다시 화장대 위에 내려놓는다.) 그러니까 내가 보고 싶지 않았단 말이군?

엘리자베트 무슨 소리예요, 알폰스!

보안경찰 한 번 더 키스해 주겠소?

엘리자베트 여기 커피 가져왔어요. (그에게 커피 잔을 가져다준다.) 그리고 여기 키스도 가져왔어요. (그녀는 그에게 키스하고 침대 가장자리에 걸터앉는다.)

보안경찰 (커피를 맛있게 마신다.) 난 벌써 오늘이 됐다는 것이 정말 기뻐. 항상 비상 대기 상태니, 그 빌어먹을 선거가 끝나니까 시원하군! 그저께 밤에도 내 동료 한 명이 총에 맞아 죽었소.

엘리자베트 무고한 사람들이 숱하게 죽어나가죠.

보안경찰 질서가 잡힌 국가에서는 그런 일이 있을 수 없지.

엘리자베트 사람들이 제정신이 아니기 때문에 부당한 일이 일어날 수밖에 없다는 걸 난 진작에 깨달았어요. 하지만 약간은 덜 부당하게 돌아갈 수도 있을 텐데.

보안경찰 그게 삶의 지혜지. 나의 어떤 점이 당신 맘에 들지?

엘리자베트 모든 것이요.

보안경찰 하지만 어떤 말이 나에게 가장 잘 어울리지?

엘리자베트 모르겠어요.

보안경찰 자, 그걸 알아야지!

엘리자베트 당신은 좀 변했어요, 알폰스. 전에는 당신이 지금보다 슬퍼 보였어요.

보안경찰 뭐라고?

엘리자베트 정말 더 우울했어요.

보안경찰 아, 난 지금도 그래! 그런 말을 들으면 웃음거리가 될 거야!

엘리자베트 실례하겠어요. (일어난다.)

보안경찰 어디 가는 거요? 아, 그렇군. 자연스런 감정을 코르셋으로 옥죄이진 말아요.

엘리자베트 (약간 놀라서 움찔한다. 날카롭게) 코르셋이 어쨌다고요?

보안경찰 (깜짝 놀라) 왜 그러는 거요? (침묵)

엘리자베트 (미소를 짓는다.) 미안해요, 정말. 하지만 난 오늘 신경이 좀 예민해요. (사라진다.)

제 3 장

보안경찰 (혼잣말로) 우울하다고? 더 우울했다고? 왜 더 우울했을까?

제 4 장

(엘리자베트가 다시 나타난다.)

보안경찰 오래 걸렸군.

엘리자베트 오래라뇨?

보안경찰 하지만 별일 없었지?

엘리자베트 제발 좀더 분명히 말해 줘요.

보안경찰 난 늘 조심하는 편이거든.

엘리자베트 아, 그렇군요.

제 5 장

(이때 누가 문을 두드린다. 두 사람은 가만히 듣는다. 다시 문 두드리는 소리가 들린다, 더 크게.)

보안경찰 쉿! 집에 아무도 없는 척해.

엘리자베트 대관절 누굴까?

제 6 장

목소리 경찰입니다!

엘리자베트 맙소사!

보안경찰 경찰이라고? 그런데 난 이렇게 누워 있다니. 영락없이 망신살이 뻗쳤군! (그는 재빨리 옷을 주워 입고 옷장 속에 숨는다.)

제 7 장

(더욱 거세게 문을 두드린다. 엘리자베트가 문을 열자 한 남자가 그녀의 가구 딸린 방 안으로 들어온다. 그는 풍기 단속 경찰의 경감이다.)

제 8 장

경　감　고생 끝에 낙이로군. (사방을 둘러본다. 갑자기 돌아서서 흐트러진 침대를 가리킨다.) 내가 당신 잠을 깨운 모양이죠?

엘리자베트　왜 그걸 묻죠?

경　감　당신이 그 이유를 잘 알 텐데요.

엘리자베트　오늘은 몸이 안 좋아서요.

경　감　허긴 밤일을 하고 그 때문에 낮에는 쉬어야 하는 사람들도 있죠.

엘리자베트　무슨 뜻으로 그런 말을 하는 거예요?

경　감　(의자 위에서 발견한 양말대님을 치켜들며) 아가씨는 양말대님을 쓰는 모양이지? (침묵)

엘리자베트　나한테 뭘 원하는 거예요?

경　감　당신은 경찰서에서 정착 명령을 받았고, 거기엔 3주 안에 이론의 여지없는 거주지를 마련하라고 적혀 있었소. 하지만 당신은 일자리도 없고, 일자리를 얻으려 애썼다는 걸 증명하지도 않았소.

엘리자베트　잠잘 곳이 없는 사람들이나 신경 쓰시지 그래요!

경　감　선동 연설은 그만둬요! 잠잘 곳 없는 사람은 경찰의 규제 대상이 아니고, 그 때문에 공공질서를 위협하는 자들이 규제 대상이지.

엘리자베트　하지만 난 공공질서를 위협하지 않았는데요!

경 감 당신이 소득의 출처를 제시할 수 없는 한, 그건 의심의 여지가 있지요.

엘리자베트 난 보호자가 있어요.

경 감 바로 이러한 친절한 보호가 우리의 관심사입니다.

엘리자베트 그건 전에 이미 밝혔는데요. 난 약혼자로부터 주당 20마르크를 받고 있어요. 그걸로 사는 거죠.

경 감 그 약혼자가 대체 누굽니까? (침묵) 그 이름을 대지 않겠습니까?

엘리자베트 안 돼요.

경 감 왜 안 되는 거죠?

엘리자베트 내 약혼자의 신분 때문에 혹시 그에게 누가 되지나 않을까 해서요.

경 감 (싱긋이 웃는다.) 그럴듯하군! 정말 그럴듯해. 어쩌면 이 20마르크를 여러 명의 약혼자들이 분담하고 있는지도 모르지.

엘리자베트 그건 터무니없는 소리예요.

경 감 (그녀의 말을 가로막으며) 자, 진정해요, 아가씨! 내가 무례한 짓을 하더라도 용서해주시오. (그는 재빨리 옷장 문을 연다. 그리고 그 안에서 한 남자를 발견하지만 놀라진 않는다. 그러나 그 남자가 경찰복 외투와 모자만을 걸친 내복 차림의 보안 경찰이라는 사실이 그로서는 다소 곤혹스러운 듯하다.)

제 9 장

(보안경찰은 옷장 안에서 차려 자세를 취하고 있다.)

경 감 자네 여기서 뭐하나?

보안경찰 저 아가씨가 말한 것은 모두 사실입니다, 경감님. (침묵)

경 감 (엘리자베트에게) 자, 우리끼리 좀 있게 해 주실까요.

(엘리자베트는 망설인다.)

보안경찰 (엘리자베트에게) 그렇게 해요.

엘리자베트 그럼. (퇴장)

제 10 장

경 감 그러니까 자넨 여기서 자유 시간을 보내고 있구먼.

보안경찰 (옷장에서 나와 황급히 옷을 입는다.) 해명을 해도 된다면, 경감님, 여기엔 분명히 착오가 있습니다.

경 감 착오라고? 이봐, 자네 어떻게 그런 여자를 만났지? 우린 그 여자를 예의 주시하고 있네. 그 여자는 특정 범주에 속하는 요주의 여성이란 말이야!

보안경찰 요주의 여성이라뇨?

경 감 뻔할 뻔자지! (침묵)

보안경찰 (웃는다.) 그렇지 않습니다, 경감님.

경 감 자네 그 여자를 속속들이 잘 알고 있나?

보안경찰 잘 알고말고요.

경 감 그럼 그 여자와 결혼할 생각이군.

보안경찰 그럴 계획입니다, 경감님.

경 감 자네 나이가 몇이지?

보안경찰 스물 넷입니다, 경감님!

경 감 안 들어도 무슨 얘긴지 짐작이 가는군!

보안경찰 (이제 옷을 다 입었다.) 하지만 20마르크 얘기는 틀림없습니다, 경감님.

경 감 매달 80마르크라! 자네도 역시 봉급이 남아도는 건 아닐 텐데!

보안경찰 제 부모님께서 도와주시지요.

경 감 아버진 뭘 하시는데?

보안경찰 대목수죠.

경 감 그렇다면 자네도 목수가 되는 게 나았을 거야.

보안경찰 그게 무슨 말씀입니까, 경감님? (침묵)

경 감 유감이야. 하지만 자네와 결혼하려는 여자가 누구인지 전혀 모르는 것 같으니… 자네 약혼자는 사기죄로 14일 구류를 산 전과가 있어.

보안경찰 구류라고요?

경 감 사기죄지. 그 여자가 이미 그 전에 받은 벌금형은 제외하고 말이야. 그런 여자들 입장에서는 경찰과 줄을 대고 싶어 한다는 것이 인간적으로 이해가 돼. 그렇지만 그게 자네 장래를 위해 과연 바람직한지…

보안경찰 전혀 짐작도 못했는데…

경 감 자, 그렇다면! (문을 열고 밖을 향해 외친다.) 들어와요!

제 11 장

(엘리자베트가 다시 들어온다. 그녀는 이제 모든 것이 끝장났다고 이미 체념하고 있다. 침묵.)

보안경찰　사기죄라고? 맞아?

엘리자베트　알아요, 이제 끝장이라는 걸.

보안경찰　구류도?

엘리자베트　그래요. (침묵)

보안경찰　이봐, 엘리자베트, 왜 그런 걸 모두 나한테 말 안 했지?

엘리자베트　제발 나한테 그런 식으로 다그치지 말아요. (침묵)

보안경찰　(차려 자세를 취한다.) 정말 고맙습니다, 경감님!

경　감　천만에!

(보안경찰은 차려 자세를 취한 다음 나가려고 한다.)

엘리자베트　거기 서요! (침묵)

보안경찰　당신은 날 속였고 그것이 나에겐 결정적인 문제요.

엘리자베트　아네요. 당신의 장래가 결정적인 문제죠, 당신에겐.

보안경찰　아니야! 하지만 우선 의무가 최우선이고 그 다음엔 정말 아무것도 문제가 아니야! 아무것도! (침묵)

엘리자베트　이봐요, 알폰스. 아까… 당신이 저 옷상 안에 있었을 때, 난 당신을 보호하려고 했어요.

보안경찰　나를?

엘리자베트　우리를요.

보안경찰 당신을 보호하려고 했겠지! 나로부터! 이제 분명히 알겠소, 아가씨! (침묵)

엘리자베트 (웃는다.) 난 당신을 정말 놓치고 싶지 않아요, 알폰스.

보안경찰 (다시 구두 뒤축을 맞부딪치며 차려 자세를 취한다.) 경감님, 가보겠습니다! (황급히 퇴장.)

제 12 장

경 감 그러니까 당신이 꼭 저 친구의 장래를 그처럼 경솔하게 위험에 빠뜨릴 필요는 없었는데…….

엘리자베트 필요가 없었다구요? 그럼 내 경력은요?

경 감 당신한테 아무 죄도 없다고 주장하려는 건 아니겠지?

엘리자베트 아, 천만에요. 난 이미 오래 전에 그런 건 포기했어요. 실례하겠어요. 하지만 전 지금 웃지 않을 수 없군요. (그녀는 침대 가장자리에 앉아 소리 없이 웃는다.)

경 감 자, 그럼 마음 놓고 웃어요. (퇴장)

다섯째 마당

제 1 장

(무대 : 파출소.
자정이 지난 시간. 보안경찰 알폰스 클로스터마이어가 동료와 함께 장기를 두고 있다. 바깥에는 비가 내리고, 멀리서 오케스트라가 쇼팽의 '장송행진곡'을 연주하는 소리가 들린다. 연주는 3장까지 계속된다.)

제 2 장

보안경찰 (귀를 기울인다.) 누가 저기서 연주를 하는 거지?
경찰 2 라디오야.
보안경찰 자정이 지났는데?
경찰 2 아마 미국 방송일 거야. 거긴 지금 낮이니까. 자네 차례야.
보안경찰 금방 두지.

(침묵. 보안경찰은 차를 움직인다.)

경찰 2 (장고한다.) 내가 이리 가면, 저게 지리 간다. 내가 저리 가면 저게 이리 온다. 캄캄 칠야에 달빛은 교교한데, 마차 한 대가 번개처럼 … 자, 장 받아라!
보안경찰 너까지도. (침묵) 누가 둘 차례지?

경찰 2 언제나 그렇게 묻는 사람이지. (침묵)

보안경찰 (일어난다.) 항복. 외통수로군.

경찰 2 외통수라고? 이 위치에서?

보안경찰 더 이상 수가 없어.

경찰 2 수가 없다고? 이 말을 요리로 옮기면 되잖아!

보안경찰 그런 수도 있었군.

제 3 장

경찰 2 (여전히 장기판을 들여다보면서) 자네 전에는 장기 둘 때마다 가망 없어 보이는데도 끝까지 물고 늘어지더니, 이렇게 쉽게 항복을 하다니 …

보안경찰 몸이 좀 안 좋은 것 같아, 얼마 전부터. 자려고 누우면 눈이 번쩍 떠지고, 일어나면 졸린다니까.

경찰 2 그건 신경 때문이야.

보안경찰 (괴로운 미소를 짓는다.) 그래, 열 받은 일이 있었지.

경찰 2 업무상의 일로?

보안경찰 아니야. 개인적인 일이지. 여자 문제야. 그렇게 헌신적으로 모든 걸 다 바쳤는데… 그런 어처구니없는 인간을 위해서 말이야. 그 여자의 생활비를 대 주고, 가장 깊은 내 속마음까지, 근무 시간 이외의 모든 시간과 아까운 돈을 다 바쳤는 데 … 그 결과가 무엇이었는지 아나? 보기 좋게 사기를 당한 거야.

경찰 2 은혜를 원수로 갚는 게 세상 이치지.

보안경찰 때때로 난 골똘히 생각에 빠진다네.

경찰 2　제발 그런 짓은 그만두게! 생각이 많으면 독이 생기는 법이야!

보안경찰　내 팔자가 그런가 봐. 내 말 좀 들어 보게나. 가령, 나와 마음이 잘 통했던 첫 번째 약혼녀는 죽어 버렸지. 나는 정말 지지리도 복이 없는 놈이야. 첫 번째 여자는 죽고, 두 번째 여자는 나에게 거짓말을 하다니… 이건 정말이지 견딜 수 없는 환멸뿐이라구. 나는 지금까지 단 한 번도 사랑으로 나에게 무언가를 주는 사람을 만난 적이 없어.

제 4 장

(이때 세 번째 보안경찰이 파출소 안으로 들어온다. 그는 만취 상태인 연구원을 데리고 온다. 부소장도 같이 있다. 그도 술 때문에 제대로 몸을 가누지 못한다.)

경찰 3　자!

부소장　하지만 경사님…

경찰 3　(그의 말을 가로막으며) 조용히 해! (동료들에게) 야간 소요와 공무원 모독이야!

부소장　어째서 공무원 모독이란 말입니까?

경찰 3　어째서라고? 저 사람이 고래고래 소리를 지르고 날뛰다가 지팡이로 가게 덧문들을 두드려서 거리 전체를 깨워 놓지 않았단 말이오? 저 사람이 나한테 "이 멍청이, 이 나쁜 놈!" 이라고 말하지 않았소? 안 그랬어? (침묵)

부소장　죄송합니다만, 우린 원래 오늘밤 아주 조촐하게 저 양반의 예순

두 번째 생일을 축하하려고 했던 겁니다. 그렇지만 인간은 생각하고 …

경찰 2 (싱긋이 웃는다.) 하나님은 인도하시지.

연구원 (갑자기 꽥 소리 지른다.) 그럼 누구 잘못이란 말야? 그 소장 잘못이지.

경찰 3 조용히 해! (장기판을 가리키며) 대체 누가 이겼지?

경찰 2 내가.

경찰 3 자네가? 저 친구한테? 그럴 리가 없어.

보안경찰 난 오늘 머리가 텅 비었어.

연구원 여러분! 내 원수가 누구겠습니까? 소장입니다. 그놈의 소장뿐입니다.

경찰 3 토론 종결!

경찰 2 도대체 저 친구는 뭣 때문에 계속 소장 얘길 하는 거야?

부소장 그건 뭐냐 하면 바로…내가 부소장이고 여기 이 양반 자신이 소장이기 때문입니다. 지난달에 이분이 승진했지요. 하지만 술에 취하면 자신이 승진했다는 걸 항상 잊어버린답니다. 여기 계신 이 소장님이 말하는 그 소장은 고맙게도 이미 오래 전에 악마가 데려가 버렸지요. 그 사람은 시체에서 감염이 됐거든요. 브륀에서 온 시체로부터 …

경찰 3 이젠 좀 그만둬요! 앉아! 조서 용지!

제 5 장

경리사원 (뛰어 들어온다.) 경사님, 도와 주세요! 저 바깥, 저쪽 운하 옆에 어떤 아가씨가 쓰러져 있어요!

경찰 2 운하 옆에?

경찰 3 어떤 아가씨가요?

경리사원 자살이에요! 우리가 그 여자를 물에서 건져 올렸죠. 내가 아니라 용감무쌍한 시민이 … 그 여자는 내가 보기엔 아직 살아 있어요! 저기 오는군!

제 6 장

(두 남자가 나타난다. 그 중 하나는 담배를 피우고 있다. 아가씨의 목숨을 구해 준 용감한 시민도 나타난다. 그들은 운하에서 구해 낸 엘리자베트를 벤치에 눕힌다. 용감한 시민의 이름은 요아힘인데 완전히 물에 젖어 덜덜 떤다. 한 보안경찰이 그에게 모포를 내밀자 그는 모포로 몸을 감싼다. 연구원을 제외한 모든 사람들은 이제 엘리자베트에게 매달린다. 보안경찰 알폰스 클로스터마이어도 그녀에게 다가가 그녀를 알아보고 뚫어지게 쳐다본다.)

경리사원 아직 숨이 붙어 있어요.

경찰 3 즉각 인공호흡 실시!

부소장 제가 잘 압니다. 도와 드릴까요? 두 학기 동안 의대를 다녔죠. 하지만 그 다음엔 돈이 떨어져서…

경찰 2 자, 빨리빨리!

연구원 그리고 술도 좀!

요아힘 저한테도 좀 주세요.

연구원 (요아힘에게) 용감무쌍하군. 칠흑 같은 11월 밤에 물속에 뛰어들다니 … 용감무쌍하군! 정말 용감무쌍해!

요아힘 전 그저 인간으로서 당연히 해야 할 일을 했을 뿐입니다. (술병을 기울여 한 모금 마신다.)

연구원 너무도 겸손하시군. 너무도 겸손해. (술병을 빼앗고는 보안경찰을 향해) 내 말이 맞지 않습니까, 장군님?

보안경찰 난 장군이 아닙니다.

연구원 그럼 용감한 시민을 위해, 건배! (마신다.)

요아힘 (보안경찰에게) 지나가는데 뭔가 풍덩! 하고 물속에 빠지는 소리가 들리고 뭔가 희끄무레한 것이 보였죠. 그게 이 여자의 얼굴이었어요. 전 즉시 뛰어들어 붙잡았죠. 별것 아닙니다. 누구라도 그렇게 했을 겁니다. 당신이라도.

보안경찰 물론이죠.

연구원 신문에 크게 날 거예요, 사진과 함께. 용감한 시민 만세! 만세! (다시 마신다.)

경찰 3 (엘리자베트 옆에서) 술 남은 거 어디 있죠?

연구원 여기 있습니다!

요아힘 (보안경찰에게) 전화 좀 걸 수 있을까요?

보안경찰 저기 있습니다.

경찰 2 (보안경찰에게 다가간다.) 저 여잔 소지품이 아무 것도 없어. 기한 지난 외판원 허가증밖엔…

연구원 외판원 허가증이라고?

경찰 2 그래, 틀림없어.

(연구원은 엘리자베트에게 고개를 돌리고 그녀를 주의 깊게 관찰한다.)

제 7 장

(보안경찰 클로스터마이어와 이미 파출소를 떠난 두 남자, 연구원을 제외한 모든 사람이 인공호흡을 하는 등 엘리자베트에 매달려 있는 동안 요아힘은 자기 엄마와 전화 통화를 한다.)

요아힘 여보세요! 엄마! 엄마예요? 아, 아니에요, 이렇게 자고 있는 걸 깨웠다고 놀라지는 마세요. 하지만 지금 막 내가 자살하려는 여자를 구했어요. 용감하다구요? 별것 아니에요! 이제 곧 신문에도 나고, 사진도 실릴 거예요. 공짜로 회사 선전 한 번 하는 거죠. 공짜로 모든 신문에 광고하는 셈이니까요. 여보세요! 그럼 이번에는 오토바이 사 주시는 거죠? 뭐라구요? 엄마가 약속했잖아요! 두고 보자구요? 이런, 그럼 안녕! (화가 나서 수화기를 내려놓는다. 혼잣말로) 늙은 할망구 같으니!

제 8 장

보안경찰 죽었어?
경찰 2 내가 보기엔 숨을 쉬는 것 같은데.
부소장 두고 봅시다, 두고 봐요.

제 9 장

연구원 (엘리자베트를 알아본다.) 바로 그 여자야, 틀림없어. 바로 그 여자야. (뉘우치는 듯 보안경찰을 향해 몸을 돌리고) 검사님!

보안경찰 (그의 말을 가로막으면서) 제발 날 좀 내버려 둬요!

연구원 하지만 절 위해 시간 좀 내 주세요. 난 당신에게 고백을 하지 않을 수 없어요. 저기 있는 저 아가씨는 살해된 겁니다.

보안경찰 (당황해서) 살해됐다구요?

연구원 난 살인자를 잘 알아요.

보안경찰 무슨 소릴 하는 거요? (침묵)

연구원 그러니까 세관 검사관과 보험 검사관이 … 제가 착각했어요, 검찰 총장님! 눈에는 눈, 이에는 이죠! 그러니 절 체포해서 약식재판에 부치세요! 우물거리지 말고 날 교수형에 처하세요!

부소장 (보안경찰에게) 지금 저 양반은 양심의 가책을 받고 있는 겁니다.

보안경찰 (연구원에게) 여보, 이 한심한 양반!

연구원 오, 하나님! (구석에 앉는다.) 난 결연히 단두대에 오를 거예요. 자네의 직분을 다하게, 형리! 그리고 나를 위해 기도해 주시오, 여러분. 당신들이 유혹에 빠지지 않도록. 그리고 당신이 언젠가 마음이 흔들릴 때면 나를 기억해 주세요. (그는 두 손으로 얼굴을 감싸고 자기 연민에 도취해 있다.)

제 10 장

경찰 3 여자가 깨어났어요!

제 11 장

(엘리자베트는 혼수상태에서 깨어나지만 여전히 정신이 멍한 상태다. 이제 그녀는 벤치에 앉아 주위를 두리번거린다. 아직도 그녀는 사태를 파악하지 못하지만 천천히 다시 기억을 되찾는다.)

제 12 장

엘리자베트 (경리사원에게) 당신 누구죠?

경리사원 누구냐고? 불초 소생이 누구냐고요? (침묵)

경찰 3 (그녀에게 술병을 내밀면서) 자, 아가씨, 마셔요.

엘리자베트 (경리사원을 여전히 응시하면서) 당신 누구죠?

부소장 (경리사원에게) 자, 말하세요!

경리사원 내가요? 할 말이 없는데요!

엘리자베트 (미소 짓는다.) 없다구요? (갑자기 불안하게 주위를 살핀다.) 난 아직 살아 있나요?

경찰 2 (웃는다.) 물론이죠.

경찰 3 (여전히 술병을 그녀에게 내밀고 있다.) 자, 아가씨 …

엘리자베트 (경찰을 보고 깜짝 놀라며) 당신, 무슨 옷을 입고 있는 거죠?

경찰 2 (약간 당황해서) 뭐라구요?

엘리자베트 초록색, 회색, 은색 … 당신들은 벌써 날 다시 체포한 거예요? 도대체 내가 또 무슨 범죄를 저질렀나요?

경찰 3 자, 안심하세요. 우린 당신을 보호하기 위해 여기 있는 겁니다. 정말입니다.

엘리자베트 (정신없이) 그렇다면 대체 누가 나한테 숨을 불어넣었지요?

경찰 2 이제 제정신이 드는 모양이군요, 아가씨. 이것 봐요. 인생은 한 번 뿐이랍니다. 그런데 무작정 물속으로 뛰어들다니!

엘리자베트 당신들이 나를 다시 건져 냈군요.

요아힘 제가요. (침묵)

엘리자베트 제발 날 좀 내버려 둬요!

요아힘 고맙다는 말은커녕.

엘리자베트 난 이제 끝난 줄 알았는데 또 시작이군요. 당신을 상대해 주는 사람이 아무도 없으면 당신은 아무 의미도 없는 거죠.

부소장 (그녀의 어깨 위에 손을 얹고) 제발 희망을 버리지 말아요. 인간은 누구나 다 살만한 가치가 있는 법입니다. 당신 자신을 위해서가 아니라면, 다른 누군가를 위해서…

엘리자베트 난 안 그래요.

부소장 그렇다니까요!

엘리자베트 안 그래요!

부소장 (경찰 2에게) 누가 나한테 말대꾸를 하면, 난 금방 울화통이 치민다니까! 난 매일같이 시체를 다루고 있어서 저절로 인생의 의미에 대해 깊이 생각하게 되지요. 만약 내가 부소장으로서 …

엘리자베트 (그의 말을 가로막으면서) 부소장이라구요? (새된 목소리로) 그 연구원님은 어떻게 지내죠? 지금도 여전히 비둘기들한테 모이를 주나요?

제 13 장

연구원 물론이죠! (근엄하게, 그러나 아직도 약간 비틀거리면서 일어난다.) 비둘기들은 내 어깨 위에 앉아 내 손바닥에 있는 모이를 쪼아먹지요. 카나리아는 여전히 잘 울고, 난 뱀을 길들였죠. 난 흰 쥐도 한 집 가득하고 세 마리의 금붕어는 안톤, 요셉, 헤르베르트라고 이름을 붙였지요. 난 좀더 권위를 세워야겠어요, 강력히. 다들 아직 내가 누군지 모르시는 모양인데, 내가 누군 줄 아십니까? 나로 말씀드리자면, 난 소장이올시다. 난 누군가를 해치우면, 그 문제를 반드시 나 자신과 결판을 낸답니다. 나의 하나님과 단둘이서! 경사님! 안녕하십니까, 여러분! (퇴장.)

일 동 (엘리자베트를 제외하고 모두 자신도 모르게 차려 자세를 취한다.) 안녕하십니까, 소장님!

제 14 장

(엘리자베트는 이제 보안경찰 클로스터마이어를 보고는 벌떡 일어나 자신의 손을 깨문다.)

부소장 아니 이게 무슨 짓이야! (침묵)

경리사원 저 여자가 헛것을 본 모양입니다.

요아힘 사실 따지고 보면 그건 보통 일이 아니죠. 이 계절에, 칠흑 같은 어둠 속에서 차가운 물 속에 뛰어든다는 게 말입니다.

엘리자베트 (천천히 손을 눈 위에 댄다. 마치 햇빛에 눈이 부신 듯이) 바로

당신이죠, 알폰스? (침묵)

경찰 2　어떻게 된 거야, 클로스터마이어? 당신들 서로 잘 아는 사이야?

엘리자베트　우리가 서로 아는 사이냐고요? (침묵) 그럼 이 사람들에게 말해요, 당신이 나를 아는지…

보안경찰　우린 서로 잘 아는 사입니다.

엘리자베트　(웃는다.) 착하군, 아주 착해 … (침묵) 그럼 당신 장래에는 지장이 없나요?

경찰 3　(알폰스 클로스터마이어에게) 그게 무슨 소리지?

보안경찰　나중에 얘기할게.

엘리자베트　왜 나중에 해요? (침묵)

보안경찰　(흰 장갑을 낀다.) 난 근무중이야. 행진하는 데 가 봐야 돼.

엘리자베트　행진이라고요?

보안경찰　관저 앞에서. 곧 날이 새겠군.

엘리자베트　아직 캄캄한데요, 알폰스.

보안경찰　우리 사이는 분명해.

엘리자베트　그렇게 생각해요?

보안경찰　끝났어. (침묵)

엘리자베트　당신 참 쉽게 떠나는군요.

보안경찰　제발 더 이상 떠들지 말아요.

엘리자베트　(짓궂게 웃는다.) 왜 안 되죠? (침묵)

보안경찰　이 자리에서 옛날 일을 꼬치꼬치 따지지는 마! 당신이 물속으로 뛰어든 게 내 잘못이란 말야? 난 당신에게 내 손을 내밀었어.

엘리자베트　(그의 말을 막으며) 그 따위 손일랑 잘라 버리겠어요! (침묵.) 이제 가겠어요. 내 말 들려요, 알폰스?

경찰 3　(문에서 그녀의 앞을 막는다.) 멈춰요!

엘리자베트 (눈을 크게 뜨고 그를 쳐다본다.) 안녕히 계세요.

경찰 3 안 돼요. (침묵)

엘리자베트 자, 날 보내 주세요.

경찰 3 어디로요?

엘리자베트 그건 당신이 상관할 일이 아니에요.

경찰 3 이런 상태에서는 여기 남아 있어야 합니다. 그건 우리의 임무입니다. (침묵)

엘리자베트 (다시 짓궂게 웃는다.) 당신들 날 다시 체포한 건가요?

경찰 2 체포가 아닙니다. 그저 보호하는 거죠.

엘리자베트 보호라구요?

경찰 3 당신을 위해서죠.

엘리자베트 웃기는군요. 지금 당신들은 나를 감시해서 외판원 허가증을 얻지 못하도록 하고 있어요. (빙긋이 웃는다.)

부소장 당신 어린애 같군.

엘리자베트 난 지금 내 개인 얘기를 하는 게 아니에요. 왜냐하면 난 지금 이 순간엔 그 문제를 접어 두고 있으니까요. (그녀는 갑자기 알폰스 클로스터마이어에게 고함을 친다.) 그렇게 날 쳐다보지 말아요! 내 눈앞에서 꺼져요! 그러지 않으면 내 눈알을 뽑아버릴 테니까. 하지만 내가 당신 때문에 물속에 뛰어들었다고 생각하진 말아요! 그 잘난 미래를 가진 당신 때문에! 난 단지 먹을 것이 없어서 물속에 뛰어든 거니까. 만약 먹을 게 있었다면 난 당신에게 침이라도 뱉었을 거야! 그렇게 날 쳐다보지 말아요! (그녀는 술병을 그의 눈을 향해 던지지만 빗나간다.) 자, 받아라!

경찰 2 (그녀의 팔을 붙잡는다.) 그만둬요!

엘리자베트 놔요!

요아힘 붙들어요!

엘리자베트 (고함을 친다.) 놔요! 놔!

경찰 3 진정해요!

요아힘 아얏! 이 여자가 물어요!

부소장 뭐라고? 당신 아무나 물 거야? 물 거냐고!

(엘리자베트 겁을 먹고 물러난다.)

경리사원 이제 저 여자는 자기를 구해 준 사람을 무는구나.

(엘리자베트, 이빨을 드러낸다.)

제 15 장

(멀리서 부대가 음악에 맞춰 행진하는 소리 들린다. '오랜 전우' 행진곡이다. 이윽고 음악 소리가 잦아들고 엘리자베트는 기진맥진하여 의자 위에 웅크리고 앉는다.)

제 16 장

보안경찰 행진이군. (철모를 쓴다.) 바로 지금이 절정이구나.

경찰 2 아직 시간이 있어, 클로스터마이어. 우리를 기다려. (서둘러 흰 장갑을 낀다.)

경찰 3 우리도 함께 가야 해.

부소장 아니 어디서 꼬르륵 소리가 나지?

경리사원 저 아가씨 뱃속에서 나는 소리예요.

경찰 3 (경찰2에게) 자네 뭐 먹을 것 좀 없나?

경찰 2 있지. (그는 외투 주머니에서 빵 조각을 꺼내 엘리자베트에게 준다. 엘리자베트는 무감각하게 그것을 받아 뜯어 먹는다.)

경찰 3 (역시 흰 장갑을 낀다.) 맛이 괜찮아요?

(엘리자베트는 무감각하게 웃다가 갑자기 빵을 떨어뜨리고는 탁자 위로 쓰러진다.)

부소장 아니, 이것 봐!

경찰 3 그만둬! (그도 부소장처럼 엘리자베트를 부축한다.)

경찰 2 기운이 없어서 그런 것뿐이야.

경리사원 아마 위에서 뭐가 치밀어 오르는 것 같은데.

부소장 심장이 약해서 그런 거요.

경리사원 위장 아니면 심장이라… 그게 그거로군!

요아힘 11월의 칠흑 같은 밤에 얼음처럼 차가운 물 속으로 뛰어든다는 게 보통 일은 아니지.

부소장 (엘리자베트에게) 정신 차려요, 정신 차려.

엘리자베트 (다시 깨어난다. 힘없이 웃는다.) 여기 담당자와 얘기할 수 있을까요?

경찰 3 담당자라고요?

엘리자베트 (고개를 끄덕인다.) 급한 일인데요. 사정이 더 나빠질 수도 있겠지만 나는 기가 죽지는 않을 거예요. (그녀는 마치 파리를 쫓듯 허공으로 손을 내젓는다.) 어머나! 저기 온통 시커먼 놈들이 날아다니는구나. (조용히 숨을 거둔다.)

제 17 장

경리사원　(조심스럽게 죽은 엘리자베트 곁으로 다가가 탁자를 두드린다. 나지막하게) 정신 차려요, 아가씨. 정신 차려요!

경찰 3　최악의 사태가 우려되는군.

(보안경찰이 철모를 벗는다.)

부소장　(엘리자베트를 향해 고개를 숙이며) 이 아가씨는 가 버렸구나. 아마 심장 때문일 거야. 자, 내일이면 알게 될 겁니다.

요아힘　헛수고를 한 셈이군. (퇴장)

제 18 장

보안경찰　헛수고라 … (그는 죽은 엘리자베트에게 가까이 다가가 그녀의 머리카락을 쓰다 듬는다.) 불쌍한 여자 … 난 지지리도 복이 없는 놈이구나. 정말 복이 없어.

경리사원　나는 살고 있지만 얼마나 살지는 모른다네.
나는 죽지만 언제 죽을지는 모른다네.
나는 달리고 있지만 어디로 가는지는 모른다네.

내가 이렇게 즐겁다니, 이상도 해라.

(퇴장)

제 19 장

부소장 시인이군.

경찰 3 여전히 비가 오는군.

경찰 2 비에 젖은 행진이 되겠어.

보안경찰 그럴 것 같은데.

부소장 자, 이제 가 보겠습니다. (퇴장)

제 20 장

(이제 밖에서는 한 부대가 음악 소리에 맞춰 지나간다. 역시 '오랜 전우' 행진곡이다. 세 명의 보안경찰들은 철모를 쓰고 파출소에서 나간다. 왜냐하면 그들은 알려진 대로 행진에 참가해야 하기 때문이다. 알폰스 클로스터마이어만이 죽은 자기 약혼녀 엘리자베트를 마지막으로 다시 한 번 돌아본다.)

(막이 내린다.)

[일러두기]

미주에서는 다음과 같은 약자를 사용한다.

Mat. Ö.v.H. : Materialien zu Ödön von Horváth, hg. Traugott Krischke, Frankfurt/M. (Suhrkamp) 1970 (edition suhrkamp 436)

Mat. GWW : Materialien zu Ödön von Horváths 〈Geschichten aus dem Wiener Wald〉, hg. Traugott Krischke, Frankfurt/M. (Suhrkamp) 1972 (edition suhrkamp 533)

Mat. KuK : Materialien zu Ödön von Horváths 〈Kasimir und Karoline〉, hg. Traugott Krischke, Frankfurt/M. (Suhrkamp) 1973 (edition suhrkamp 611)

Mat. GLH : Marerialien zu Ödön von Horváths 〈Glaube Liebe Hoffnung〉 hg. Traug-gott Krischke, Frankfurt/M. (Suhrkamp) 1973 (edition suhrkamp 671)

Über O.V.H. : Über Ödön von Horváths, hg. Dieter Hildebrandt und TraugottKrischke, Frankfurt/M.(Suhrkamp) 1979 (edition suhrkamp 584)

Ö.v.H.: Ödön von Horváth, hg. Traugott Krischke, Frankfurt/M. (Suhrkamp) 1981 (suhrkamp taschenbuch 2005)

Ö.v.H. SB : Ödön von Horváth in Selbstzeugnissen und Bilddokumenten, dargestellt von Dieter Hildebrandt, Reinbeck b. Hamburg(Rowohlt)1975 (Rowoholt Monographien)

Ö.v.H. KZ : Ödön von Horváth. Kind seiner Zeit, dargestellt von Traugott Krischke, München (Wilhelm Heyne Verlag)1980.

[주 | 註]

1. 왜 호르바트의 민중극인가?

1) 1971~72년 연극 시즌에 독일어권에서는 브레히트와 쉐익스피어, 몰리에르(Moliere), 네스트로이(Nestroy) 다음으로 호르바트가 586회 공연되었다. Mat. GLH., 속표지 소개문 참조.

2) B.Schulte, Ödön von Harváth, verschwiegen-gefeiert-glattgelobt. Analyse eines ungewöhnlichen Rezeptionsverlaufs, Bonn 1980, 21면 및 Traugott Krischke, Materialien zur Horváth-Forschung. Aspekte und Möglichkeiten, in : *Ö.v.H.*, 203 면 참고.

3) 희곡은 「비엔나 숲속의 이야기」(김정용 역, 성균관대학교 출판부, 1999)와 「빈 숲속의 이야기」 (이원양 역, 지만지, 2009), 「믿음 사랑 소망」 (정지창 역, 열음사, 2001)이 번역되었고, 소설로는 임종대 역 『우리 시대의 아이들』(문학사상사,1983)에 「우리 시대의 아이」(Ein Kind unserer Zeit)와 「神없는 青春」(Jugend ohne Gott) 등 소설 두 편이 수록돼 있다.

4) 1931년 10월 24일 추크마이어(C. Zuckmayer)의 추천으로 레거(E. Reger) 와 공동으로 수상.

5) Horváth의 전집은 1970~71년 사이에 Suhrkamp출판사에서 4권으로 발간되었고, 그 후 1972년에 8권짜리로 나왔다. 앞으로 원문인용은 첫 번째 전집의 78년도 개정 3판의 권수와 페이지만을 괄호속에 표시한다.

6) 호르바트는 1933년 9월 7일자 편지에서 "원칙적으로 정치문제를 다루는 잡지와는 함께 일하지 않겠다."고 밝히는 한편 나치의 분서(焚書)에 항의하는 펜(PEN) 클럽의 항의문에 대한 서명을 취소함으로써 동료 망명작가들의 격렬한 비난을 받았다. T.Krischke. 앞의 논문, 208면 참조.

7) Martin Hell, Kitsch als Element der Dramaturgie Ödön von Harváth, Bern/Frankfurt, 1983, 3~4면 참조.

8) Marcel Reich-Ranicki, Harváth, Gott und die Frauen. Die Etablierung eines neuen Klassikers der Moderne, in : Über Ö.v.H., 88면.

9) 같은 곳 참조.

10) 가령 M. Hell은 호르바트의 작품에 나타난 키치(Kitsch)를 주제로 한 그의 논문에서 연구의 목표를 "민중극을 넘어서 다른 작품들을 관찰하고 민중극과의 차이점과 공통점을 따져보는 것" 이라고 밝히면서 이렇게 함으로써 기존 연구의 공백을 메울 수 있을 것이라고 말한다. M. Hell, 앞의 책, 5~6면 참조.

11) Urs Jenny, Ödön von Harváths Größe und Grenzen, in : Über Ö.v.H, 72면 참조.

12) 작가 베르펠(Franz Werfel) 이 호르바트의 장례식 추도사에서 「신없는 청춘」과 「우리 시대의 아이」등 2편의 소설을 평하면서 이 말을 했는데, 그후 호르바트의 작품 전체의 특징을 표현하는 데 이 말이 자주 인용되고 있다. Franz Werfel, Nachwort, in : Mat. Ö.v.H., 134면.

2. 독일 민중극의 개념과 역사

1) Jürgen Hein, Formen des Volkstheaters im 19. und 20. Jahrhundert, in : Handbuch des deutschen Dramas (W. Hinck 편) Düsseldorf 1980, 489면 참조.

2) 같은 곳.

3) 가령 남독 바이에른 지방의 작은 마을 오버암머가우(Oberammergau)의 주민들이 10년마다 공연하는 수난극(Passionsspiele)이 이런 민간극의 전형이다.

4) 앞의 논문, 490면 참조.

5) 앞의 논문, 489~490면 참조.

6) Christopher B. Balme, The reformation of comedy genre critique in the comedies of Ödön von Horváth, University of Otago (Dunedin, New Zealand) 1985, 83면 참조.

7) 송백희는 호르바트 이전의 Volksstück을 '민속극' 으로, 호르바트의 Volksstück을 '민중극' 으로 구분하고 있으나 이 논문에서는 구별없이 다같이 '민중극' 으로 표기하기로 한다. 송백희, Ödön von Horváth의 민중극에 있어서의 대화연구, 주6) 참조.

8) 파로디는 기존의 진지한 작품을 조롱 · 왜곡 · 과장하여 모방하거나, 그중 일부를 외면적 형식은 그대로 유지하면서 내용은 달리 바꾼 것이고, 트라베스티는 이와는 반대로 내용은 그대로 두면서 형식을 엉뚱하게 바꾼 것이다. 둘 다 내용과 형식의 어긋남에 의해 코믹효과를 자아낸다. 파로디가 주로 신랄한 인신공격의 무기로 사용되는 데 비해 트라베스티는 공격성이 약하고 오락적 성격이 강하다. Gero von Wilpert, Sachwörterbuch der Literatur(수정증보 5판), Stuttgart 1969, 553면과 802면 참조.

9) 앞의 책, 837~838면.

10) Wolfgang Kayser(편), Kleines Literarisches Lexikon (개정 2판), Bern 1953, 160면.

11) dtv Lexikon, 9권, 1966, 262면.

12) J. Hein, 앞의 논문, 493~494면 참조.

13) G. Müller, 앞의 책 144면 참조.

14) J. Hein, 앞의 논문, 494면 참조. 이하 독일민중극의 전개과정은 이 논문과 G. Müller의 책을 주로 참고했다.

14) J. Hein, 앞의 논문, 497면.

15) B. Brecht, Anmerkungen zum Volksstück, in : Gesammelte Werke B.17, Frankfurt/M. 1969, 1162면.

16) 앞의 책, 1165면.

17) G. Müller, 앞의 책, 111면 참조

18) J. Hein, 앞의 논문, 503면.

19) 앞의 논문, 504면

20) 앞의 논문, 491면 참조.

21) 가령 Hamburg의 Ohnesorgtheater나 Köln Millowitschbühne, München Komödienstadel은 '민중극'을 내세우면서 "상투적인 문제형상화, 유머러스한 착종, 방언으로 채색된 언어를 목표로 한 가벼운 오락극의 일종"을 민중극으로 이해한다. 여기서는 언제나 표준어를 말하는 시건방진 도회지 사람이 사투리를 쓰는 투박한 시골농부로부터 잘못을 깨우치거나 우직한 농부가 빤질빤질한 도시내기(중산층시민)에게 속아 넘어간다. G. Müller, 앞의 책. 9면.

22) Chr. Balme, 앞의 책, 83면 참조.

23) 같은 곳.

3. 호르바트의 민중극론

1) G. Müller, 앞의 책, 98면 참조.

2) Sigmund Freud, Der Dichter und das Phantasieren, in : Bildende Kunst und Literatur, Frankfurt/M. 1969, 169~179면 참조

3) M, Walder, 앞의 책, 59면 참조.

4) An die p.t. Publikum, in : Nachlaß, Nr.64b, M. Walder, 같은 곳에서 재인용.

5) Meinrad Pichler, Von Aufsteigern und Deklassierten. Ödön von Horváths litrarische Analyse des Kleinbürgertums und ihre Verhältnis zu den Aussagen der historischen Sozialwissenschaften, in : Ö.v .H., 67면 참조

6) 푀겐(A.Leppert-Fögen) 같은 사람의 주장. M. Pichler, 앞의 논문, 77면 참조

7) 호르바트 자료실(Horváth-Archiv)의 유고. Angelike Streets, Die Prosawerke Ödön von Horváths. Versuch einer Bedeutungsanalyse, Stuttgart 1975, 255면에서 재인용.

8) 白樂晴, 市民文學論,『民族文學과 世界文學』(창작과비평사. 1978), 13면.

9) Horváth, Interview, Fassung B, in : Mat. GLH., 25~32면, 여기서는 29면. 이본(異本)인 Fassung B는 타자로 친 호르바트의 답변내용으로만 되어 있는데, 이것을 후에 호르바트 자신이 모필로 수정한 것이 Fassung A이다. 보통 Fassung A가 정본으로 인정되고 있다.

10) M. Pichler, 앞의 논문, 69면 참조.

11) F. Werfel, 앞의 글, 134면.

12) 송백희는 호르바트에 있어 "소시민이란 항상 모든 계급을 의미한다"라고 놀팅의 말을 인용하고 있으나 이는 다소 부정확한 표현인 듯하다. 놀팅은 "…das [das Bürgertum] aber bei Horváth stets die Klasse aller ist"라고 말하고 있는데 "die Klasse aller"는 소시민이 "모든 사람의 계급", 즉 모든 계급의 구성원으로 이루어진 계급이라는 의미이다. 송백희, Ödön von Horváth의 민중극에 있어서의 대화연구, 152면 주4)와 W. Nolting, 앞의 책, 32면 참조

13) Heinz Hilpert, Statement, in : Mat. Ö.v.H., 34면.

4. 호르바트 민중극의 전개

1) Intelligenz란 단순한 지식의 소유자가 아니라 전문분야의 기능을 가진 사람까지 포함하는 개념이다.

2) 가령 프리츠는 "자연의 폭력이 승리하고 기사가 전형적인 악한의 죽음을 당하는 이러한 격렬한 결말은, [……] 분쟁의 현세적 조건들을 명백하게 묘사하면서도 이에 대해 보다 상위의 폭력을 써서 해결책을 제시하려는 미숙한 작가의 시도로 보지 않을 수 없다" 면서 이는 표현주의적인 표현욕구의 마지막 발로라고 규정한다. A. Fritz,앞

의 책, 141면 이하.

3) 호르바트의 친구인 치프라(Geza von Cziffra)는 회고록에서 호르바트가 한 말을 이렇게 전하고 있다. "나는 사물을 인간적인 측면에서만 본다네. 나는 사회의 압도적인 힘과 개인과의 싸움만을 보여주고 싶어. — 그게 어떤 사회든간에. 나는 실용주의자도 아니고 맑스주의자도 아니야." T. Krischke, Ö.v.H. KZ., 68면.

4) 밤(Chr. Balme)은 이 작품이 가장 비타협적인 반민중극(Anti-Volksstück) 이라고 주장한다. Chr. Balme, 앞의 논문, 114면 참조.

5) 호르바트는 베를린의 'Theater am Schiffbauerdamm' 감독인 아우프리히트에게 이 작품을 보여주면서 이렇게 설명했다. D. Hildebrandt, Ö.v.H. SB., 57면.

6) T. Krischke, Ö.v.H. KS., 92면 참조.

7) 같은 책, 93면.

8) Alfred Doppler, Bemerkungen zur dramatischen Form der Volksstücke Horváths, in : Horváth-Diskussion (K. Bartsch, U. Baur, D. Goltschingg 공편) Kronberg / Ts. 1976, 15면 참조.

9) 같은 곳, 참조.

10) 작품에서는 '장' (Szene) 대신에 '마당' (Bild)이라는 용어를 쓰고 있다.

11) D. Hildebrandt, 앞의 책, 65면 참조. A. Bronnen은 본명이 Arnold Bronner로 1929년 극우로 전향했다가 1945년 이후에는 공산주의자로 변신한 인물이다.

12) 1931년 7월 5일자 Wiener Allgemeine Zeitung과의 회견. 전집 I, 65면 참조.

13) Vossische Zeitung에 실린 A. Elösser의 연극평. T. Krischke, Ö.v.H. KZ., 100면.

14) D. Hildebrandt, 앞의 책, 66면.

15) T. Krischke, 앞의 책, 94~99면 참조.

16) D. Hildebrandt, 앞의 책, 65면 참조.

17) Erich Kästner가 초연을 보고 논평한 말. T.Krischke, Ödön von Horváth und seine 〈Geschichten aus dem Wiener Wald.〉 Beiträge zu Biographie und Werk, in : Horváths Geschichten aus dem Wiener Wald.(T. Krischke 편), Frankfurt / M. 1983, 45면 참조.

18) D. Hildebrandt, Ö.v.H. SB, 69면

19) Wilhelm Emrich, Die Dummheit oder Das Gefühl der Unendlichkeit, in : Mat, Ö.v.H., 142면.

20) T. Krischke, 위의 글, Mat, Ö.v.H., 13면.

21) Erwin Rotermund, Zur Erneuerung des Volksstückes in der Weimarer Republik. Zuckmayer und Horváth, in : Über Ö.v.H., 33면 참조.

22) D. Hildebrandt, Ö.v.H. SB., 73면 참조.

23) 1880~1958. 친나치 성향의 작가 겸 평론가.

24) T. Krischke, 앞의 논문, in : Horváths Geschichten aus dem Wiener Wald, 46면.

25 같은 곳.

26) 같은 논문, 49면 참조.

27) 호르바트는 1929년에 "나의 조국은 민중"이며 "나는 고향이 없고, 당연히 그 때문에 고통을 겪지도 않는다. 오히려 나는 고향이 없다는 것을 기쁘게 생각한다. 왜냐하면 그것은 나를 불필요한 감상으로부터 해방시켜 주기 때문이다"라고 말한 바 있다. 또한 1931년에는 Wiener Allgemeine Zeitung 과의 회견에서 "나는 헝가리 국적을 가진 시민이지만 너무도 세상을 떠돌아 다녔기 때문에 코스모폴리탄처럼 느껴진다"고 밝혔다. T.Krischke, Ö.v.H. KZ., 125면에서 재인용.

28) Alfred Polgar, Zeugnisse, in :Mat. Ö.v.H., 35~36면.

29) Grete Fischer, Der Bayer, in : Mat. Ö.v.H., 32면.

30) Heinz Hilpert, Statement, in : Mat. Ö.v.H., 34면.

31) Hans Joas, Ödön von Horváth : Kasimir und Karoline, in : Mat. KuK., 47면.

32) 독일의 보수주의 정치가(1885~1970). 나치당의 집권 직전에 총리와 외무장관을 지냈고(1930. 3~1932. 5) 경제문제 해결에 실패하자 극우 독재로 선회, 의회를 무시하고 대통령령에 의한 무단통치를 했다.

33) H. Joas, 앞의 논문, 52면 참조.

34) 이 작품에 대한 작가 자신의 '주석' 참조(I, 327~329). 토마스 피셔(Thomas Fischer) 기자의 조사에 따르면 엘리자베트의 모델이 된 여자는 극중에서와 비슷한 희생자였지만 엘리자베트처럼 자살하지 않고 1969년까지 코르셋 외판원으로 살았다고 한다. T. Krischkke, Ö.v.H. KZ., 140-141면 참조.

35) Dokumente zur innenpolitischen Situation in den Jahren 1930 bis 1932, in : Mat. KuK., 29~46면 참조.

36) Mat. GLH., 64면 참조. 이밖의 제목으로 "In die Maschine geraten", "Von der Maschine erfaßt" 등이 고려되었으나 채택되지 않았다.

37) Axel Fritz, Der Kampf zwischen Individuum und Gesellschaft, in : Mat. GLH., 304면.

38) 앞의 논문, 305면 참조.

39) 이하 당시의 독일 형법에 관해서는 Mat. GLH., 42~43면 참조.

40) 이러한 직급은 Präpartor, Vizepräparator, Oberpräparator로 돼 있다. 'Präparator'는 정확히 옮기자면 '표본제작자' 이지만, 우리의 일반적인 연구소 직급에 따라 '연구원' 으로 옮겼다. 그리고 나머지 Vizepräparator, Oberpräparator는 부소장, 소장으로 옮겼다.

5. 민중극의 언어

1) A. Fritz., 앞의 논문, 56면 참조.

2) H. Kurzenberger, 앞의 책, 16면.

3) Herbert Gamper, Horváth und die Folgen-das Volkssück über neue Tendenzen im Drama. in : Theater heute, Jahressonderheft (1971), 74면.

4) Dieter Hildebrandt, Der Jargon der Uneigentlichkeit. Notizen zur Sprachstruktur in Horváths "Geschichten aus dem Wiener Wald". in : Mat. GWW., 236면.

5) Kurt Bartsch, Scheitern im Gespräch. Beobachtungen zu typischen Kommunikationssituationen in Horváths Volksstücken. in : Horváth-Diskussion, 40면.

6) W. Nolting, Der Totale Jargon, 7면.

7) D. Hildebrandt, 앞의 책, 237면.

8) 「케이블 카」에서 기사는 감독관에게 "이제 우린 서로 스쳐가는 말을 하고 있군요"(Ⅰ, 85)라고 말하며 「이탈리아의 밤」에서도 술집주인이 "우린 서로 스쳐지나가는 말을 하고 있는 것 같군요"(Ⅰ, 108)라고 말한다.

9) 실제 호르바트는 창작과정에서 대사를 이 사람이 말하도록 했다가 저 사람이 말하도록 하는 식으로 뒤바꾸는 수가 많았다. H. Kurzenberger, 앞의 책, 38~39면 참조.

10) 같은 책, 34~37면 참조.

11) Dieter Goltschnigg, Pauschalierung, Euphemismen, Anekdoten, Witze und Metaphern als Formen des Sprachklisches im Horváths Dramen, in : Horváth-Diskussion, 65~66면 참조.

12) H. Kurzenberger, 앞의 책, 27면.

13) H. Schneider, 앞의 논문, 68 면 및 E. Rotermund, zur Erneuerung des Volksstückes in der Weimarer Republik. Zuckmayer und Horváth, in : Über Ö.v.H., 39면 참조.

1) C. Zuckmayer, Zur Verleihung des Kleistpreises, in : Mat. Ö.v.H., 37면.

2) 클라이스트상 수상 전에 공연된 호르바트의 작품은 「케이블 카」와 「슬라덱」, 「이탈리아의 밤」 등인데 특히 수상 직전에 공연되어 주목을 받은 작품은 「이탈리아의 밤」이다.

3) A. Kerr, 「비엔나 숲속의 이야기」에 대한 공연평. Berliner Tageblatt, 1931년 11월 3일자, in : H. Kurzenberger, 앞의 책, 89면.

4) 같은 곳.

5) A. Kerr, 1931년 1월 1일자 공연평, 같은 곳.

6) 주 4)와 같은 곳.

7) 크로나우어는 호르바트의 고등학교 동창생이었으므로 그러한 사전준비가 가능했을 것이다. 이 회견의 성격에 관해서는 H. Kurzenberger의 앞의 책, 158면, 주8) 참조.

8) 넓은 의미의 '개방적 형식' 이란 자체완결적인 '폐쇄적 형식' (일화, 노벨레 등)과는 반대로, 기교적 · 구성양식적 구조가 별로 없는 편지나 대화, 에세이 등의 형식을 가리킨다. 특히 드라마처럼 그 자체로서 구성양식적 구조를 요구하는 장르의 내부에서 플롯이 길게 늘어져 느슨하게 서사적으로 이어지고, 장면 전환이 잦고 등장인물의 수가 많은 특징을 말한다(셰익스피어). '폐쇄적 형식' 이란 이와는 반대로 등장인물의 수가 적고 장면전환이 드물며, 긴밀한 구성을 가진 극형식을 지칭한다(라신느). 두 가지 형식은 그 자체로서는 가치중립적이다. 크게 보아 '폐쇄적 형식' 은 아리스토텔레스적 원칙에 충실한 전통연극에서, '개방적 형식' 은 비아리스토텔레스적인 서사극에서 각각 사용되고 있다. G. v. Wilpert, Sachwörterbuch der Literatur, 532면 참조.

9) Hansjörg Schneider, Der Kampf zwischen Individuum und Gesellschaft, in : Über Ö.v.H., 60면.

10) "그는 우선 몇 페이지 짜리의 짧은 구상을 작성했다. 그 다음에 첫 번째 장면(Durchgang)을 – 판(Fassung)이란 말은 호르바트의 경우에 거의 쓸 수 없다 – 직접 타자기로 쳐 놓음으로써 이 구상을 작품화했다. 이것을 모필로 고치거나 바꾸고 첨가하고 지우는 등의 작업을 거쳐 마음에 들지 않는 텍스트는 잘라내고 새로운 텍스트를 풀로 오려 붙이면서 새로운 텍스트를 전부 타자로 치거나 – 대개는 – 부분부분을 타자로 쳐놓았다. 그리고는 완성된 원고 전체를 한사람이 타자 칠 수 있을

때까지 이런 과정을 반복했다." Liselotte Müller, Zum Ödön-von-Horváth-Nachlaß, Jahrb. f. Int. Germanistik, Jg. III, Heft 2, Frankfurt, Mai 1971, 352면. H. Kurzenberger, 앞의 책, 152면에서 재인용.

11) A. Polgar, Geschichten aus dem Wiener Wald, in Mat. Ö.v.H., 36면.

12) H. Kurzenberger, 앞의 책, 90면.

13) Jürgen Wertheimer, Horváth lesen lernen. "Geschichten aus dem Wiener Wald" im Unterricht, in : Horváths Geschichten aus dem Wiener Wald, 16면 이하 참조.

14) 같은 책, 95면 참조.

15) 연극의 대화 자체를 탐구대상으로 삼는 주체를 말하며 이러한 주체와 객체의 대립이 바로 서사극의 구조적 · 양식적 특징이다. 다시 말해 서사적 자아란 등장인물들의 대화에서 나타나는 의식의 차원을 벗어나 이것을 성찰하는 분석적 의식을 가진 서사적 주체를 뜻한다. H. Kurzenberger, 앞의 책, 45~46면 참조.

16) H. Schneider, Der Kampf zwischen Individuum und Gesellschaft, in : Über Ö.v.H., 61면.

17) G. v. Wilpert, Sachwörterbuch der Literatur, 865면 참조.

18) 주제가 적어도 세 번 이상 반복되는 동안에 별개의 선율을 가진 두 개의 부주제 또는 에피소드가 사이사이에 삽입되는 형식의 기악곡. 회선곡(回旋曲)이라고 번역됨.

7. 민중극의 사회비판적 성격

1) 이 점은 호르바트의 드라마를 공연할 때의 어려움으로 나타난다. 노련한 연기와 세심한 연출의 뒷받침이 없이는 민중극의 진정한 의도를 제대로 살려내기가 힘들고 그 수용과정에서 드러났듯이 때로 관객의 엉뚱한 반응을 불러일으키기도 한다. 이에 대해서는 8장에서 다루게 될 것이다.

2) M. Pichler 앞의 논문, 79면

3) 같은 곳 참조.

4) 같은 논문, 82면

5) Erich Fromm, Sozialpsychologischer Teil, in : Max Horkheimer(편), Studien über Autorität und Familie, Paris 1936, 101면 이하 참조. 앞의 논문 82면에서 재인용.

6) M. Walder, 앞의 책, 21면.

7) "이에 대해 트집 잡는 자는 수치를 알라"는 뜻. 영국의 가터 훈장에 새겨진 구절인데 악의 없이 한 말이나 행동의 정직성을 의심하는 자들의 비난을 미리 막기 위해 농담투나 빈정거리는 투로 쓰인다.

8) 키치란 쉽게 구입할 수 있고 대중적 취향에 영합한, 따라서 몰취미하고 예술적 가치가 없는 가짜 예술을 가리키며 주로 조잡하고 왜곡된 모방에 의존한다. 문학상의 키치는 고급문학의 형식과 어투를 상투적으로 모방하여 진짜 예술처럼 꾸민 모작품을 가리킨다.

9) M. Hell, 앞의 책, 10면 참조.

10) anonym, Kitsch im "Wiener Wald", in Ödön von Horváth : Geschichten aus dem Wiener Wald. Programmhefte des Thalia Theaters, Nr 5, Hamburg, Spielzeit 1973/74, M. Hell, 앞의 책 21면에서 재인용.

11) Ödön von Horváth, Nachlaß Ifd. Nr. 39a. H. Kurzenberger, 앞의 책 112면에서 재인용.

12) 호르바트는 포도주 축제가 열리는 장터나 싸구려 대포집, 음침하고 야한 맥주집을 좋아하여 그곳에서 넝마주이처럼 언어를 채집하고 작품의 구상을 다듬었다고 한다. Wera Liessem, Erinnernungen, in : Mat, Ö.v.H., 83면 참조

13) Walter Huder, Inflation als Phänomen der Existenz, in : Mat. Ö. v.H., 173면 이하 참조.

14) 같은 곳, 참조.

15) 힐데브란트(D. Hildebrandt)는 1930년 전후의 호르바트의 작품에 나타난 사랑과 죽음과 자본이라는 모티브를 중심으로 여성문제를 분석하고 있다. 호르바트의 작품에 나타난 여성문제를 다룬 논문으로는 D. Hildebrandt, Liebe, Tod und Kapital, in : Mat. Ö.v.H., 161~172면과 B.H. Carstens, Prostitution in the works of Ödön von Horváth (Stuttgart 1982)가 있다.

16) "당신은 하늘이 내게 보내 주셨어요. 나의 수호천사가 —" (I , 190)

17) Herman Glaser, Ab mit ihr. Ehe die toten Seelen töteten, Zur deutschen 'Spießerideologie', in : Horváths Geschichten aus dem Wiener Wald, 68면.

18) 글라저(H. Glaser)는 오스카에게 끌려 나가는 마리안네가 앞으로 이런 식의 결혼생활을 할 것이라고 예측했는데, 민중극에 나오는 다른 여자들도 크게 보아 이러한 소시민적 결혼생활의 틀을 벗어나지는 못할 것으로 보인다. H. Glaser, 앞의 논문, 68면 참조.

19) B.H. Cartens, 앞의 책, 68면 참조.

20) D. Hildebrandt, 앞의 논문, 172면.

21) 호르바트의 친구인 쪼코어(F.T. Csoker)는 호르바트가 가장 신랄한 조소를 보낼 때조차 여성의 변호인 노릇을 한다고 말한 바 있다. M. Walder, 앞의 책, 28면 참조.

22) D. Hildebrandt, 앞의 논문, 170면.

23) Heinz Ullstein, Ein Edelstein im Ullstein, in : Mat. Ö.v.H., 33면.

24) Kurt Kahl, Der Dramatiker Der Krise, in : Mat. Ö.v.H., 148면.

25) 호르바트는 1929년 10월호 Temp 잡지와의 회견에서 "1902년 형"(Typ 1902)이라는 제목으로 〈슬라덱〉에 관해 이렇게 말했다 : "등장인물인 슬라덱은 전적으로 우리시대로부터 태어나고 우리시대에 의해서만 설명될 수 있는 유형이다. [⋯] 사춘기에 '위대한 시대'와 전쟁과 인플레를 겪은 그 청년들, 이른바 '1902년생'의 뚜렷한 대표자이다."(IV, 663).

26) 처음에는 「슬라덱, 또는 지하군대」(Sladek, oder Die schwarze Armee)라는 제목으로 발표됐으나 곧 「지하국방군 슬라덱」(Sladek der schwarze Reichswehrmann)으로 개작됐다. 호르바트는 실제로 국민방위연맹이라는 지하 군사조직에 가입했다가 탈퇴한 후 이를 폭로한 칼 메르텐스(Carl Mertens)의 수기 「모반자와 암살자」(Verschwörer und Fememörder)와 지하 군사조직을 이끌고 무장반란을 꾀하다가 실패한 부흐루커(Buchrucker)퇴역소령 사건(1923)을 뒤섞어 각색한 것으로 알려져 있다. 전집 Ⅰ, 662~663면 참조.

27) H. Schneider, 앞의 논문, 64면.

28) M. Pichler, 앞의 논문, 74면.

29) 「슬라덱 또는 지하군대」의 로테(Lotte)는 "운동선수들은 정말 영웅이에요. 그들은 기록향상을 위해 자기 목숨까지 내 거니까요"(Ⅰ, 479)라고 말한다. 호르바트 자신도 브레히트처럼 권투를 좋아했다고 한다.

30) Siegfried Kracauer, Die Angestellen, 93. Auflage, Frankfurt 1980, 93~97면 참조.

31) 같은 책, 97면.

32) 앞의 책, 11면 참조.

33) Walter Benjamin, Politisierung der Intelligenz. Zu S. Kracauer Die Angestellten, 앞의 책, 117면 참조.

34) M. Brozart, Der Staat Hitlers, München 1969, 50면. 여기서는 M. Pichler, 앞의 논문, 78면에서 재인용.

35) W. Benjamin, 앞의 책, 117면.

36) Wilhelm Reich. Die Massenpsychlolgie des Faschismus, Fraukfurt/M. 1977, 31면.

37) M. Pichler, 앞의 논문, 76 면 및 B. Schulte, 앞의 책, 71~78면 참조.

8. 호르바트 민중극의 수용과 비판

1) B. Schulte, 앞의 책, 21면 참조.

2) U. Jenny, 앞의 논문, 72면 참조.

3) P. Handke, Persönliches Postscriptum, in : Mat. Ö.v.H., 179면 참조

4) M. Reich-Ranicki, 앞의 논문, 89면 참조.

9. 보론 : 소설『영원한 속물』

1) H. Karasek, Das Prosawerk von Ödön von Horváth, in : D. Hildebrandt und T. Kritschke(Hg.), Über Ödön von Horváth, Suhrkamp Verlag, Frankfurt am Main, 1979, 2. Auflage, S. 81~82 참조.

2) M. Reich-Ranicki, Horváth, Gott und Frauen, Die Etablierung eines neuen Klassikers der Moderne, 앞의 책, 83~90면 참조.

3) U. Jenny, Ödön von Horváths Größe und Grenzen, 앞의 책, 72면 참조.

4) Belinda Horton Carstens, Prostitution in novel DER EWIGE SPIEßER, Prostitution in the works of Ödön von Horváth, Akademischer Verlag Hans-Dieter Heinz, Stuttgart 1982, 31면 참조.

5) 전집 IV권의 주석에는 "호르바트에 의해 아주 대작으로 구상된 소설이 추측컨대 프로필렌 출판사의 종용에 따라 크게 축소되었기 때문에, 이본(異本)의 분량이 방대하다"고 설명되어 있다. (IV, 주석 37면.)

6) '교양은어' 에 대해서는 특히 W. Nolting, Der totale Jargon. Die dramatischen Beispiele Ödön von Horváths. Wilhelm Fink Verlag, München 1976 참조.

7) 같은 곳.

8) M. Reich-Ranicki, 앞의 논문, 85면 참조.

9) Annete Leppert-Fögen, Die deklassierte Klasse, Studien zu Geschichte und Ideologie des Kleinbürgers, Frankfurt/Main 1974, S. 21.

10) Marcel Reich-Ranicki, 앞의 논문, 90면.

11) 같은 곳 참조.

12) 같은 논문, 89면.

13) 같은 논문, 90면.

14) 서구적 문화전통 속의 틀니와 죽음, 운명의 여신에 관해서는 B. H. Carstens, 앞의 책, 41면 참조.

15) T. Krischke, Ödön von Horváth. Kind seiner Zeit, Wilhelm Heyne Verlag, München 1980, 85면.

16) 같은 곳.

17) 도미에(Honoré Daumier, 1808~1879)는 프랑스의 판화가, 만화가, 화가, 조각가로서 19세기 프랑스의 사회, 정치를 풍자하는 수많은 작품을 남겼다. 특히 정치만화와 사회 풍자화로 유명하다. 생 루이 섬과 그 부두의 일상생활을 재현한 '풍속화'라는 장르를 개척했다.

18) T. Krischke, Ödön von Horváth. Kind seiner Zeit, 같은 곳.

19) W. Emrich, Die Dummheit oder das Gefühl der Unendlichkeit, in : T. Krischke(편), Materialien zu Ödön von Horváth, Suhrkamp Verlag, Frankfurt am Main 1977, S. 141.

20) 같은 곳, 141~142면 참조.

21) P. Handke, Persönliches Postscriptum, T. Krischke(Hg.), Materialien zu Ödön von Horváth, Suhrkamp Verlag, Frankfurt am Main 1977, S. 180.

22) 같은 곳.

23) 이에 관해서는 졸고 『Ödön von Horváth의 民衆劇 硏究』(서울대학교 문학박사 학위 논문, 1990), 특히 7.3. 소시민의식과 파시즘의 심리학, 104~111면 참조.

24) 앞의 논문, 104면 참조.

[참고문헌]

Ⅰ. 1차 자료

1970 Gesammelte Werke [in vier Bänden]. Hg. Traugott Krischke und Dieter Hildebrandt. Frankfurt/Main(Suhrkamp) 1970/71. Band Ⅰ: 3. Aufl. 1974. Band Ⅱ. bis Ⅳ: 3. verb. Aufl. 1978 (mit Daten, Bibliographie und Register).

1972 Gesammelte Werke [in acht Bänden]. Hg. Traugott Krischke und Dieter Hildebrandt. Frankfurt/Main (Suhrkamp) 1972 (werkausgabe edition suhrkamp). 2. verb. Aufl. 1978 (mit Daten, Bibliographie und Register).

Ⅱ. 2차 자료

1. 입문서, 연구서, 전기

문광일, 「호르바트의 새로운 민중극 연구」, 한국외국어대학교, 2002(박사학위논문).

문광일, 『호르바트의 새로운 민중극 연구』, 한국학술정보, 2007.

송백희, 「Ödön von Horváth의 언어연극론 – Jargon의 총체성과 익명의 연극론을 중심으로 –」, 이화여자대학교, 1981(석사학위논문).

이숙경, 「외된 폰 호르바트의 민중극에 있어 소시민의식과 시대비판, 『비엔나 숲 속의 이야기』와 『카지미르와 카롤리네』를 중심으로, 서울대학교, 1993(석사학위논문).

정지창, 「Ödön von Horváth의 民衆劇 硏究」, 서울대학교, 1990(박사학위논문).

表英善, 「Ödön von Horváth의 민중극 〈Geschichten aus dem Wiener Wald〉 연구」, 서울대학교, 1989(석사학위논문).

Francois, Jean-Claude : Histoire et fiction dans le théâtre d'Ödön von Horváth. Grenoble (Presses Universitaires) 1978.

Hildebrandt, Dieter : Ödön von Horváth in Selbstzeutgnissen und Bilddokumenten. Reinbek(Rowohlt) 1975 (rororo bildmonographien 231).

Hildebrandt, Dieter und Traugott Krischke(Hg.) : Über Ödön von Horváth.

Frankfurt/Main (Suhrkamp) 1972(edition suhrkamp 584)

Huder, Walter : Inflation als Lebensform. Ödön von Horváth's Kritik am Spießertum. Ein Querschnitt durch das Gesamtwerk. Gütersloh (Sonderdurck) 1972. (Aus Anlaß der Eröffnung der Ödön von Horváth Ausstellung in Gütersloh.)

Huish, Ian : A Student's Guide to Horváth. London (Heinemann Educational Books Ltd.)1980.

Auch : Horváth : a study. London(Heinemann Ltd.) 1981.

Kahl, Kurt : Ödön von Horváth. Velber(Friedrich) 1966 (Friedrichs Dramatiker des Welt-Theaters 18). Neuausgabe München(dtv) 1976.

Kienzle, Siegfried : Ödön von Horváth. Berlin(Colloquium Verlag) 1977 (Köpfe des XX. Jahrhunderts, Bd. 87).

Krammer, Jenö : Ödön von Horváth. Leben und Werk aus ungarischer Sicht. Wien(Internationale Lenau-Gesellscahft) 1969 (Wissenschaftliche Reihe Ⅰ).

Krammer, Jenö : Ödön von Horváth. Monographie. Budapest(Akadémiai Kiadó) 1971 (Modern filológiai Füzetek 13).

Krischke, Traugott(Hg.) : Materialien zu Ödön von Horváth. Frankfurt/Main (Suhrkamp) 1970 (edition suhrkamp 436)

Krischke, Traugott und Hans F. Prokop(Hg.) : Ödön von Horváth. Leben und Werk in Dokumenten und Bildern. Frankfurt/Main (Suhrkamp) 1972 (suhrkamp taschenbuch 67).

Krischke, Traugott und Hans F. Prokop(Hg.) : Ödön von Horváth. Leben und Werk in Daten und Bildern. Frankfurt/Main (Insel) 1977 (insel taschenbuch 237).

Krischke, Traugott : Ödön von Horváth. Kind seiner Zeit. Biographie. München (Heyne) 1980 (Heyne Biographien 71).

Krischke, Traugott(Hg.) : Ödön von Horváth. Frankfurt/Main (Suhrkamp) 1981 (suhrkamp taschenbuch materialien 2005)

Poppe, Andries : Ödön von Horváth. Monographie. Brugge(Ontmoetingen) 1965 (Literaire monografieen).

Prokop, Hans F.(Hg.) : Katalog anläßich der Ödön von Horváth-Ausstellung im Museum des 20. Jahrhunderts. Wien 1971.

Scamardi, Teodoro : Ödön von Horváth. Teatro popolare nella Repubblica di

Weimar. Bari(Adriatica Editrice) 1980.
Symposion on Ödön von Horváth(1901-1938). London (The Department of German, University College London and Austrian Institute) 1976.

2. 작품론

Balme, Christopher B. : The reformation of comedy genre critique in the comedies of Ödön von Horváth. University of Otago(Dunedin, New Zealand) 1985.
Ballin, Dolly Elisabeth : Irony in the dramatic work of Ödön von Horváth. Diss. Washington 1969.
Bartsch, Kurt, Uwe Baur und Dietmar Goltschnigg(Hg.) : Horváth-Diskussion. Kronberg/Ts.(Scriptor) 1976 (Monographien Literaturwissenschaft 28.)
Boelke, Wolfgang : Die "entlarvende" Sprachkunst Ödön von Horváths. Studien zu seiner dramaturgischen Psychologie. Diss. Frankfurt/Main 1969.
Carhoun, Peter : Die Frauengestalten in Horváths Volksstücken. Hausarbeit Wien 1975.
Cartens, Belinda Horton : Prostitution in the works of Ödön von Horváth. Diss. Stuttgart 1982.
Cermak, Wolfgang : Politische Positionen bei Ödön von Horváth.(1927~1930). Hausarbeit Salzburg 1977.
Cyron-Hawryluk, Dorota : Zeitgenössische Problematik in den Dramen Ödön von Horváths. Wroclaw 1974 (Acta Universitatis Wratislaviensis 209. Germanica Wratislaviensia XIX). Auch Diss. Wroclaw 1971.
Czerny, Karin Hauss : Ödön von Horváth. : Themen und Technik. Diss. New York 1976.
Dachs, Werner : Die Thematik bei Ödön von Horváth und ihre Abwandlungen. Hausarbeit Salzburg 1972.
Dietrich, Stephan : Gesellschaft und Individuum bei Ödön von Horváth. Interpretation anhand von Stücken bis zur Emigration. Diss. Zürich 1975.
Esser, Herbert : Die didaktische Dramaturgie des Volksstücks bei Ödön von Horváth.

Hausarbeit Köln 1972.

Fritz, Axel : Ödön von Horváth als Kritiker seiner Zeit. Studien zum Werk und seinem Verhalten zum politischen, sozialen und kulturellen Zeitgeschchen. München(List) 1973 (List Taschenbuch der Wiessenschaft. Literaturwissenschaft, Bd. 1446). Auch Diss. Stockholm 1971.

Gehmair, Veronika : Die Darstellung des Kleinbürgers in den *Volksstücken* Ödön von Horváths. Hausarbeit Salzburg 1977.)

Gelderen, Evelyne van : Die Rolle der Frau in den Werken Ödön von Horváths. Diplomarbeit Berlin 1974.

Hackl, Erich : Kleinbürgertum und Faschismus in den Werken Ödön von Horváths. Hausarbeit Salzburg 1976.

Hell, Martin : Kitsch als Element der Dramaturgie Ödön von Horváths. Bern, Frankfurt/Main(Lang) 1982. Diss. Saarbrücken 1981.

Herschbach, Robert Alexander : The Volksstück of Ödön von Horváth. Text and context. Diss. Amherst(Mass.)1973.

Heyne, Arnd : Der Dramatiker Ödön von Horváth. Zur Demaskierung des Bewußtseins. Diss. Freiburg i. Br. 1969.

Hollmann, Helga : Gesellschaftskritik in den Volksstücken Ödön von Horváths. Magisterarbeit Berlin o.J.(1970).

Hummel, Reinhard : Die Volksstücke Ödön von Horváths. Baden-Baden(Hertel) 1970. Auch Diss. Berlin 1970.

Kling, Vincent : Die Illusion des Waffenstillstands. Individuum und Gesellschaft in den Werken Horváths. Diss. Pennsylvania 1972.

Krischke, Traugott(Hg.) : Materialien zu Ödön von Horváths Geschichten aus dem Wiener Wald. Frankfurt/Main(Suhrkamp) 1972 (edition suhrkamp 533)

Krischke, Traugott(Hg.) : Horváths Geschichten aus dem Wiener Wald. Frakfurt/Main(Suhrkamp) 1983 (suhrkamp taschenbuch materialien 2019)

Kurzenberger, Hajo : Horváths Volksstücke. Beschreibung eines poetischen Verfahrens. München (Fink) 1974 (Kritische Information 17). Auch Diss. Heidelberg 1972.

Lechner, Wolfgang : Mechanismen der Literaturrezeption in Ödön von Horváths.

Stuttgart (Akademischer Verlag Hans-Dieter Hein) 1978 (Stuttgarter Arbeiten Germanistik Nr. 46). Auch Diss. Innsbruck 1977.

Lensing, Paul : Die Rolle der Frau im Werk Horváths. Diss. Münster 1971.

Lettner, Sylvia : Horváth, Fleißer, Kroetz : ein Vergleich zum realistischen Volksstück. Hausarbeit Salzburg o.J.

Mathieu, Jean-Philippe : Das Bild der Wirtschaftskrise im Werk Ödön von Horváths vor 1933. Magisterarbeit Paris 1972.

Matuszczak, Joanna Barbara : Asoziale Figuren im Werk von Ödön von Horváth. New York (Stony Brook) 1977. Auch Diss. New York 1977.

Melzer, Gerhard : Das Phänomen des Tragikomischen. Untersuchungen zum Werk von Karl Kraus und Ödön von Horváth. Kronberg/Ts.(Scriptor)1976. Auch Diss. Graz 1975.

Nagele, Franz : Die Horváth-Renaissance in der österreichischen Literatur in Verbindung mit einem Vergleich zwischen *Geschichten aus dem Wiener Wald* und *Sauschlachten*. Hausarbeit Salzburg 1977.

Neikirk, Joan Cantwell : The role of women in the works of Ödön von Horváth. Diss. Wisconsin 1971.

Nolting, Winfried : Der totale Jargon. Die dramatischen Beispiele Ödön von Horváths. München (Fink) 1976 (Literatur und Presse. Karl Kraus Studien II). Auch Diss. Münster 1974.

Probst, Hans Ulrich : Dramentheorie und Dramentechnik Horváths. Diss. Basel 1970.

Reuther, Gabriele : Ödön von Horváth. Gestalt, Werk und Verwirklichung auf der Bühne. Diss. Wien 1962.

Roth, Friedhelm E. : Die Darstellung des Kleinbürgertums bei Marieluise Fleißer und Ödön von Horváth. Examensarbeit o.O., o.J.

Schleising-Scheffel, Ina-Dolores : Zum Verhältnis von Individuum und Gesellschaft in den Volksstücken Ödön von Horváths. Examensarbeit Berlin 1974.

Schulte, Birgit : Ödön von Horváth–verschwiegen–gefeiert–glattgelobt. Analyse eines ungewöhnlichen Rezeptionsverlaufs. Bonn (Bouvier) 1980 (Abhandlungen zur Kunst, Musik-und Literaturwissenschaft ; Bd. 303).

Schulte-Sasse, Jochen(Hg.) : Literarischer Kitsch. Texte zu seiner Theorie, Geschichte und Einzelinterpretation. Tübingen 1979.

Seitz, Renate : Studien zu den Dramen Ödön von Horváths. Die Technik der ironischen Entlarvung. Hausarbeit Bonn 1967.

Strelka, Joseph : Brecht Horváth Dürrenmatt. Wege und Abwege des modernen Dramas. Wien/Hannover/Bern (Forum) 1962.

Stuhlmann-Laeisz, Gabriele : Die Demaskierung des Bewußtseins, dargestellt an den erotischen Verhältnissen im dramatischen Werk Ödön von Horváths. Examensarbeit Hamburg 1972.

Valentin, Jean-Marie(Hg.) : Volk—Volksstück—Volkstheater im deutschen Sprachraum des 18-20. Jahrhunderts. Bern/Frankfurt a. Main/New York 1986.

Walder, Martin : Die Uneigentlichkeit des Bewußtseins. Zur Dramaturgie Ödön von Horváths. Bonn (Bouvier) 1974(Studien zur Germanistik, Anglistik, und Komparatistik ; Bd.22.). Auch Diss. Zürich 1972.

Weissensteiner, Franz : Die Bedeutung des Christentums in den Dramen Ödön von Horváths. Hausarbeit Innsburck 1973.

Winston, Krishna Ricarda : Abstract Horváth Studies. Close Readings of Six Plays (1926-1931). Bern, Frankfurt/Main, Las Vegas 1977 (Europäische Hochschulschriften. Serie XXX ; Film-und Theaterwissenschaftliche Studien, Bd. 5)

3. 잡지와 선집에 포함된 자료

김용호, 외덴 폰 호르바트(Ödön von Horváth)의 민중극 연구: 「비인 숲 속의 이야기」를 중심으로, 『연극교육연구』 제7집, 2004, 187~224면.

김용호, 그로테스크(das Groteske)와 희극적인 것(das Komische): 호르바트의 민중극을 중심으로, 『영산논총』 제16집, 2006, 175~189면.

김용호, 외덴 폰 호르바트의 민중극에 나타난 소시민의식과 시대비판, 「카지미르와 카롤리네」를 중심으로, 『영산논총』 제17집, 2007, 13~31면.

김광선, 희곡에서 음악의 역할 – 외덴 폰 호르바트 극의 음악적 연출에 대한 연구, 『한국연극학』 6호, 1994, 339~360면.

김정용, 그로테스크와 희극적인 것. 호르바트의 민중극을 중심으로, 『獨逸文學』60집, 1996, 127~145면.

김정용, 바이마르 공화국 시기의 법과 문학 – 투홀스키의 시와 호르바트의 극작품을 중심으로, 『獨語教育』14집, 1996, 289~312면.

김정용, 호르바트 민중극의 서사적 기법, 『브레히트와 현대연극』제4집, 1997, 85~106면.

문광일, 호르바트의 「이탈리아의 밤」에 나타난 갈등의 양상과 그 근원, 『용봉논총 : 인문학연구』 32집, 2003, 33~69면.

문광일, 호르바트 민중극에 나타난 소시민 의식의 폭로수단, 『獨逸文學』 89집, 2004, 106~126면.

문광일, 동시대 어느 한 인간유형에 대한 비판으로서의 '역사극' : 호르바트의 「슬라덱 혹은 비밀 국방군」의 경우, 『독일언어문학』 23집, 2004, 22~40면.

문광일, 독일 민중극의 개념과 역사, 『독일언어문학』 28집, 2005, 149~169면.

문광일, 민중극의 새로운 형식 실험: 호르바트의 새로운 민중극으로의 발전과정, 『독일언어문학』39집, 2008, 115~133면.

송백희, Ödön von Horváth의 민중극에 있어서의 대화연구, 『獨逸文學』 33집, 1984, 149~178면.

이숙경, 호르바트의 후기 드라마에 나타난 희극성 – 『센느강에서 건진 미지의 여인』과 『피가로 이혼하다』를 중심으로, 『독일문학』 91집, 2004, 45~62면.

이종완, 외된 폰 호르바트의 《Geschichten aus dem Wiener Wald》에서의 여성문제, 『인문사회과학연구』(공주대학교), 1997, 277~296면.

Arntzen, Helmut : Horváth Geschichten aus dem Wiener Wald. In : Die deutsche Komödie. Hg. Walter Hinck. Düsseldorf 1977, S. 246~268 und 395~399.

Bartsch, Kurt : Scheitern im Gespräch. Beobachtungen zu typischen Kommunikationssituationen in Horváths Volksstücken. In : Horváth-Diskussion, S.38~54.

Bauer, Roger : Reflexionen über Ödön von Horváth und das Wiener Volkstheater. In : Utopia und Welterfahrung. Stefan Andres und sein Werk im Gedächtnis seiner Freunde. München 1972, S. 236~242.

Best, Alan : Ödön von Horváth : The Volksstück Revived. In : Alan Best and Hans Wolfschütz(Hg.), Modern Austrian Writing. Literature and Society after 1945. Totowa(Barnes & Noble Books)1980, S.108~127.

Bruns, Dirk : Horváth's Renewal of the Folk Play and the Decline of the Weimar Republic. In : New German Critique 18, 1979, S.107~135.

Buck, Theo : Die Stille auf der Bühne. Zum dramaturgischen Verfahren in den Voksstücken Ödön von Horváths. In : Recherches Germdnigues 9, 1979, S. 174~185.

Carl, Rolf-Peter : Theatertheorie und Volksstück bei Ödön von Horváth. In : Jürgen Hein(Hg.), Theater und Gesellscahft. Das Volksstück im 19. und 20. Jahrhundert. Düsseldorf 1973, S.175~200.

Cyron-Hawryluk, Dorota : Form und Sonderform der Dramen Ödön von Horváths. In : Lenau-Forum 4, 1972, H.1-2, S.67~82.

Dimter, Walter : Die ausgestellte Gesellschaft. Zum Volksstück Horváths, der Fleißer und ihrer Nachfolger. In : Jürgen Hein(Hg.) : Theater und Gesellschaft, S.219~245.

Doppler, Adolf : Dramatisches Geschehen als sprachliches Arrangement. Ödön von Horváths 《Geschichten aus dem Wiener Wald》. In : Ders. ; Wirklichkeit im Spiegel der Sprache. Aufsätze zur Literatur des 20. Jahrhunderts in Österreich. Wien 1975, S.150~171.

Doppler, Adolf : Bemerkungen zur dramatischen Form der Volksstücke Horváths. In : Horváth-Diskussion, S. II-21.

Emrich, Wilhelm : Die Dummheit oder das Gefühl der Unendlichkeit. In : Ders., Geist und Widergeist. Wahrheit und Lüge der Literatur. Studien. Frakfurt 1965, S. 113-124. Auch in : Mat. ÖvH, S.139~147.

Erken, Günther : Ödön von Horváth : 《Geschichten aus dem Wiener Wald》. In : Jan Berg u.a. : Von Lessing bis Kroetz. Einführung in die Dramenanalyse. Kursmodelle und sozialgeschichtliche Materialien für den Unterricht. Kronberg/Ts. 1976, S.138-179 und 241~243.

Francois, Jean-Claude : Horváth, Brecbt et leur temps. Remargues sur une renaissance fragmentaire. In : Travail Théâtral 23, 1976, S. 43-58.

Francois, Jean-Claude : Brecht, Horváth et le théâtral populaire. In : Revue d' Allemagene II, 1979, S.44~61.

Fritz, Axel : Horváth auf schwedischen Bühnen. Bemerkungen zu einigen grundsätzlichen Fragen der Horváth-Rezeption außerhalb des deutschen Sprachraums. In : Horváth-Diskussion, S.95~110.

Gamper, Herbert : Horváth und die Folgen-das Volksstück? Über neue Tendenzen im Drama. In : Theater heute 12, 1971, Sonderheft, S.73~77.

Gamper, Herbert : Die Zeichen des Todes und des Lebens. Zu bisher kaum beachteten Konstruktionselementen in Horváths vier *Fräuleinstücken*. In : Theater heute 15, 1974, H.3, S.1~6.

Gamper, Herbert : Todesbilder in Horváths Werk, In : Horváth-Diskussion, S.67-81.

Geiger, Heinz : Volksstück : Zuckmayer, Fleißer, Horváth. In : Erhard Schütz, Jochen Vogt u.a. : Einführung in die Literatur des 20. Jahrhunderts. Band 2 : Weimarer Republik, Faschismus und Exil. Opladen 1978, S.135~146.

Genno, Charles N. : *Kitsch* Elements in Horváth's 《Geschichten aus dem Wiener Wald》. In : The German Quarterly 45, 1972, S.311~323.

Goltschingg, Dietmar : Das Sprachklischee und seine Funktion im dramatischen Werk Ödön von Horváths. In : Wirkendes Wort 25, 1975, S.181~196.

Goltschingg, Dietmar : Pauschalierungen, Euphemismen, Anekdoten, Witze und Metaphern als Formen des Sprachklischees in Horváths Dramen. In : Horváth-Diskussion, S.55~66.

Haag, Ingrid : Ödön von Horváth und die *monströse Idylle*, In : Recherches Germaniques 6, 1976, S.152-168.

Haag, Ingrid : Das *traurige Happy-End*. Zur Struktur der *Fräuleinstücke* Ödön von Horváths. In : Austriaca 4, 1978, 6, S.169~186.

Haag, Ingrid : Horváth und Kroetz. Wirklichkeitsmodelle des Alltags. In : Austriaca 5, 1979, 9, S.51~69.

Haag, Ingrid : Zu Horváth's 《Komödie des Menschen》. In : Austiaca 14, 1982, S.169~186.

Hein, Jürgen : Das Volksstück. Entwicklung und Tendenzen. In : Ders.(Hg.) : Theater und Gesellschaft, S.9~28.

Hein, Jürgen : Altes und neues Volksstück. Notizen zu einem dramendidaktischen Konzept. In : Klaus Goebel(Hg.) ; Das Drama in der Sekundarstufe. Kronberg/Ts. 1977, S. 287~305.

Hein, Jürgen : Formen des Volkstheaters im 19. und 20. Jahrhundert. In : Walter Hinck(Hg.), Handbuch des deutschen Dramas. Düsseldorf 1980, S.489-505 und S. 581-584.

Himmel, Hellmuth : Ödön von Horváth und die Volksstücktradition. In : Traugott Krischke(Hg.) : Ödön von Horváth, S.46~56.

Hinck, Walter : Das erneuerte Volksstück. Horváth. Zuckmayer. In : Ders. : Das moderne Drama in Deutschland, Göttingen 1973, S.130~141.

Jarka, Horst : Ödön von Horváth und das Kitschige. In : ZfdPh 91, 1972, S.558-585.

Jarka, Horst : Sprachliche Strukturelemente in Ödön von Horváths Volksstücken. In : Colloquia Germanica 1972, S.317~339.

Jarka, Horst : Zur Horváth-Rezeption 1929-1938. In : Literautur und Kritik II, 1976, S.542-562. Auch in Traugott Krischke(Hg.), Ödön von Horváth, S.156~184.

Karasek, Hellmuth : Die Erneuerung des Volksstücks. Auf den Spuren Marieluise Fleißers und Ödön von Horváths. In : Heinz Ludwig Arnold und Theo Buck(Hg.), Positionen des Dramas. Analysen und Theorien zur deutschen Gegenwartsliteratur. München 1977, S.137~617.

Ketels, Violet B. : The desillusiones as prey of power. Ödön von Horváths drama and the rise of Nazism. In : Soundings Vol. LXI, No.4(Winter 1978), S.480~499.

Klinger, Kurt : Bühnengeschichte Ödön von Horváths. In : Studies in modern Austrian literature 6, 1981, S.87~103.

Klotz, Volker : Dramaturgie des Publikums. Wie Bühne und Publikum aufeinander eingehen, insbesondere bei Raimund, Büchner, Wedekind, Horváth, Gatti und im politischen Agitationstheater. München-Wien 1976.

Krauß, Cornelia : Forschungsschwerpunkte in Analyse und Rezeption des Werks von Ödön von Horváth. In : Studi germania 12, 1974, S.133~156.

Krischke, Traugott : Das Fräulein aus dem Wiener Wald. Notizen zur Genealogie von Horváths 《Geschichten aus dem Wiener Wald》. In : Mat. GWW, S.44~54.

Krischke, Traugott : Marginalien eines Konzepts. Notizen aus dem Regie - Buch Heinz Hilperts (zur Urauff. von Geschichten aus dem Wiener Wald.) In : Mat.GWW, S.87~100.

Kurzenberger, Hajo : Möglichkeiten, Horváth zu spielen - keine Gebrauchsanweisung.

In : Horváth-Diskussion, S.82~94.

Lindken, Hans Ulrich : Illusion und Wirklichkeit in Ödön von Horváths Volksstück 《Geschichten aus dem Wiener Wald》. In : Modern Austrian Literature 9, 1976, S.26~43.

Menemaier, Franz Norbert : Bürgerlicher Realismus am Vorabend der Naziherrschaft. Ödön von Horváth. In : Ders., Modernes Deutsches Drama. Kritiken und Charakteristiken. Band 2 : 1933 bis zur Gegenwart. München 1975, S.12~41.

Müller Gerd : Ödön von Horváth. Geschichten aus dem Wiener Wald. In : Ders. : Das Volksstück von Raimund bis Kroetz. Die Gattung in Einzelanaysen. München(Oldenbourg) 1979, S.92~104.

Orlowski, Hubert : Ödön von Horváths Sprachgestus als Übersetzungsproblem. In : Horváth-Diskussion, S.111~123.

Parkes, Stewart : The dramatic art of Ödön von Horváth. In : New German Studies 5, 1977. 111~123.

Pichler, Meinrad : Von Aufsteigern und Deklassierten. Ödön von Horváths literarische Analyse des Kleinbürgertums und ihr Verhältnis zu den Aussagen der historischen Sozialwissenschaften. In : Friedbert Aspertsberger(Hg.), Österreichische Literatur seit den zwanziger Jahren. Wien 1979. S.55-67. Auch in : Traugott Krischke(Hg.), Ödön von Horváth, S.67~86.

Pollow, Helmut : Ödön von Horváth - zum Beispiel. Zur Rezeption von Dramatik der Zwanziger Jahre. In : Weimarer Beiträge 25, 1979, H.6, S.143~153.

Poser, Hans : Komödie als Volksstück : Zuckmayer, Horváth, Brecht. In : Neophilologus 62, 1978, S.584~597.

Potter, P.M. : Death and Guilt in Works of Ödön von Horváth. In : German Life and Letters 32(1978/79), S.148~152.

Reinhardt, Hartmut : *Demaskierung* als moralische Provokation. Beobachtungen zum dramatischen Verfahren Ödön von Horváths. In : Wirkendes Wort 25, 1975, S.197~214.

Reinhardt, Hartmut : Die Lüge des *Prinzipiellen*. Zur Begründung der Kompetenz in Horváths Stücken. In : DVjs 49, 1975, S.332~355.

Rotermund, Erwin : Zur Erneuerung des Volksstückes in der Weimarer Republik :

Zuckmayer und Horváth. In : Dieter Hermening u.a.(Hg.), Volkskultur und Geschichte. Festgabe für Josef Dünninger zum 65. Geburtstag. Berlin 1970, S.612-633. Auch in : Über Ödön von Horváth, S.18~45.

Roth, Friedhelm : Volkstümlichkeit und Realismaus? Zur Wirkungsgeschichte der Theaterstücke von Marieluise Fleißer und Ödön von Horváth. In : Diskurs 3, 1973, H.3/4, S.77~104.

Rühle, Günther : Leben und Schreiben der Marieluise Fleißer aus Ingolstadt. In : Marieluise Fleißer, Gesammelte Werke. Hg. Günther Rühle. Frankfurt/Main 1972. Erster Band, S.5-60 ; bes. S.48ff.

Schaarschmidt, Peter : Das moderne Volksstück Sprache und Figuren. In : Jürgen Hein(Hg.), Theater und Gesellscahft, S.201~217.

Scheible, Hartmut : Verschollene Bürgerlichkeit. Ödön von Horváth : Jargon und gesellschaftliche Immanenz. In : Neue Rundschau 88, 1977, S.365~385.

Schmid, Christof : Neue *Geschichten aus dem Wiener Wald* — oder : Was ist ein *Neuer Horváth*? In : Mat. GWW, S.246~254.

Schmidt-Dengler, Wendelin : Ödön von Horváths *Geschichten aus dem Wiener Wald* und der triviale Wiener Roman der zwanziger Jahre. In : Traugott Krischke(Hg.), Ödön von Horváth, S.57~66.

Stenberg, Peter : The last of the magicians...Horváth's Zauberkönig and his ancestors. In : German Life and Letters 28, 1974/75, S.395~405.

Stoljar, Margaret Mahony : The drama as metaphor : meaning and structure in Ödön von Horváth's *Volksstücke* In : AUMLA 48, 1977, S.333~350.

Wapnewski, Peter : Ödön von Horváth und seine *Geschichten aus dem Wiener Wald*. In : Mat. GWW, S.10-43. Neufassung auch in : P.W., Zumutungen. Essays zur Literatur des 20. Jahrhunderts. München 1982, S.106~139.

Weiß-Wichert, Lydia : Die Frauengestalten in Ödön von Horváths Volksstücken *Geschichten aus dem Wiener Wald, Glaube Liebe Hoffnung, Kasimir und Karoline* und *Italienische Nacht*. Klagenfurt 1981 (Diplomarbeit).

Wiese, Benno von : Ödön von Horváth. In : Ders. u.a(Hg.), Deutsche Dichter der Moderne. Ihr Leben und Werk Berlin 1975, S.593-622. Auch in : Traugott Krischke(Hg.), Ödön von Horváth, S.7~45.

Winston, Krishna : In puncto Liebe : Bildungsjargon von Nestroy bis Qualtinger. In : Wolfgang Paulsen(Hg.), Österreichische Gegenwart. Die moderne Literatur und ihr Verhältnis zur Tradition. Bern/München 1980, S.25~37.

Zipes, Jack D. : Horváths Dramaturgie der Isolierung. Notizen zu seiner Wiederentdeckung. In : Literatur und Kritik 6, 1971, S.591~600.

4. 기타 자료

Benjamin, Walter : Politisierung der Intelligenz, in : S. Kracauer(Hg.), Die Angestellten, Frankfurt/Main. 1980.

Brecht, Bertolt : Gesammelte Werke in 20 Bde., Frankfurt/Main 1969.

Freud, Sigmund : Der Dichter und das Phantasieren, in : Bilderde Kunst und Literatur, Frankfurt/Main 1969.

Fromm, Erich : Sozialpsychologischer Teil, in : Max Horkheimer(Hg.), Studien über Autorität und Familie, Paris 1936.

Kayser, Wolfgang(Hg.) : Kleines Literarisches Lexikon, Bern 1953.

Kracauer, Siegfried : Die Angestellten (3.Aufl.) Frankfurt/Main 1980.

Reich, Wilhelm : Die Massenpsychologie des Faschismus. Frankfurt/Main 1977.

Wilpert, Gero von : Sachwörterbuch der Literatur, Stuttgart 1969.

白樂晴 : 市民文學論, 『民族文學과 世界文學』(創作과批評社)서울 1978.

5. 번역 작품

빈 숲 속의 이야기, 이원양 역. 지만지, 2009.

비엔나 숲 속의 이야기, 김정용 역, 성균관대학교 출판부, 1999.

믿음 사랑 소망, 정지창 역, 독일대표희곡선집 II, 열음사, 2001.

우리 시대의 아이, 임종대 역, 문학사상사, 1983.

우리 시대의 아이, 조경수 역, 문예출판사, 2004.